ANALYZING
GOSPEL CHOPS

inkl. 50 Transkriptionen originaler **Chops**

von
Vincent Golly

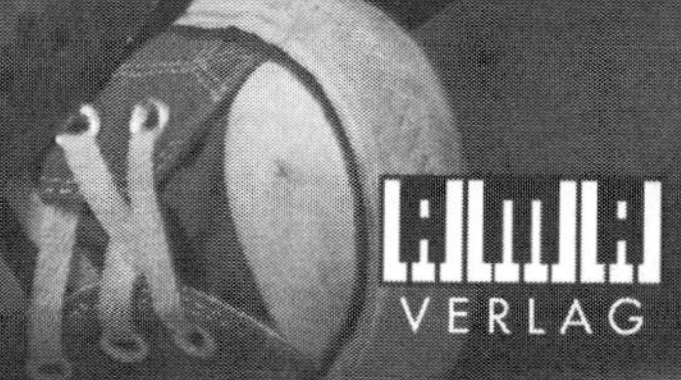

Inhaltsverzeichnis

Impressum

AMA Verlag GmbH
Postfach 1168
50301 Brühl
Germany

E-Mail: mail@ama-verlag.de
www.ama-verlag.com

Redaktion: Harald Wingerter
Gesamtherstellung: Detlef Kessler

AMA 610509
ISBN 978-3-89922-240-1
ISMN M-50155-195-8

Vorwort

Es war ein großes Glück für mich, dass ich im Alter von 13 Jahren die Chance bekam, als Schlagzeuger für einen deutschlandweit erfolgreichen Gospelchor von 2006–2007 auf Tour gehen zu dürfen, aber um ehrlich zu sein: Hierzulande ist die Gospelmusik doch etwas anderes als bei unseren amerikanischen Vorbildern. Als wirklichen Gospel-Drummer sehe ich mich demzufolge nicht unbedingt. Allerdings hat mich der Sound und der Style der Gospel-Drummer seit jeher fasziniert und beeinflusst und schließlich motiviert, dieses Buch darüber zu schreiben. Mit *Analyzing Gospel Chops* probiere ich den geflügelten Begriff systematisch anzugehen und nachzuvollziehen, was die Gospel-Drummer wirklich spielen und wie man das Gospelchoppen schließlich erlernen kann.

Das Gospel-Drumming beschränkt sich keineswegs mehr nur auf die Kirchen. Seit einigen Jahren zeichnet sich ein neuer, markanter Bandsound in den großen Live-Shows der international erfolgreichen Popkünstler ab. Die üppig besetzten Bands warten mit komplexen Arrangements, virtuosen Instrumentalisten und harmonisch angereicherten Interpretationen der Radiohits auf. In die Konzerte von Usher, Beyoncé, Justin Timberlake und Co. haben sich stilechte Fusion-Eskapaden eingeschlichen, und dennoch bleibt diese Art Popmusik für Fans jeden Alters mitsing- und tanzbar. Obwohl die Schlagzeuger in solchen großen Ensembles die Rolle der Groove-Maschine nie vernachlässigen dürfen, finden sie viel Freiraum für Kreativität.

Die sogenannten Gospel Chops, oft lineare, untypisch orchestrierte Hand-Fuß-Kombinationen als 16tel-Triolen oder 32tel-Notenketten, tauchen immer wieder auf und sind auch für fortgeschrittene Schlagzeuger nicht einfach nachzuvollziehen. In diesem Buch geht es um die Styles von Aaron Spears, Chris Coleman, Tony Royster Jr., Ramon Sampson und vieler weiterer Gospel-Drummer. In fünf Kapiteln findest du ein aus 50 Originaltranskriptionen abgeleitetes Übekonzept zum Gospelchoppen. Ich hoffe, dass es dir eine Hilfe sein wird, dem nebulösen Thema Gospel Chops auf die Schliche zu kommen, und wünsche dir viel Spaß beim Trommeln!
Vincent Golly

Kapitel 1 – Gospel-Chop-Transkriptionen

Auf den nächsten Seiten findest du 50 originale Gospel Chops. Ich habe den Link zum Video, aus dem ich den jeweiligen Chop transkribiert habe, mit aufgeschrieben. Höre dir unbedingt das Original an, der Sound und die Intensität spielen eine große Rolle für diese Fill-ins. Die Transkriptionen sind die Basis dieses Buchs, denn alle folgenden Kapitel beziehen sich auf die originalen Chops und alle Übungen und Chop-Bausteine sind aus ihnen abgeleitet. Natürlich sollst du mit diesem Buch auch ein Nachschlagewerk in der Hand haben, um den einen oder anderen Chop, der dir besonders gut gefällt, schneller nachspielen zu können. Um das Gospel-Drumming in dein eigenes Spiel zu integrieren, musst du keinesfalls alle diese Chops perfekt beherrschen! Im Gegenteil, diese Chops wurden bereits gespielt und es liegt nun an dir, neue zu finden.

Falls du dich mit einem Chop intensiver beschäftigen und ihn lernen möchtest, dann schau ins zweite Kapitel und sieh dir die kleinen Bausteine an, aus denen er zusammengesetzt ist. Wenn du zunächst die einzelnen Schlagabfolgen und Orchestrierungen übst und sie sich für dich natürlich anfühlen, dann wirst du es mit Sicherheit viel leichter haben, den vollständigen Chop nachzuspielen. Und keine Angst vor dem Originaltempo: Wenn der Chop sauber gespielt ist, klingt er auch etwas langsamer gut.

Schlagzeug-Notation

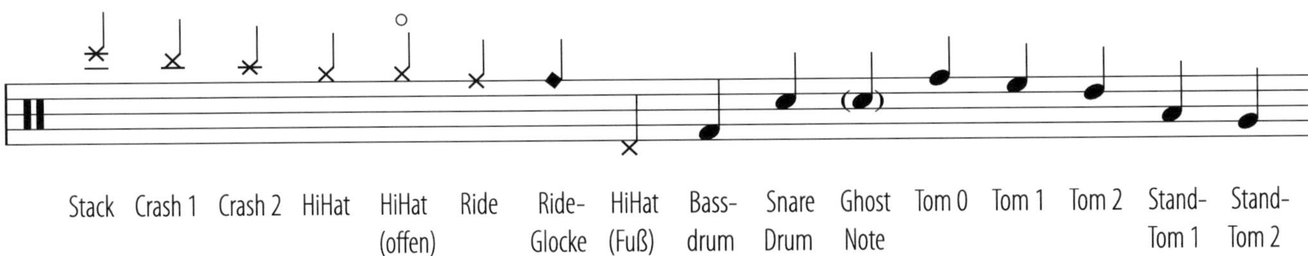

1 Ramon Sampson – Sweet Sixteen Featuring Marked Music @ 4:03

https://www.youtube.com/watch?v=-aqZBu7vQ2c

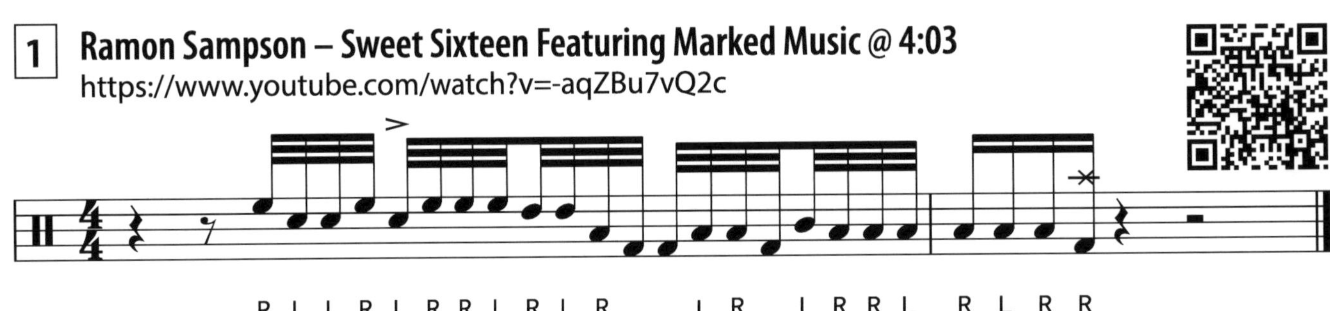

2 Chris Coleman – Israel and New Breed Ministrel's Advance @ 1:04

https://www.youtube.com/watch?v=aQCZE-7LeSc

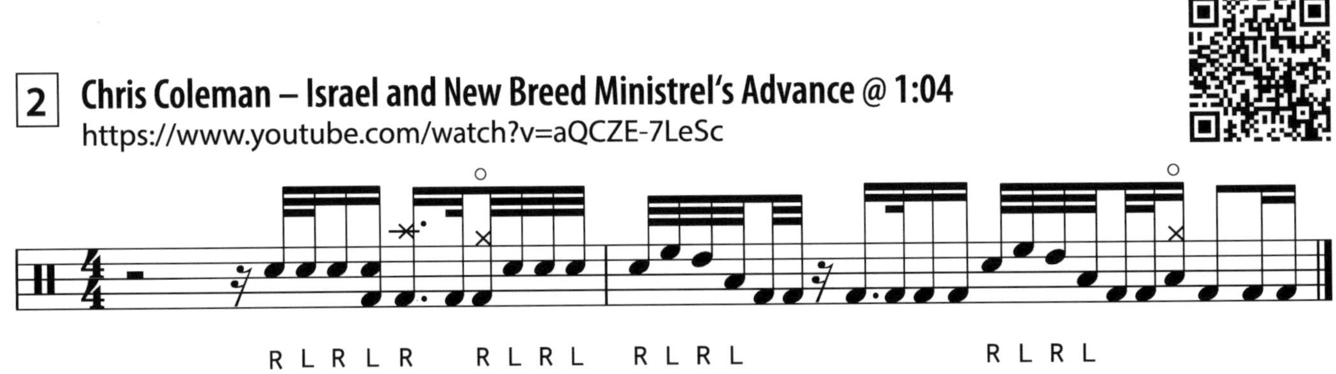

AMA VERLAG

3 Chris Coleman – Israel and New Breed Ministrel's Advance @ 1:13

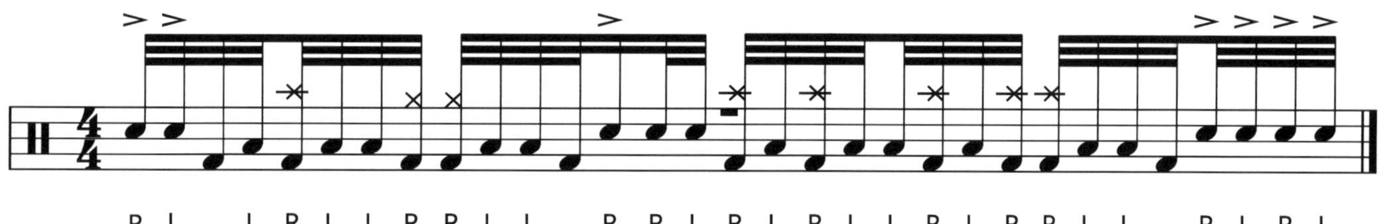

4 Darion Ja'Von – A Scene from Shed Sessionz Vol.3 @ 3:54

https://www.youtube.com/watch?v=bdCZgR87GsM

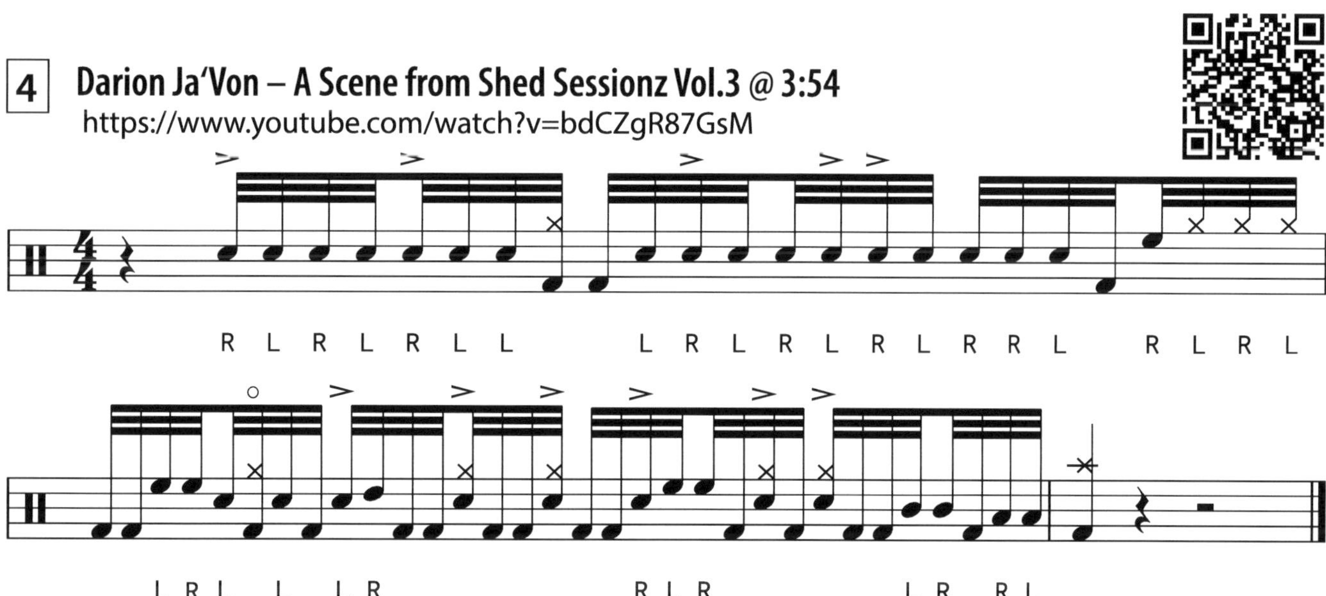

5 Darion Ja'Von – A Scene from Shed Sessionz Vol.3 @ 7:54

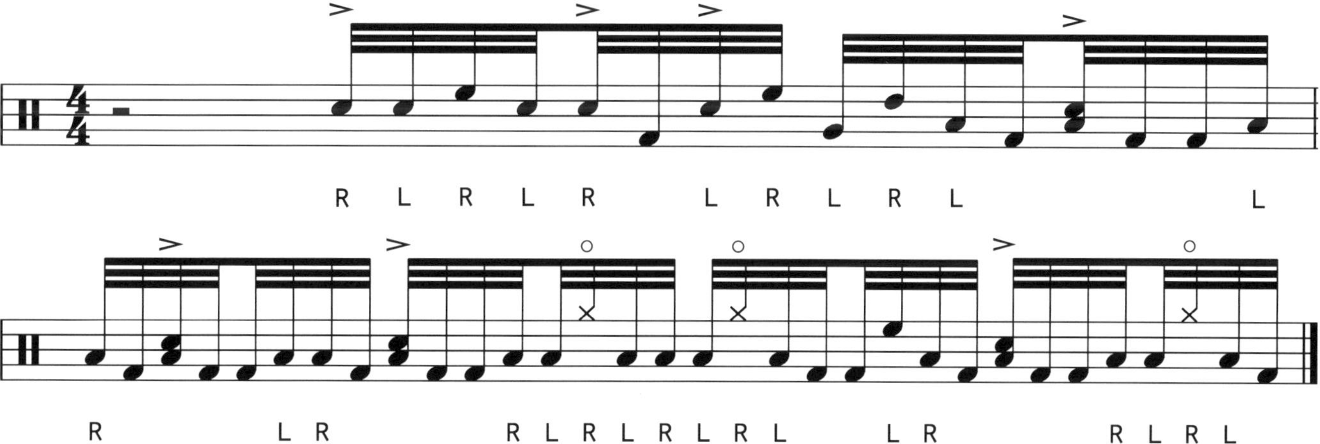

6 Darion Ja'Von – A Scene from Shed Sessionz Vol.3 @ 7:01

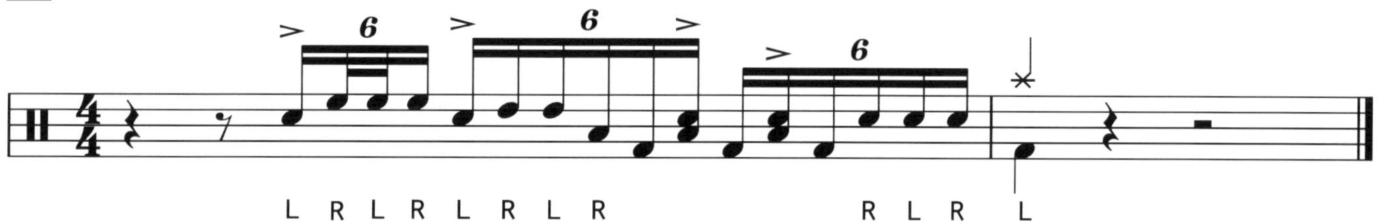

7 Markus Thomas – Dumb Dumb X Bang Bang Live Arrangement @ 1:21

https://www.youtube.com/watch?v=lDrhad8MFWs

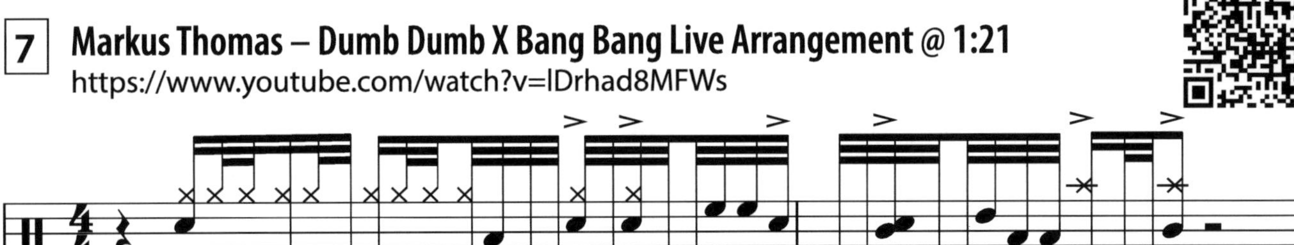

R L R R R L R L L R L L R L R

8 Markus Thomas – Dumb Dumb X Bang Bang Live Arrangement @ 1:52

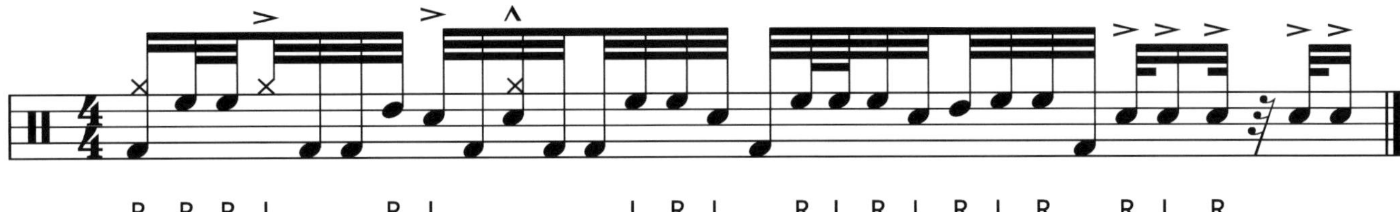

R R R L R L L R L R L R L R L R R L R

9 Unbekannter Drummer – unbekannter Chop @ 0:13

https://www.youtube.com/watch?v=vHKcfOyCvo4

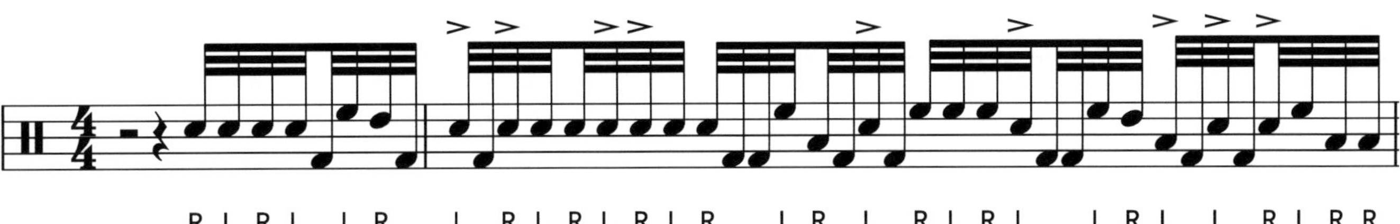

R L R L L R L R L R L R L R L R L R L R L L R L L L R L R R

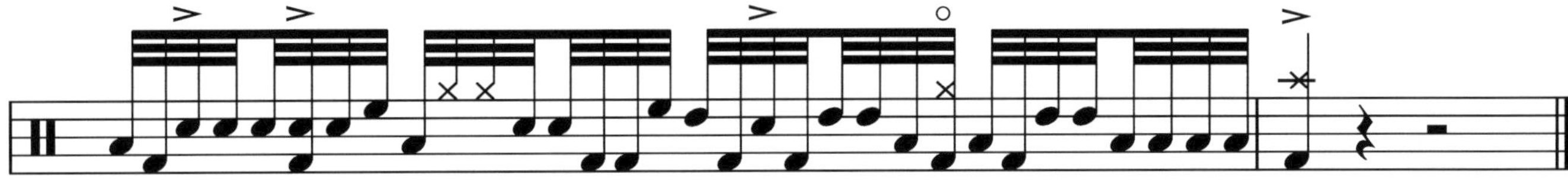

L R L R L R L R L R L R L R L R L R L R L R L R L R L R

10 Tony Royster Jr. – Guitar Center 26th Annual Drum-Off @ 1:32

https://www.youtube.com/watch?v=8y4smTUxPM4

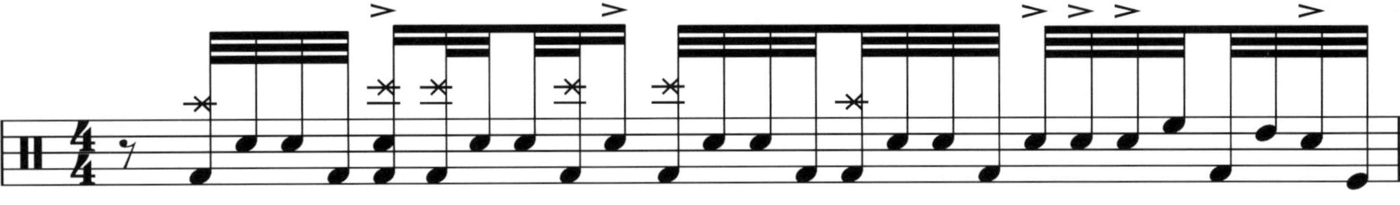

R L L R L L R L R L L R L L R L R L R L

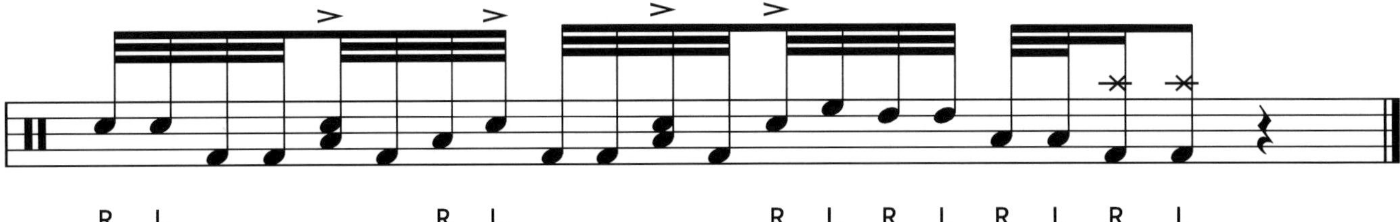

R L R L R L R L R L R L

AMA VERLAG

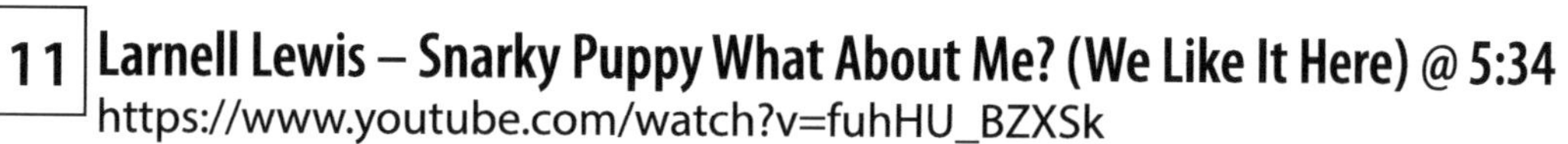

11 **Larnell Lewis – Snarky Puppy What About Me? (We Like It Here) @ 5:34**
https://www.youtube.com/watch?v=fuhHU_BZXSk

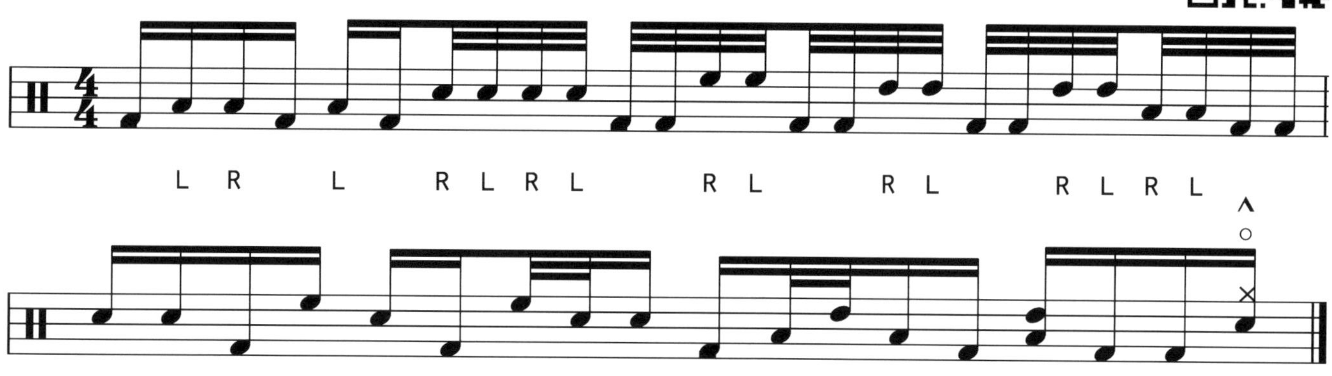

12 **Gerald Hayward – Mary J. Bldige No More Drama @ 1:53**
https://www.youtube.com/watch?v=3u5eSlApcg4

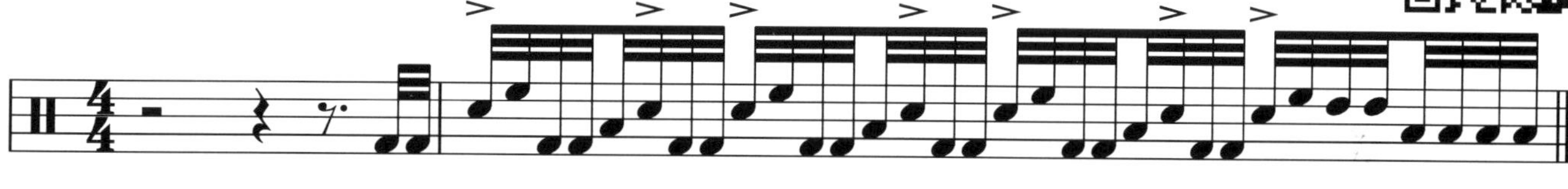

13 **Aaron Spears – Caught Up @ 2:21**
https://www.youtube.com/watch?v=vABR0awmhuc

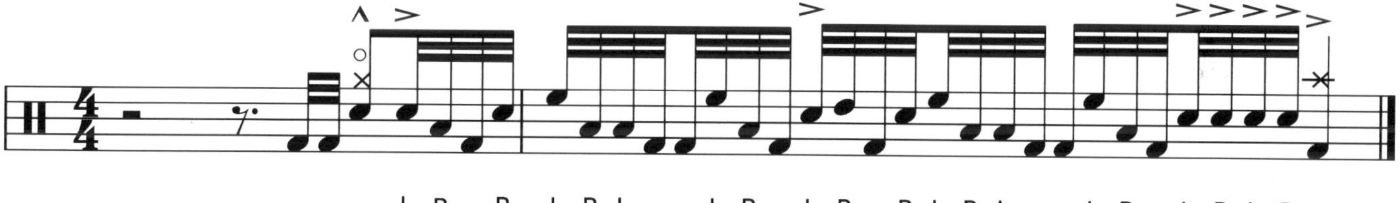

14 **Aaron Spears – Caught Up @ 1:06**

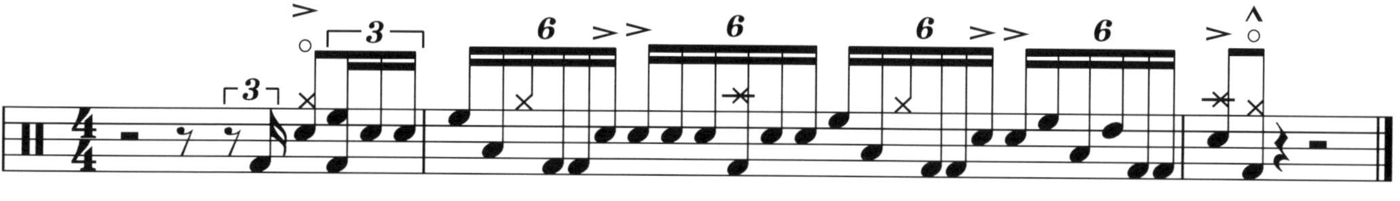

15 **Aaron Spears – Caught Up @ 0:34**

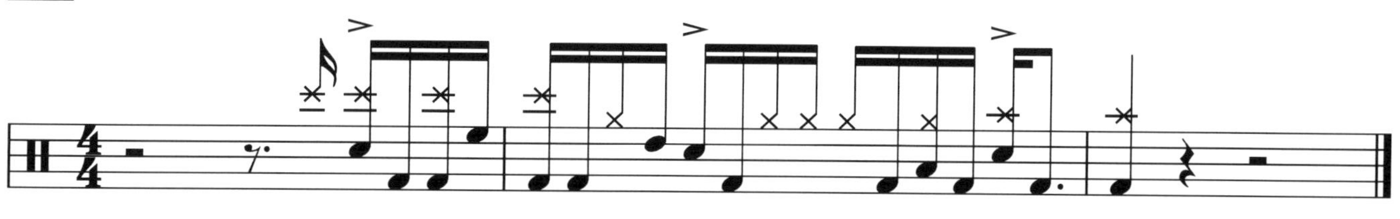

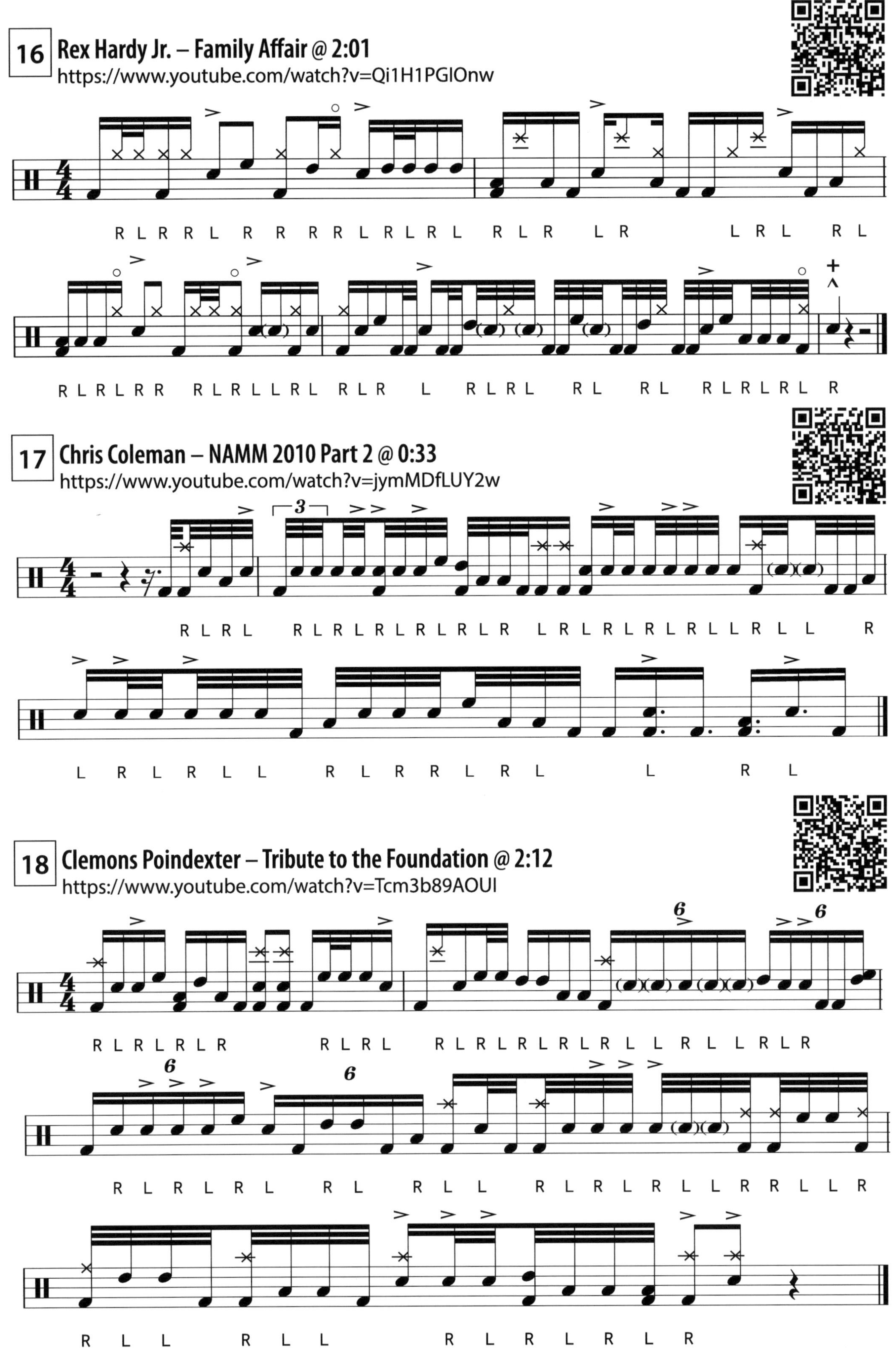
16 Rex Hardy Jr. – Family Affair @ 2:01
https://www.youtube.com/watch?v=Qi1H1PGlOnw
R L R R L R R R R L R L R L R L R L R L R L R L
R L R L R R R L R L L R L R L R L R L R L R L R L R L R L R L R
17 Chris Coleman – NAMM 2010 Part 2 @ 0:33
https://www.youtube.com/watch?v=jymMDfLUY2w
R L R L R L R L R L R L R L R L R L R L R L R L L R L L R
L R L R L L R L R R L R L L R L
18 Clemons Poindexter – Tribute to the Foundation @ 2:12
https://www.youtube.com/watch?v=Tcm3b89AOUI
R L R L R L R R L R L R L R L R L R L R L L L R L L R L R
R L R L R L R L R L L R L R L R L L R R L L R
R L L R L L R L R L R L R

AMA VERLAG

19 Ramon Sampson – Guitar Center 2011 Winner Pt 2 @ 1:54

https://www.youtube.com/watch?v=ZAWVQna2nvQ

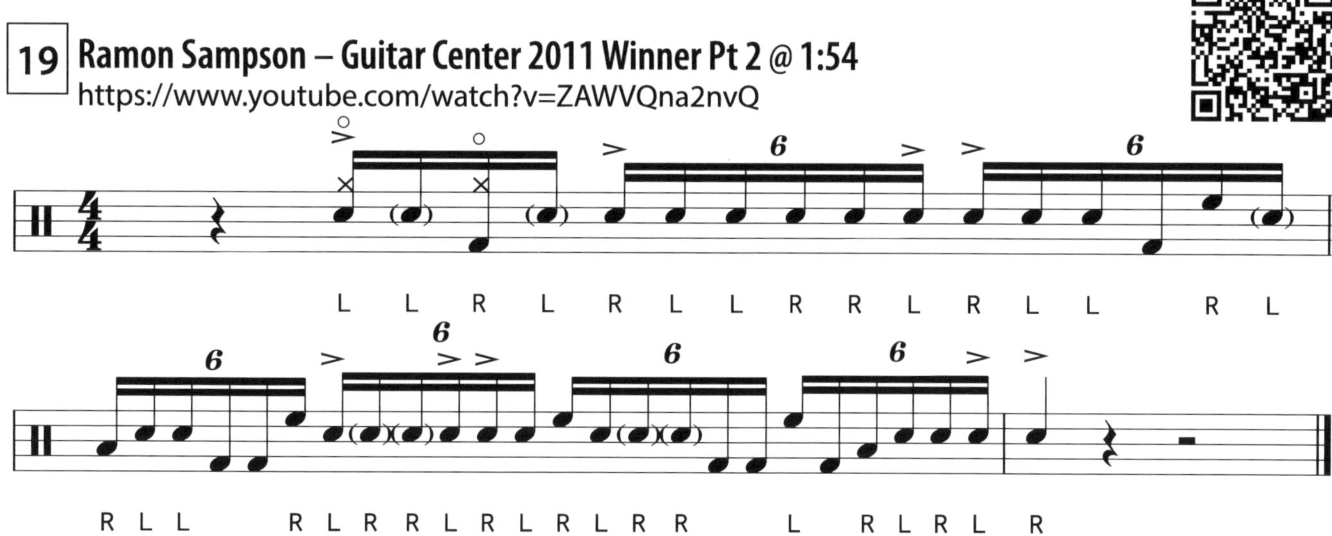

20 Clemons Poindexter – Tribute to the Foundation @ 8:56

https://www.youtube.com/watch?v=Tcm3b89AOUI

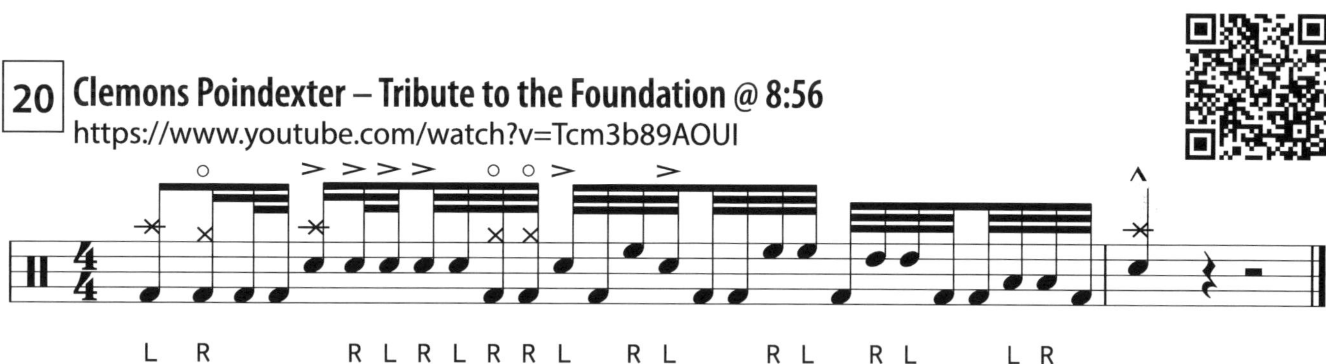

21 Clemons Poindexter – Tribute to the Foundation @ 5:28

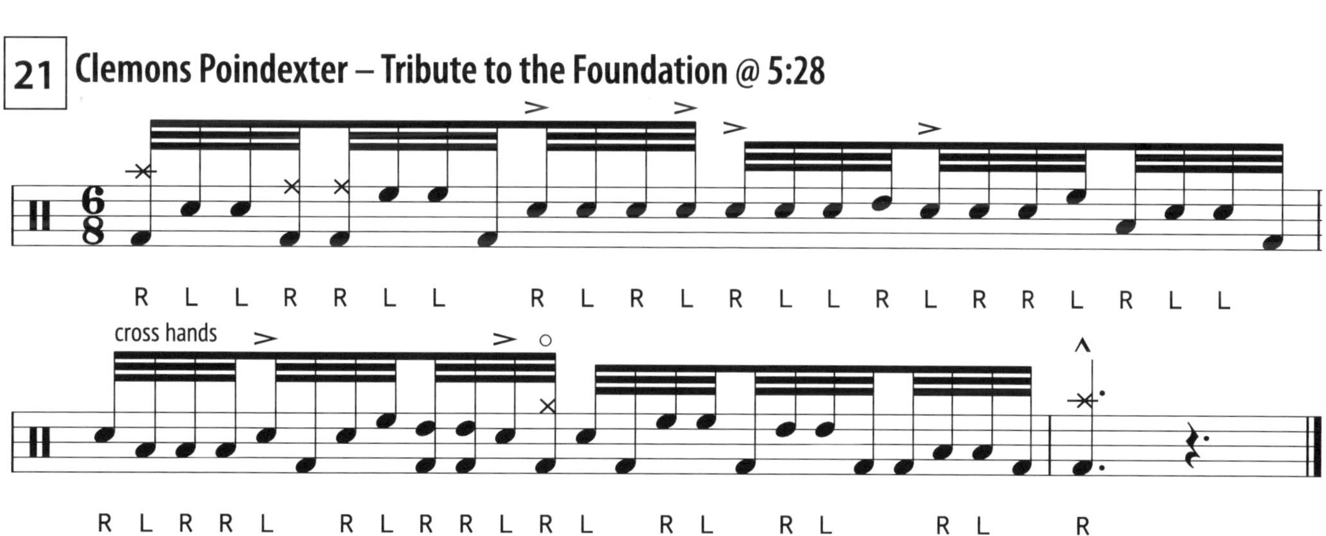

22 Damien Schmitt – Get Lucky BEL Fest part 4 @ 0:25

https://www.youtube.com/watch?v=xSRYNmYDXt0

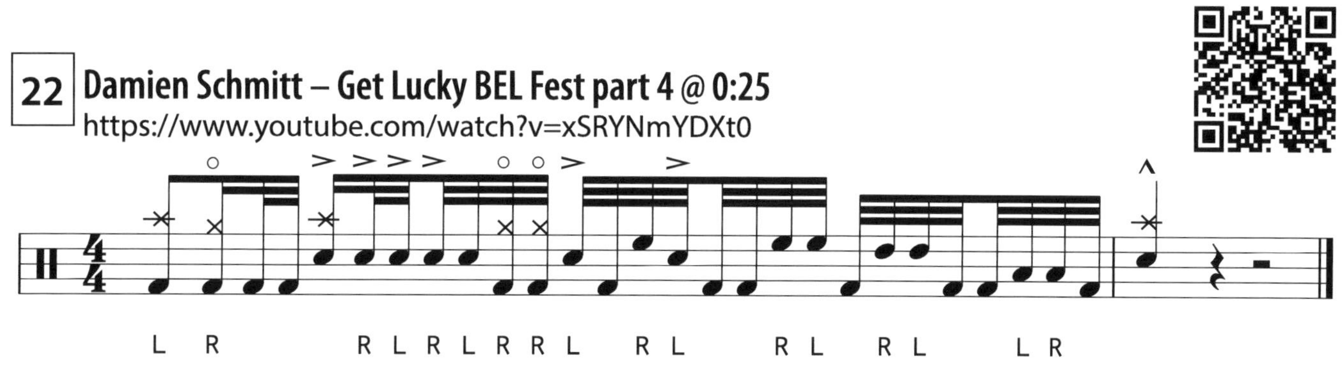

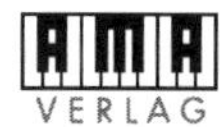

23 Damien Schmitt – Get Lucky BEL Fest part 4 @ 1:47

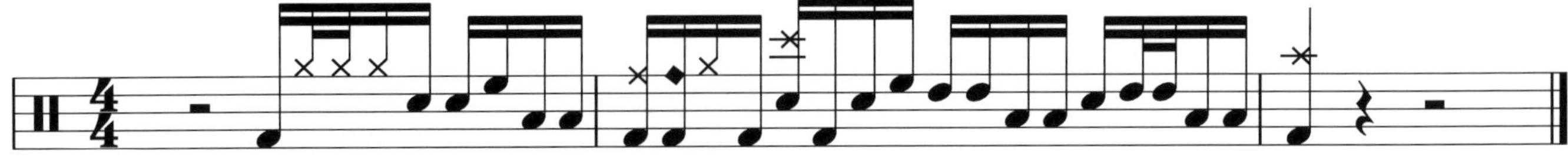

R L R L R L R L   R R L   R L R L R R L R L R L   R

24 Damien Schmidtt – Get Lucky BEL Fest part 4 @ 2:04

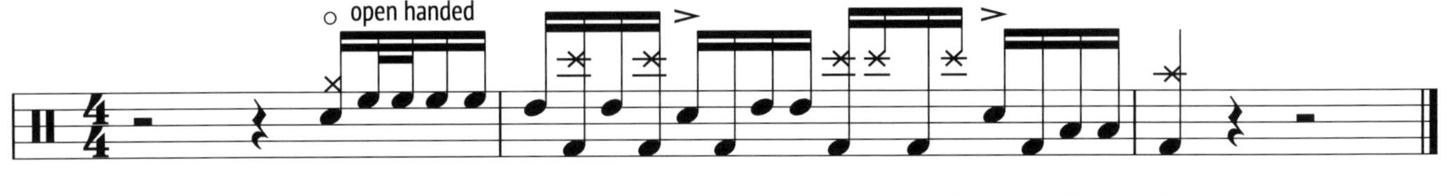

L R L R L   R L R R L   R L R L   R L   R L   R

25 Calvin Rodgers – 2011 COGIC STL @ 0:04

https://www.youtube.com/watch?v=HRXn3woLn0s

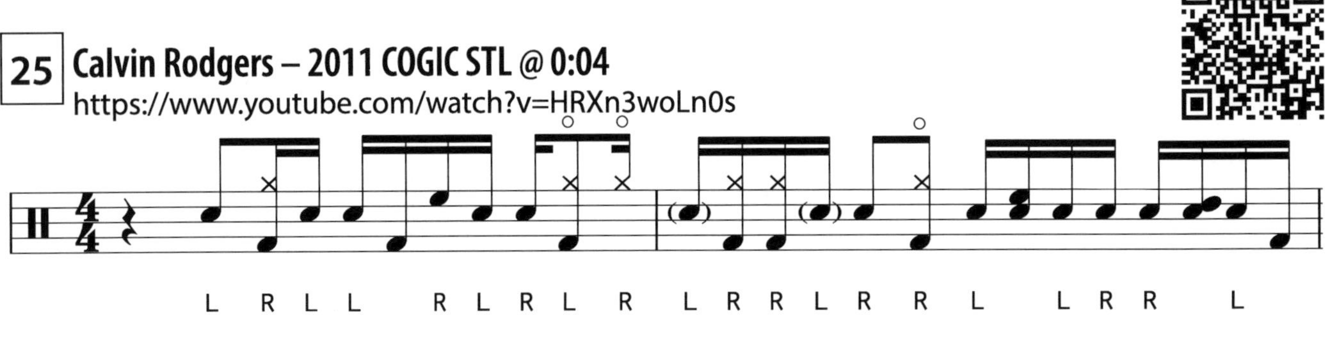

L   R L L   R L R L   R   L R R L R   R   L   L R R   L

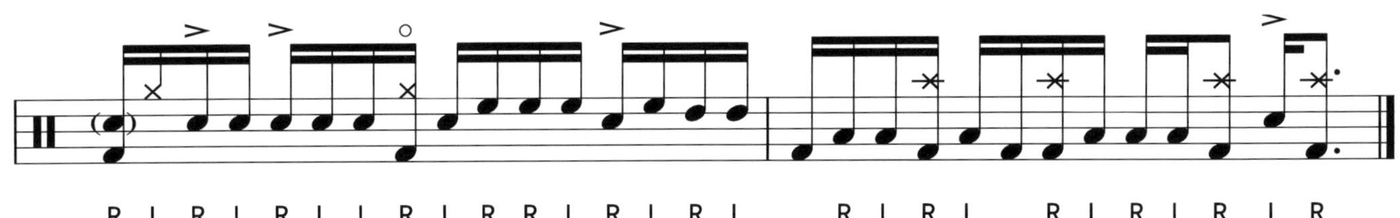

R L R L R L L R L R R L R L R L   R L R L   R L R L R   L R

26 Calvin Rodgers – 2011 COGIC STL @ 5:53

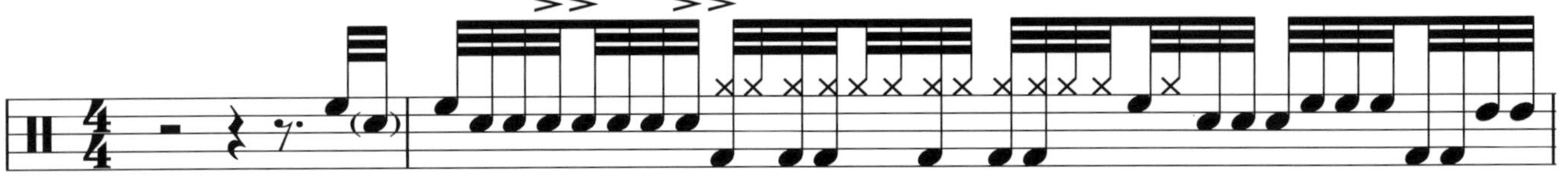

R L   R L R L R L R L R L R R L L R L R R L L R L R L R L R L   R L

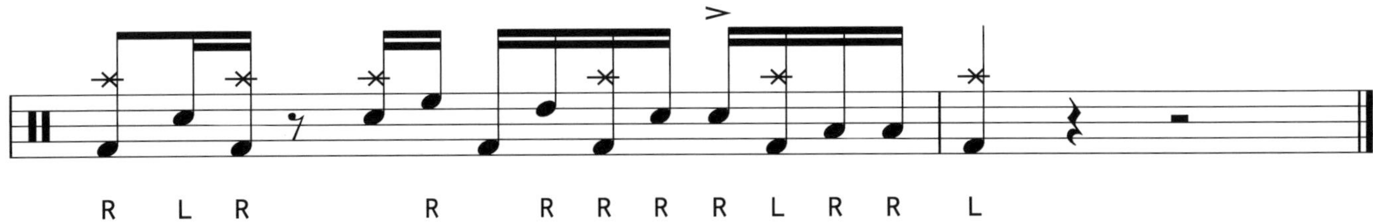

R   L   R   R   R   R   R   R   L   R   R   L

27 Varo – Varo on Drums, Thad Johnson on Bass, JoBros, Driven2xcelfoto @ 0:29

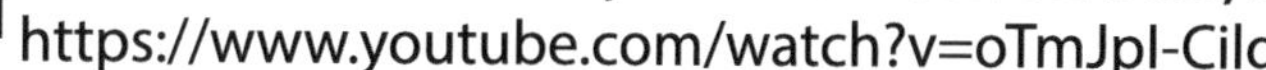
https://www.youtube.com/watch?v=oTmJpI-CiIg

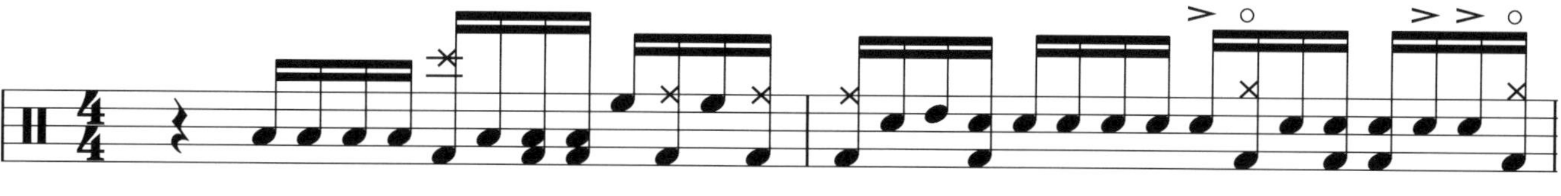

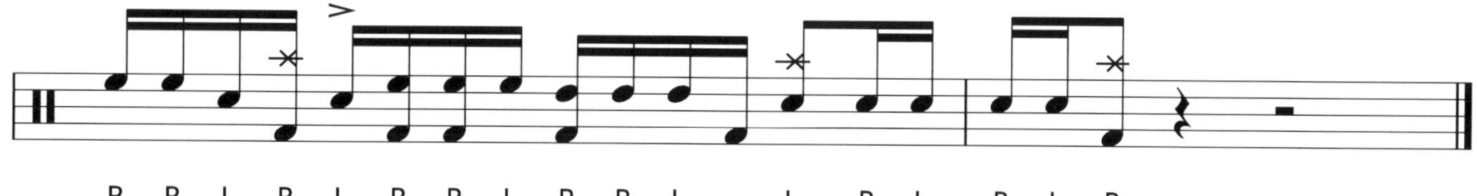

28 Varo – Varo on Drums, Thad Johnson on Bass, JoBros, Driven2xcelfoto @ 3:42

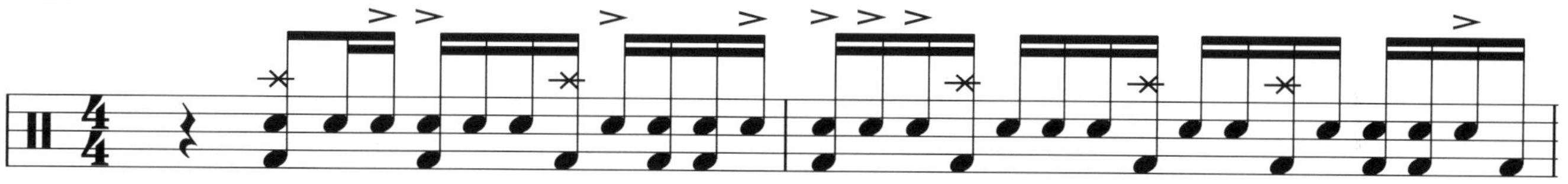

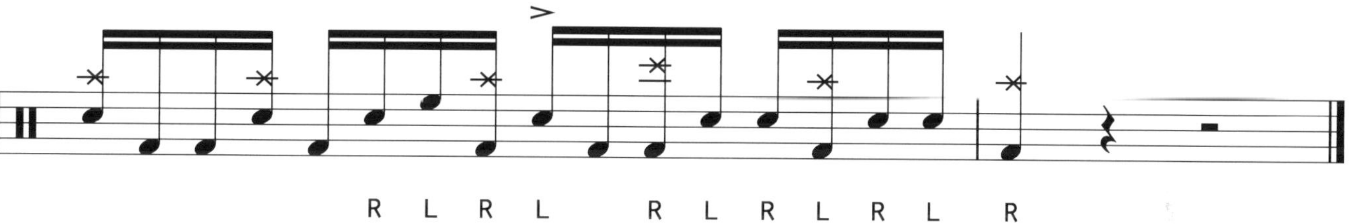

29 Varo – Varo on Drums, Thad Johnson on Bass, JoBros, Driven2xcelfoto @ 4:05

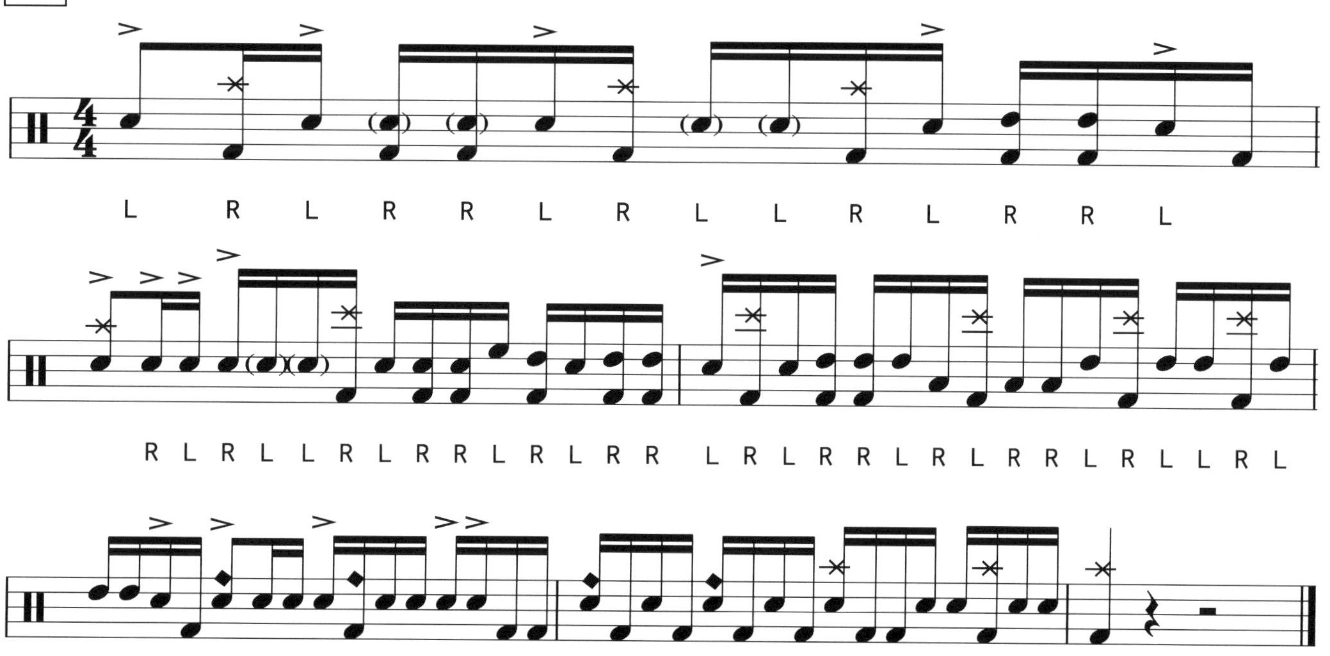

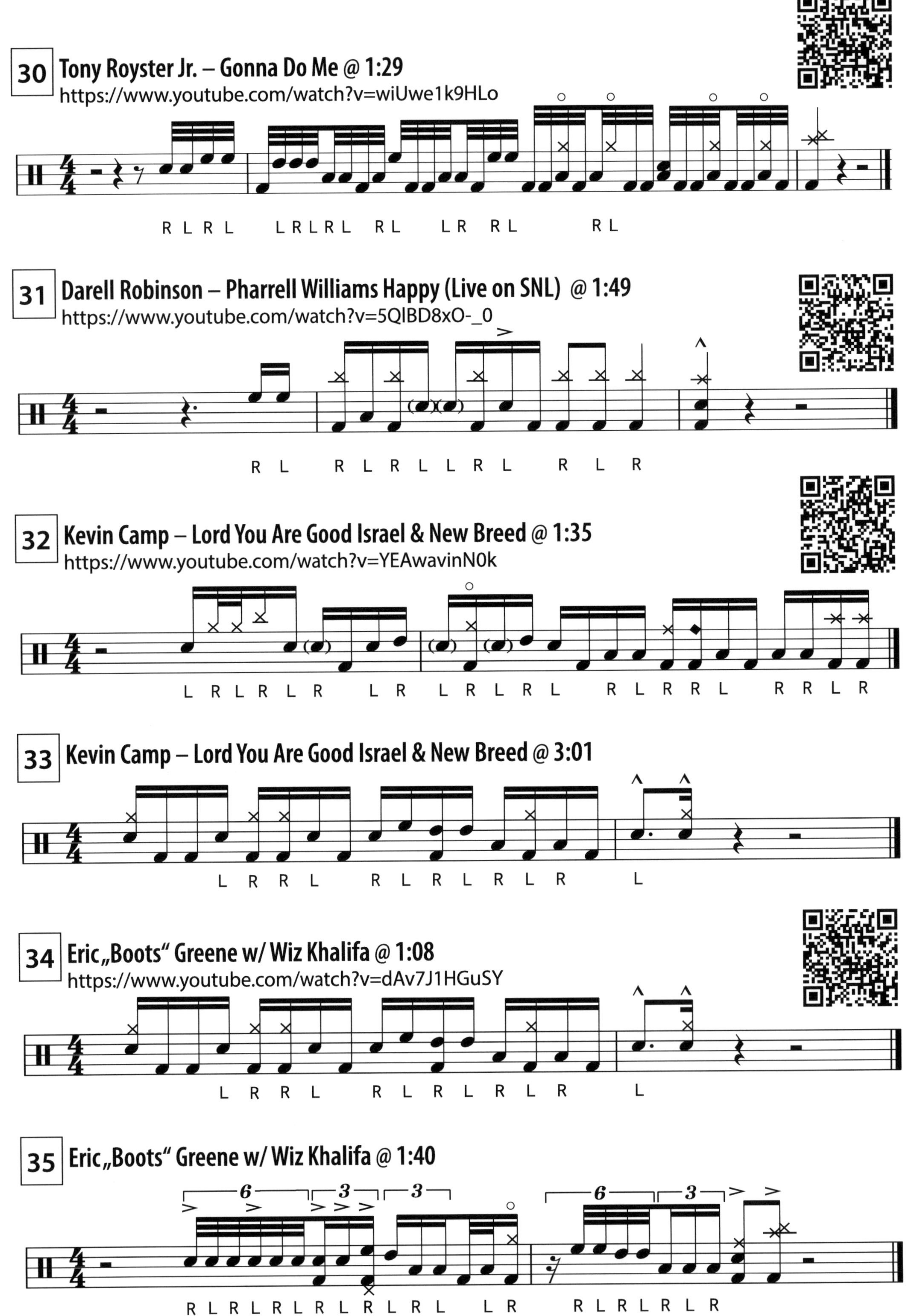
30 Tony Royster Jr. – Gonna Do Me @ 1:29
https://www.youtube.com/watch?v=wiUwe1k9HLo
R L R L L R L R L R L L R R L R L
31 Darell Robinson – Pharrell Williams Happy (Live on SNL) @ 1:49
https://www.youtube.com/watch?v=5QIBD8xO-_0
R L R L R L L R L R L R
32 Kevin Camp – Lord You Are Good Israel & New Breed @ 1:35
https://www.youtube.com/watch?v=YEAwavinN0k
L R L R L R L R L R L R L R L R R L R R L R
33 Kevin Camp – Lord You Are Good Israel & New Breed @ 3:01
L R R L R L R L R L R L
34 Eric „Boots“ Greene w/ Wiz Khalifa @ 1:08
https://www.youtube.com/watch?v=dAv7J1HGuSY
L R R L R L R L R L R L
35 Eric „Boots“ Greene w/ Wiz Khalifa @ 1:40
6 3 3 6 3
R L R L R L R L R L R L L R R L R L R L R

36 Eric Moore – Get your Eric Moore On! @ 1:34

https://www.youtube.com/watch?v=UzeM31yzReU

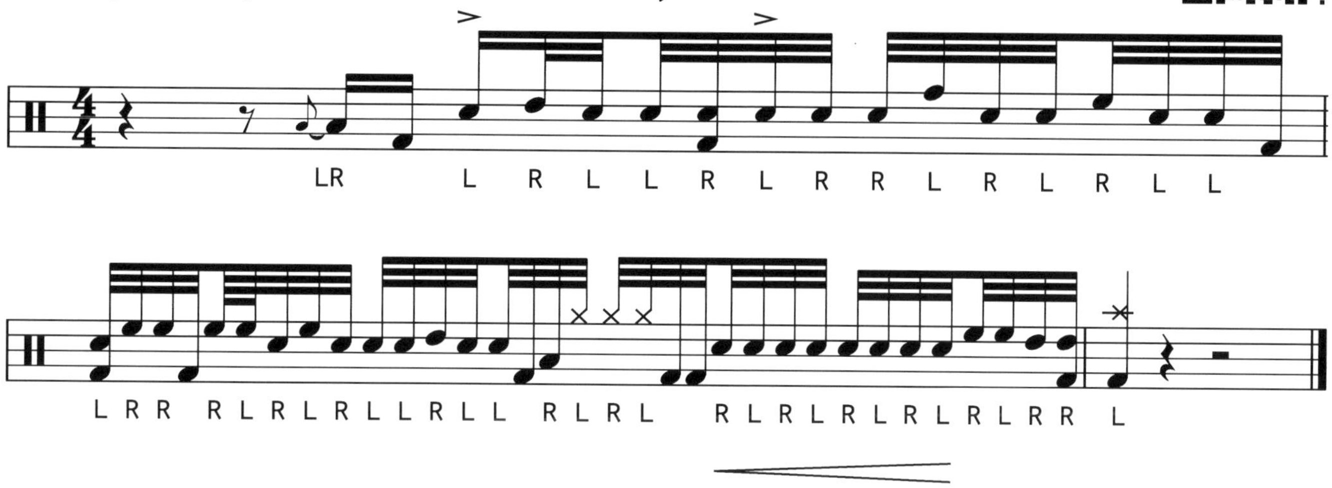

LR L R L L R L R R L R L R L L

L R R R L R L R L L R L L R L R L R L R L R L R L R L R R L

37 Eric Moore – Get your Eric Moore On! @ 2:28

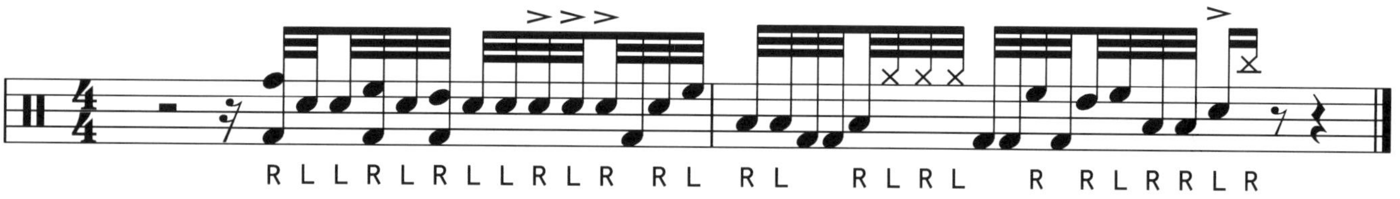

R L L R L R L L R L R R L R L R L R L R R L R R L R

38 Eric Moore – Get your Eric Moore On! @ 4:06

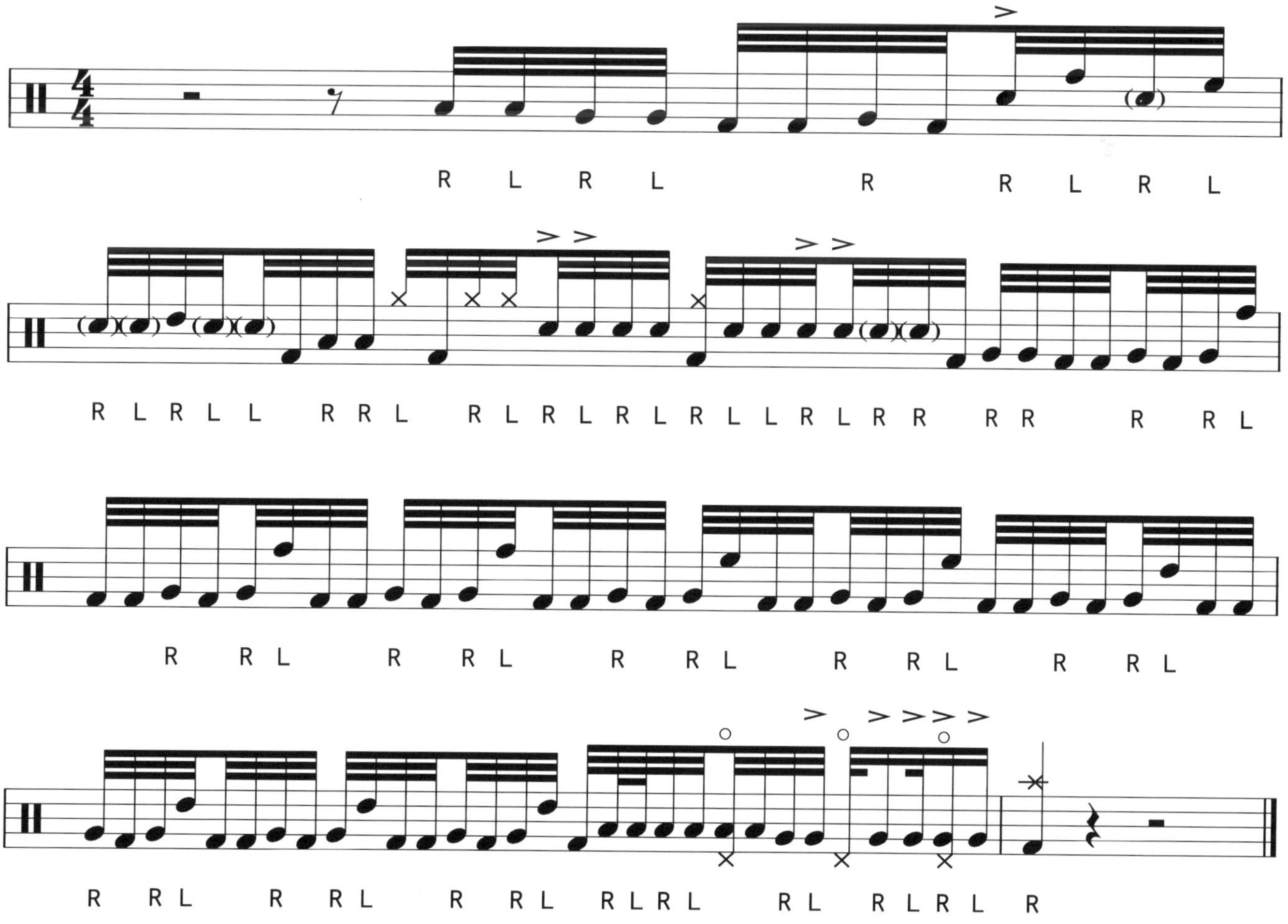

R L R L R R L R L

R L R L L R R L R L R L R L R L L R L R R R R R R L

R R L R R L R R L R R L R R L

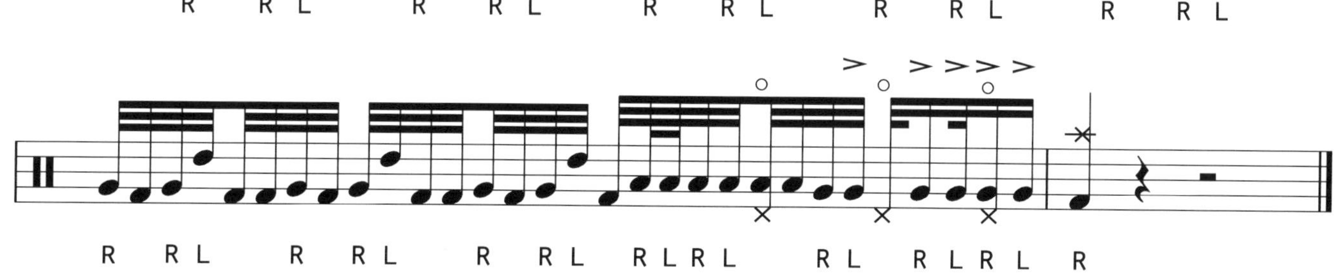

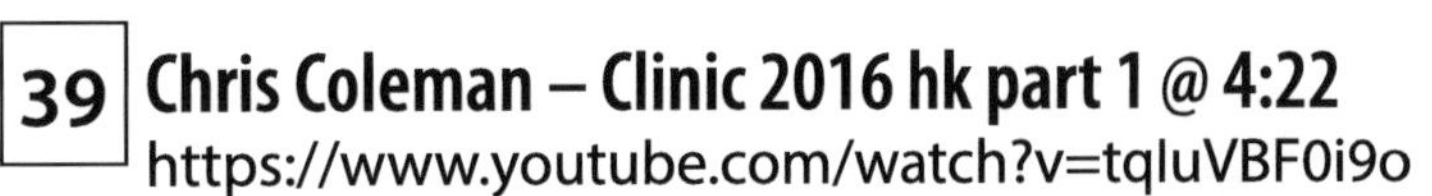

39 Chris Coleman – Clinic 2016 hk part 1 @ 4:22

https://www.youtube.com/watch?v=tqluVBF0i9o

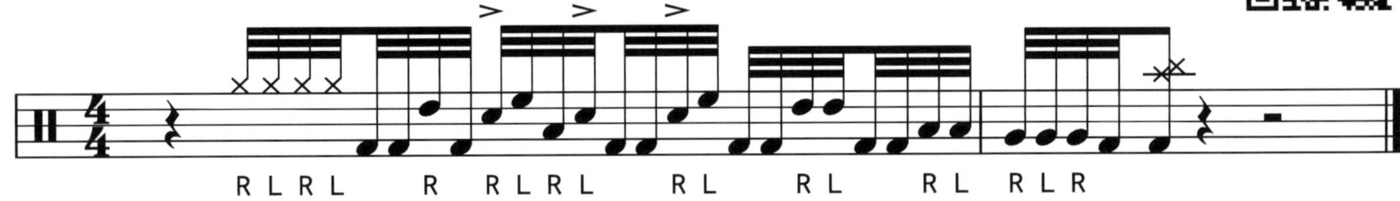

40 Chris Coleman – Clinic @ 12:48

https://www.youtube.com/watch?v=y46skGXRbWU

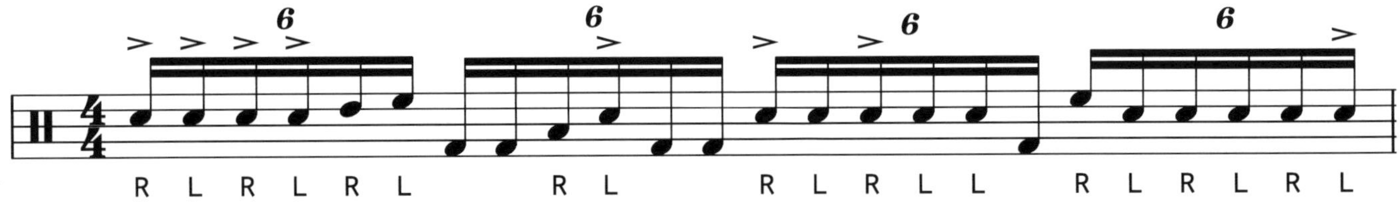

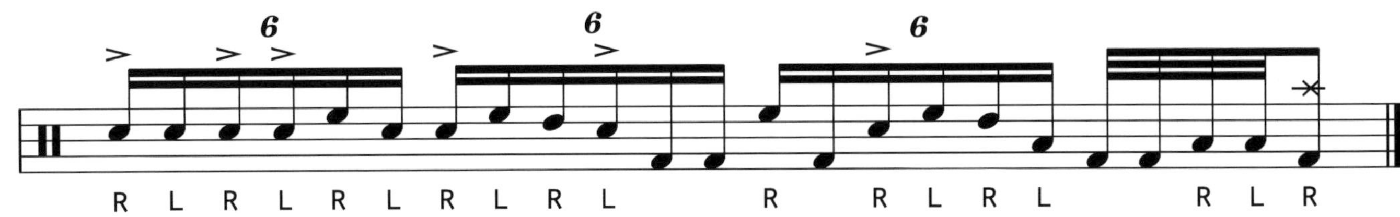

41 Simon Gattringer – Drum Remix „Gecko (Overdrive)" @ 1:20

https://www.youtube.com/watch?v=LRchBkqDoME

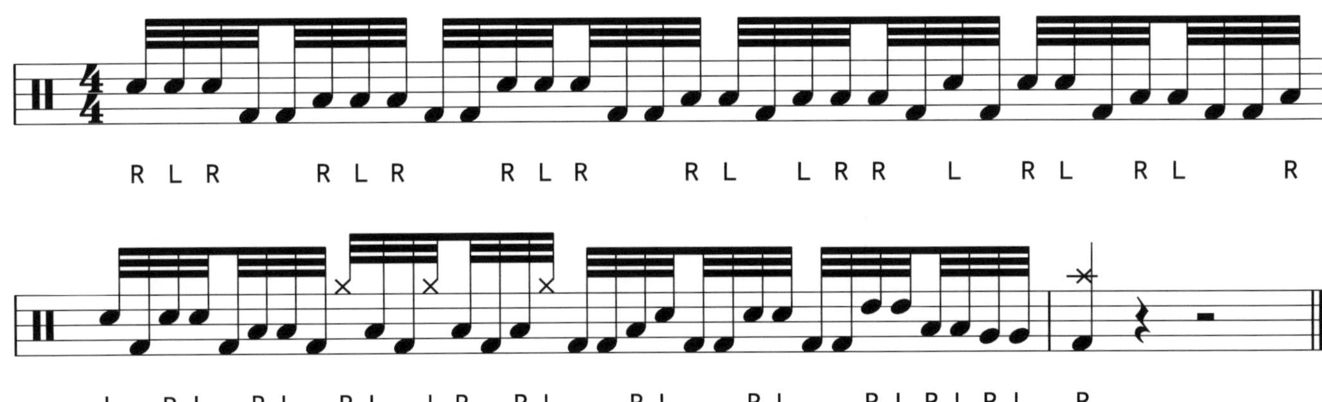

42 Devon Parker – „The Berklee Files" GospelChops.com Drum lessen @ 1:35

https://www.youtube.com/watch?v=XRIXDbQ8mGg

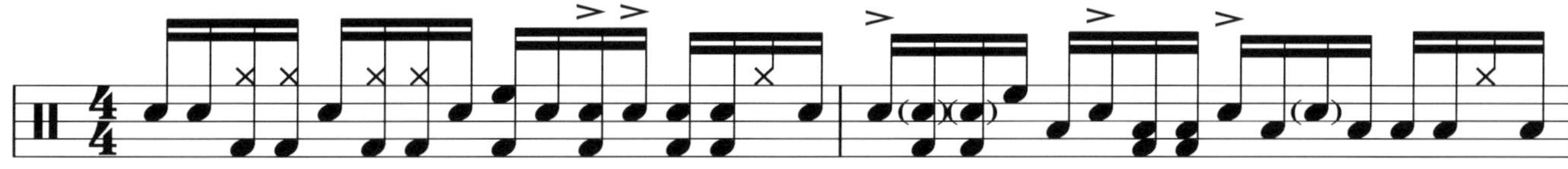

R L R R L R R L R L R L R R L R L R R L R L R R L R L R R L R L

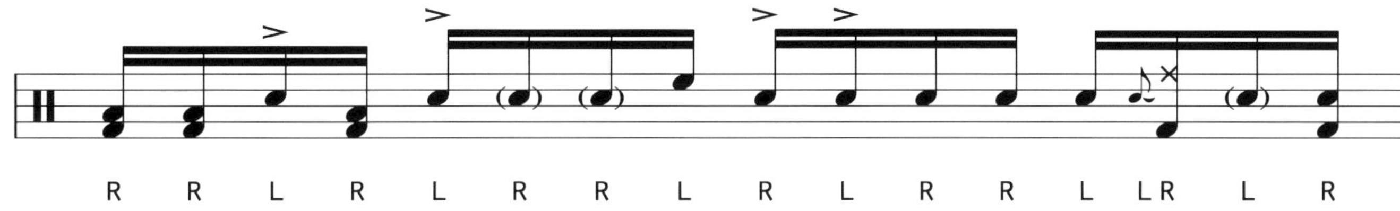

R R L R L R R L R L R R L LR L R

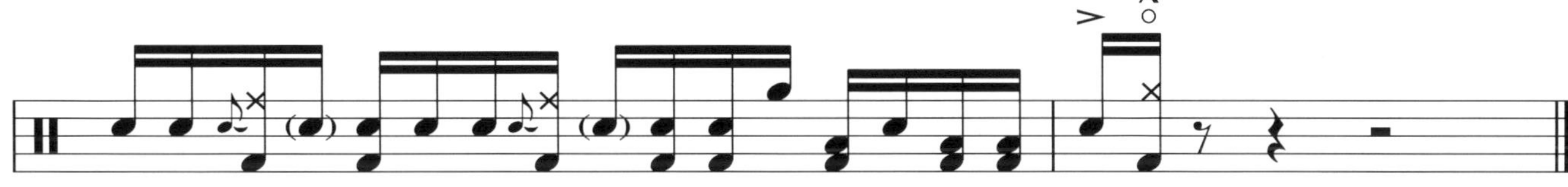

R L LR L R R L LR L R R L R L R R L R

43 Brandon Maclin – Berklee Chops Shed @ 8:07

https://www.youtube.com/watch?v=g4JPm6gbd8A

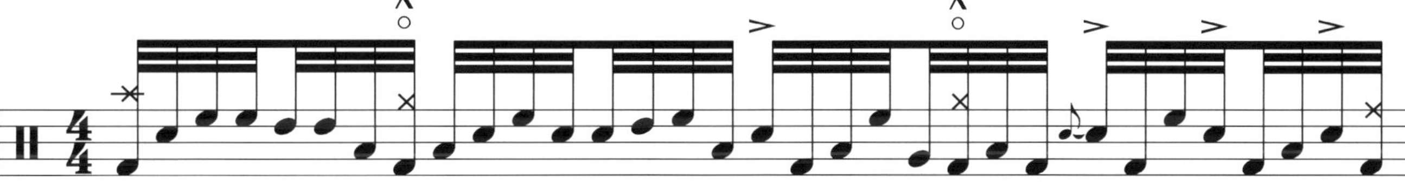

R L R L R L R L R L R L L R L R L R L R L R RL R L R L R

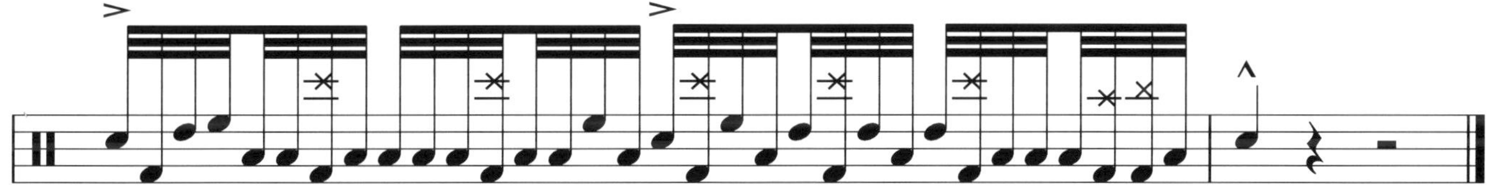

L R L R L R L R R L R L R L R L R L R L R L R L R L R L R L R R L

44 Arthur Kam – Berklee Mega Drum Project Official 2013 @ 5:21

https://www.youtube.com/watch?v=EdtJs0bK-1U

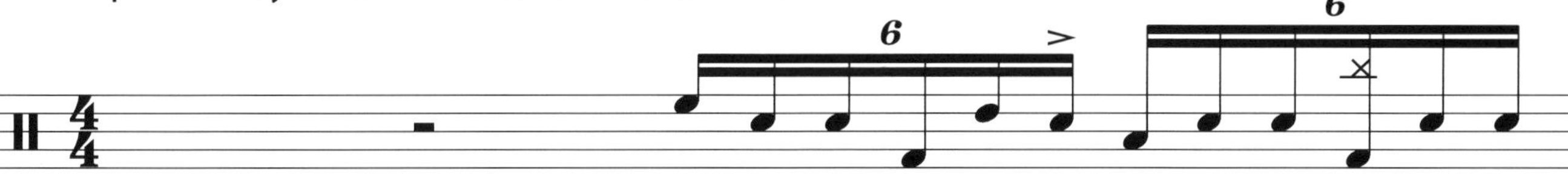

R L L R L R L L R L L

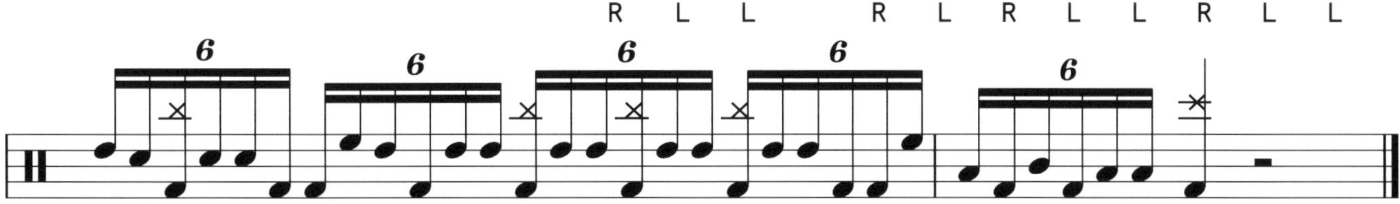

R L R L L L R R L R L R L R L R L L L R L R L

45 Tony Taylor Jr. – Guitar Center's 27th Annual Drum-Off Winner @ 4:08

https://www.youtube.com/watch?v=ydlayILLjbo

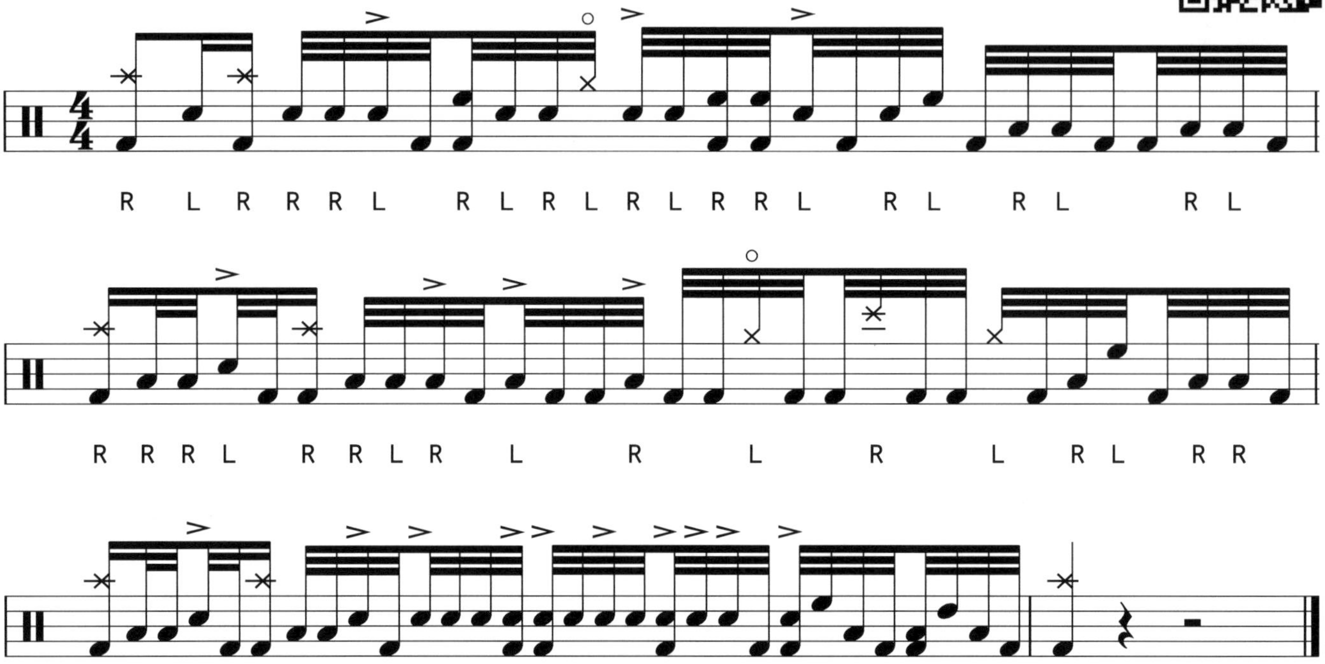

R L R R R L R L R L R L R R L R L R L R L

R R R L R R L R L R L R L R L R R

R R R L R R R L R L R L R L R L R L R R L R R L R R

46 J-Rod Sullivan – Ciara Live Arrangement „I Bet" @ 4:43

https://www.youtube.com/watch?v=tF1aU0IoHIY

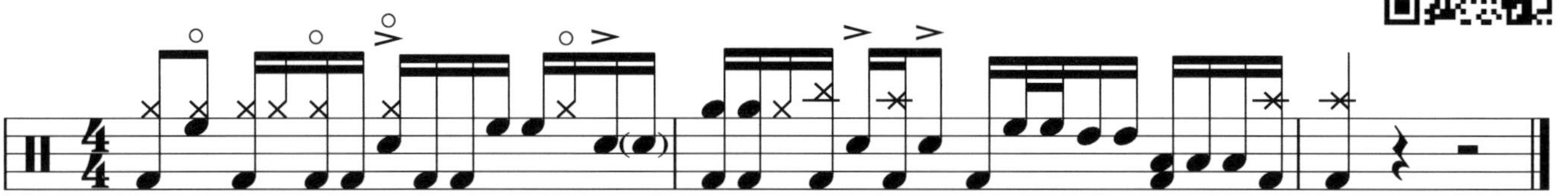

R R L R L R L R L R R L R L R L R L R L R L R L R

47 Thomas Pridgen – Bag'Show 2015 Part 1 @ 0:42

https://www.youtube.com/watch?v=FhrczEgAWEc

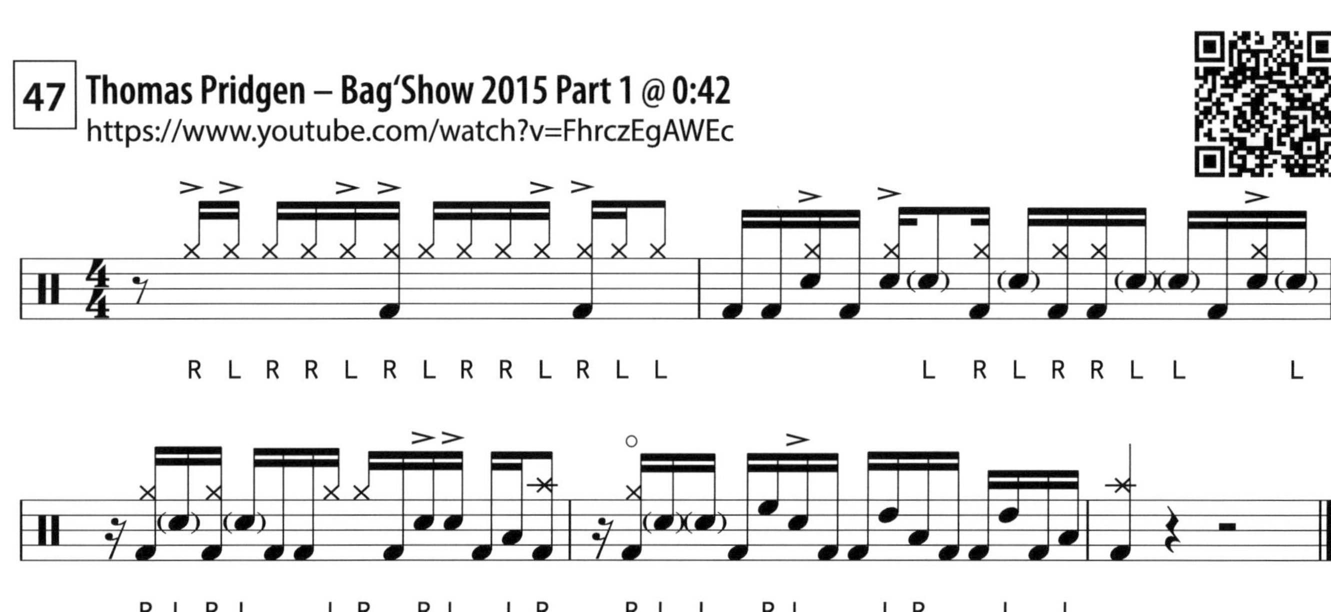

AMA VERLAG

48 Thomas Pridgen – NAMM 2015 GoPro @ 3:04

https://www.youtube.com/watch?v=Fsw1jK8y-ZY

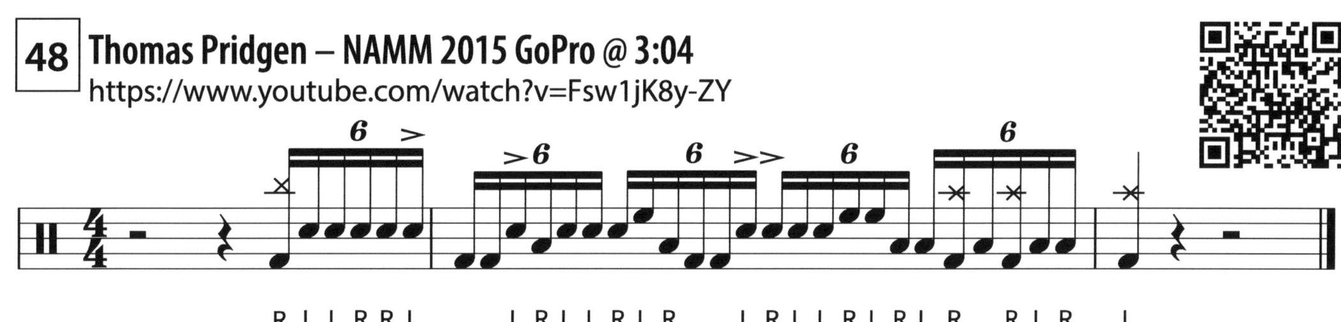

49 Joe C. Elliot III – Be On It Evo Part 2 @ 0:27

https://www.youtube.com/watch?v=AhnAknXafr0

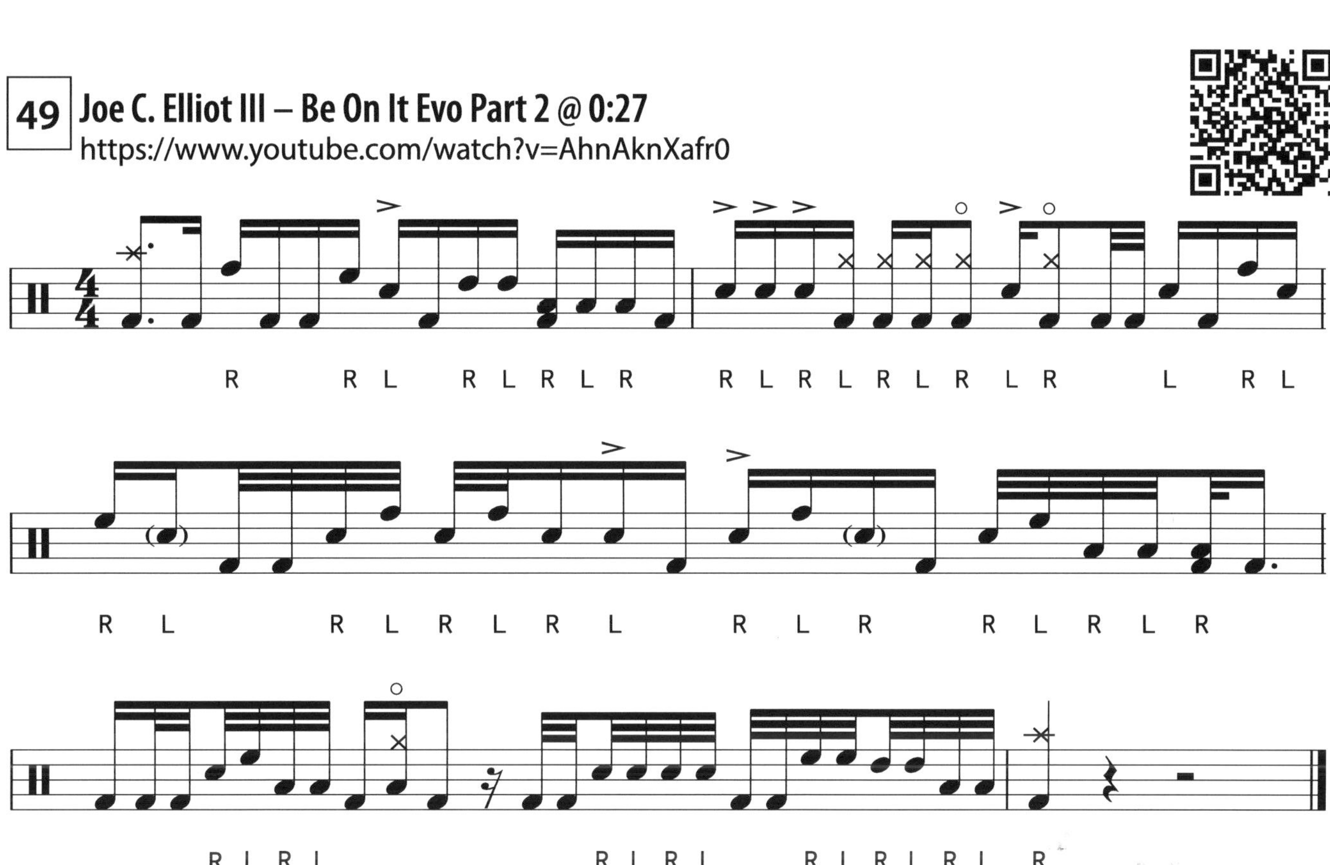

50 Brian Frasier-Moore – The Chops Inside the Groove @ 23:12

https://www.youtube.com/watch?v=lGdQFyY24LE

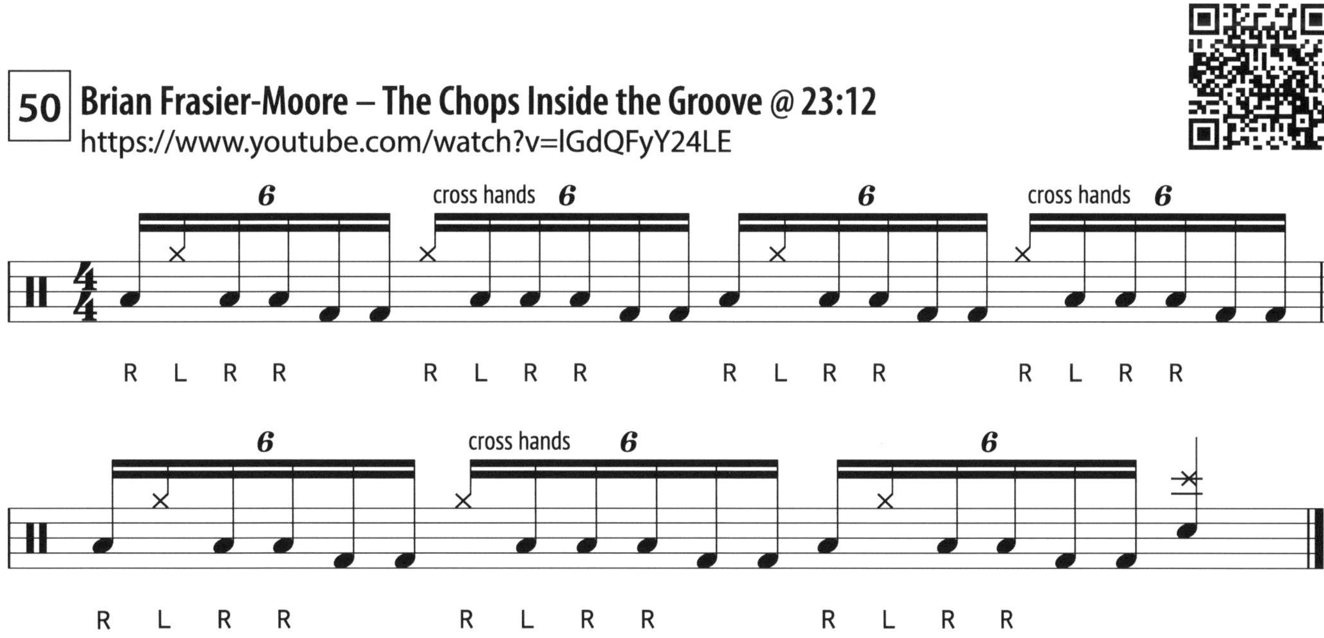

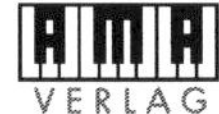

51 Vincent Golly – Pimpy Panda Drumcam Studio Snippet @ 0:27

https://www.youtube.com/watch?v=Sycu2bi46QI

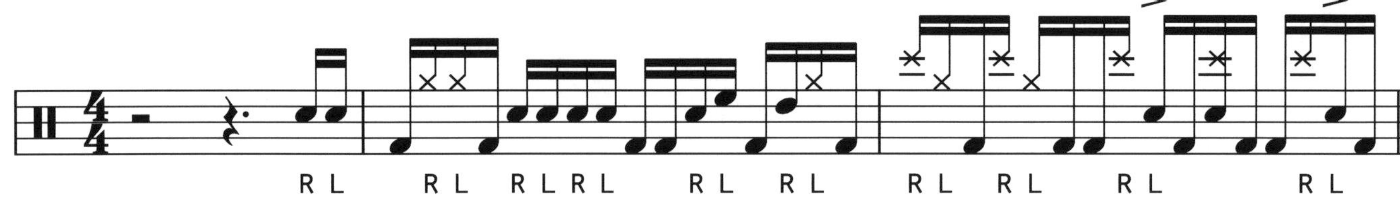

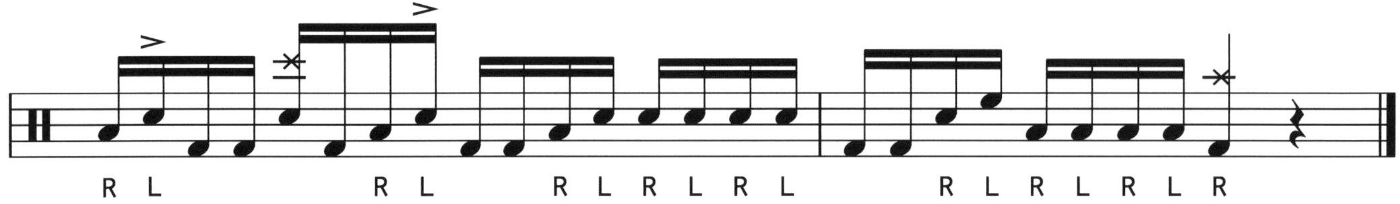

52 Vincent Golly – Pimpy Panda Drumcam Studio Snippet @ 0:02

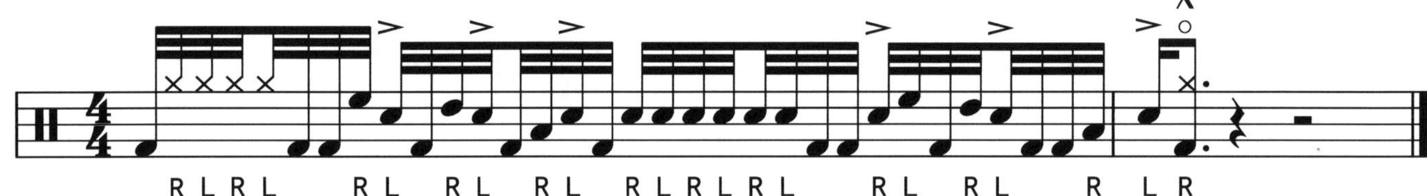

AMA VERLAG

Kapitel 2 – Gospel-Chop-Elemente

Die Gospel Chops aus dem ersten Kapitel sind keine rein zufälligen Hand-Fuß-Kombinationen. Viele der Kombinationen bieten sich im Bewegungsfluss an oder sind kleine Melodien. Allerdings sind viele Elemente in den Chops auf den ersten Blick unsystematisch angeordnet und nicht sofort zu durchschauen. Macht vielleicht genau das einen Gospel Chop aus? Fakt ist jedenfalls, dass man einen Gospel Chop am Sound und am Style erkennen kann. Was haben also diese Fills, die doch so unterschiedlich in ihren Stickings sind, gemeinsam?

Um den Style in das eigene Spiel integrieren zu können, ohne zwingend einen Gospel-Drummer zu kopieren und ihm sein Fill-in zu „klauen", habe ich im folgenden Kapitel die Transkriptionen in kleine Elemente heruntergebrochen. Diese Elemente bilden das Vokabular des Gospelchoppens. Du kannst dieses Kapitel als ein Wörterbuch verstehen, mit dessen Hilfe du dir einen Wortschatz aneignest, mit dem du später flüssige Sätze formulieren kannst. Nur wenige Gospel Chops der großen Meister wirken auf mich wie einstudierte Fills, die bei Bedarf abgefeuert werden. Sie haben eher einen intuitiven Charakter und scheinen direkt im Moment entstanden zu sein.

Vielleicht hast du schon probiert die, Klischee-Kombinationen wie Fuß-Rechts-Links oder Fuß-Fuß-Rechts-Links oder Rechts-Fuß-Fuß-Links usw. als eigenständige Patterns zu erlernen und dann als Fill zu spielen. Damit hast du eine gute technische Grundlage, aber beim näheren Betrachten der Chops fällt auf, dass ein komplexer Chop aus weit mehr Elementen zusammengesetzt ist. Bestehen deine Chops allerdings aus einem kleineren Vokabular, kann es schnell zu Wiederholungen kommen, die dem Chop leicht einen statischen Charakter verleihen.

Die Chop-Elemente auf den folgenden Seiten sind aus den Transkriptionen abgeleitet, anhand der Hauptziffer kannst du sie ihrem Mutter-Chop zuordnen. Du findest nicht nur die Hauptelemente, sondern auch Übergangselemente, die sich z.B. aus dem Verschieben eines Elements um eine Achtelnote und das Hinzufügen weiterer Schläge des Chops ergeben. Somit kannst du dir ebenfalls einen Wortschatz für das flüssige Verbinden der Elemente aneignen. Das Sticking, die Orchestrierung und die Akzente sind nach bester Möglichkeit aus dem originalen Chop übernommen. In einigen Fällen habe ich die Elemente leicht angepasst, um den „Übeloop" natürlicher zu gestalten. Ich empfehle dir, zunächst die Übungen als Wiederholungen flüssig zu spielen. Du kannst, sobald du dich mit den einzelnen Elementen wohlfühlst, auch einige Takte Groove spielen und die Übungen als Fill-ins integrieren (siehe auch Kapitel 3). Fühl dich frei, deinen eigenen Überhythmus für dieses Kapitel zu finden. Wenn du probierst, die Geschwindigkeit zu erhöhen, achte immer darauf, sauber zu spielen. Ein schneller, aber wackeliger Gospel Chop beeindruckt nur wenig.

Wenn du während der Arbeit mit diesen Gospel Chops zu eigenen Chops inspiriert wirst, dann experimentier ruhig damit herum. Es lohnt sich!

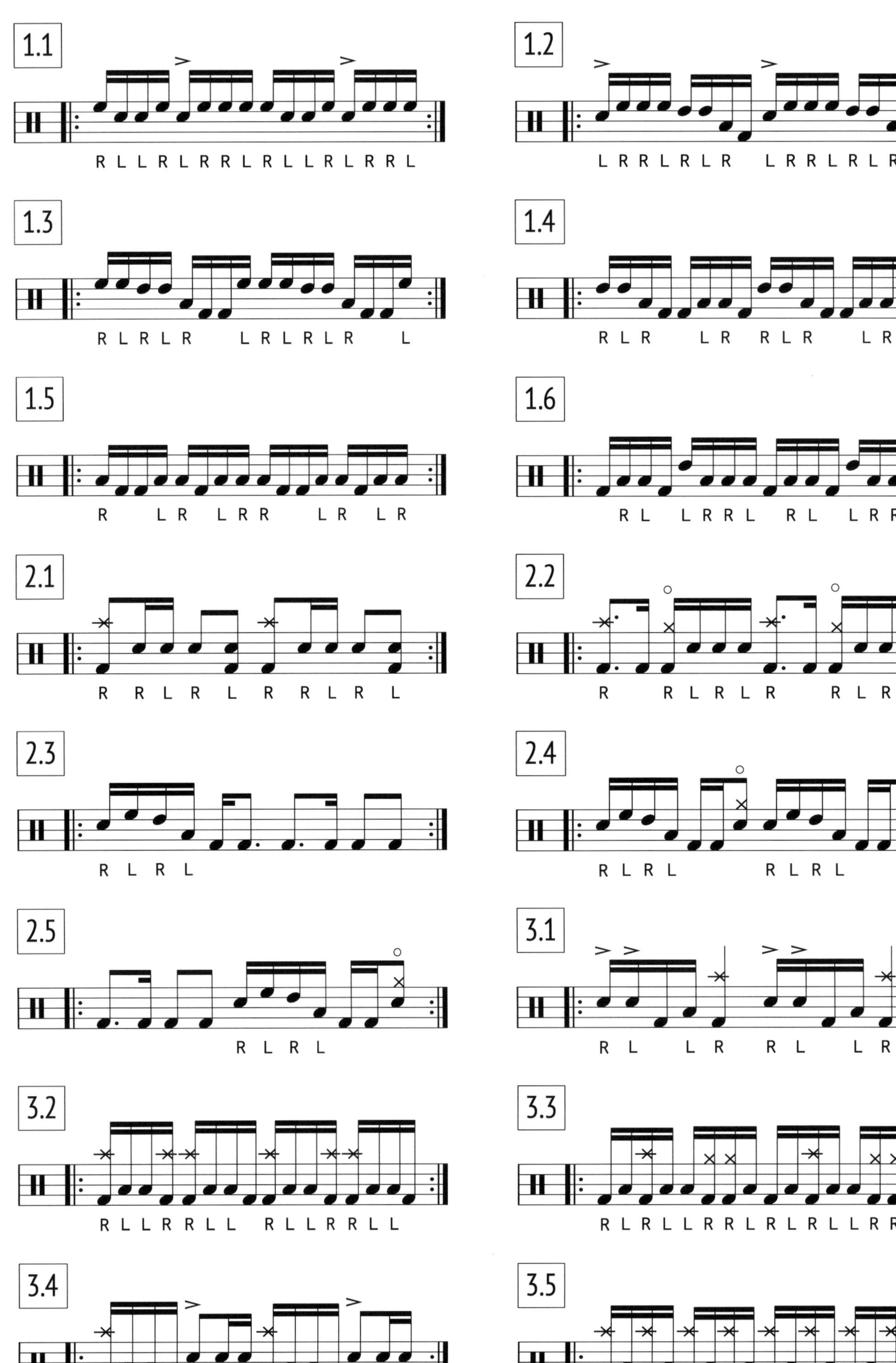
1.1
R L L R L R R L R L L R L R R L
1.2
L R R L R L R L R R L R L R
1.3
R L R L R L R L R L R L
1.4
R L R L R R L R L R
1.5
R L R L R R L R L R
1.6
R L L R R L R L L R R L
2.1
R R L R L R R L R L
2.2
R R L R L R R L R L
2.3
R L R L
2.4
R L R L R L R L
2.5
R L R L
3.1
R L L R R L L R
3.2
R L L R R L L R L L R R L L
3.3
R L R L L R R L R L R L L R R L
3.4
R L L R R L R L L R R L
3.5
R L R L R L R L R L r L R L R L

AMA VERLAG

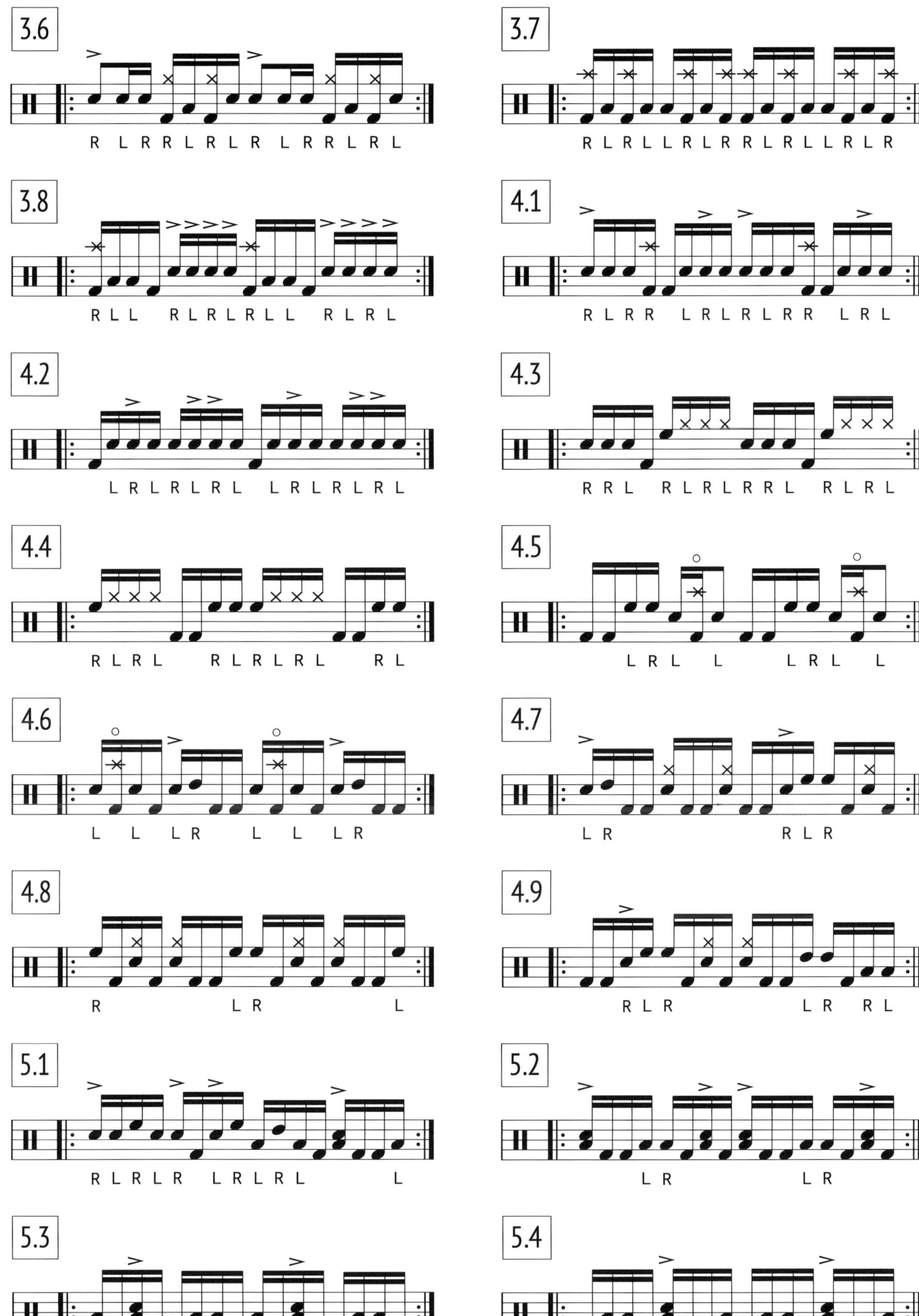
3.6
R L R R L R L R L R R L R L
3.7
R L R L L R L R R L R L L R L R
3.8
R L L R L R L R L L R L R L
4.1
R L R R L R L R L R R L R L
4.2
L R L R L R L L R L R L R L
4.3
R R L R L R L R R L R L R L
4.4
R L R L R L R L R L R L
4.5
L R L L L R L L
4.6
L L L R L L L R
4.7
L R R L R
4.8
R L R L
4.9
R L R L R R L
5.1
R L R L R L R L R L L
5.2
L R L R
5.3
R L R R L R
5.4
L R R L R R

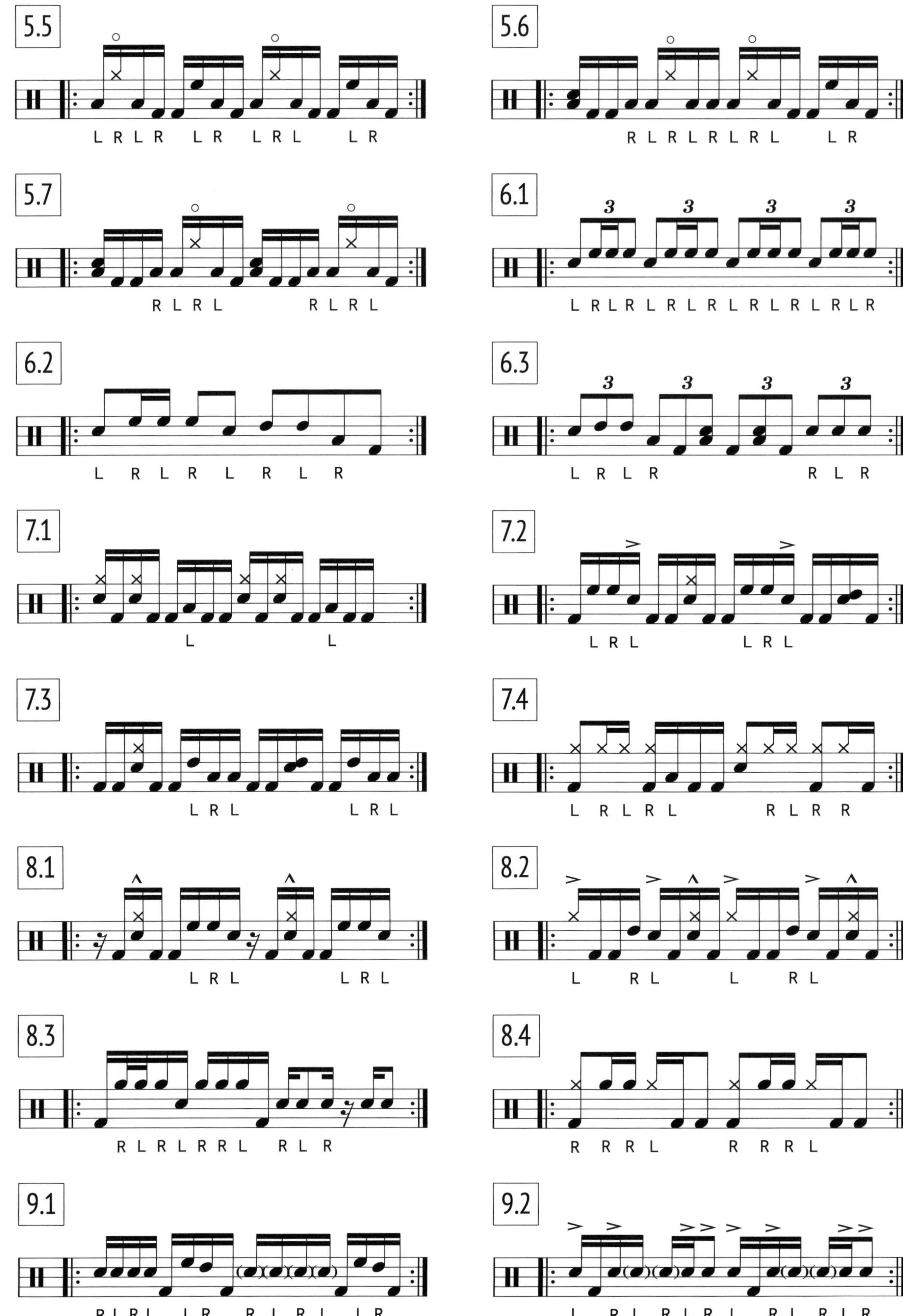
5.5
L R L R L R L R L L R
5.6
R L R L R L R L L R
5.7
R L R L R L R L
6.1
3
3
3
3
L R L R L R L R L R L R L R L R
6.2
L R L R L R L R
6.3
3
3
3
3
L R L R R L R
7.1
L L
7.2
L R L L R L
7.3
L R L L R L
7.4
L R L R L R L R R
8.1
L R L L R L
8.2
L R L L R L
8.3
R L R L R R L R L R
8.4
R R R L R R R L
9.1
R L R L L R R L R L L R
9.2
L R L R L R L R L R L R

AMA VERLAG

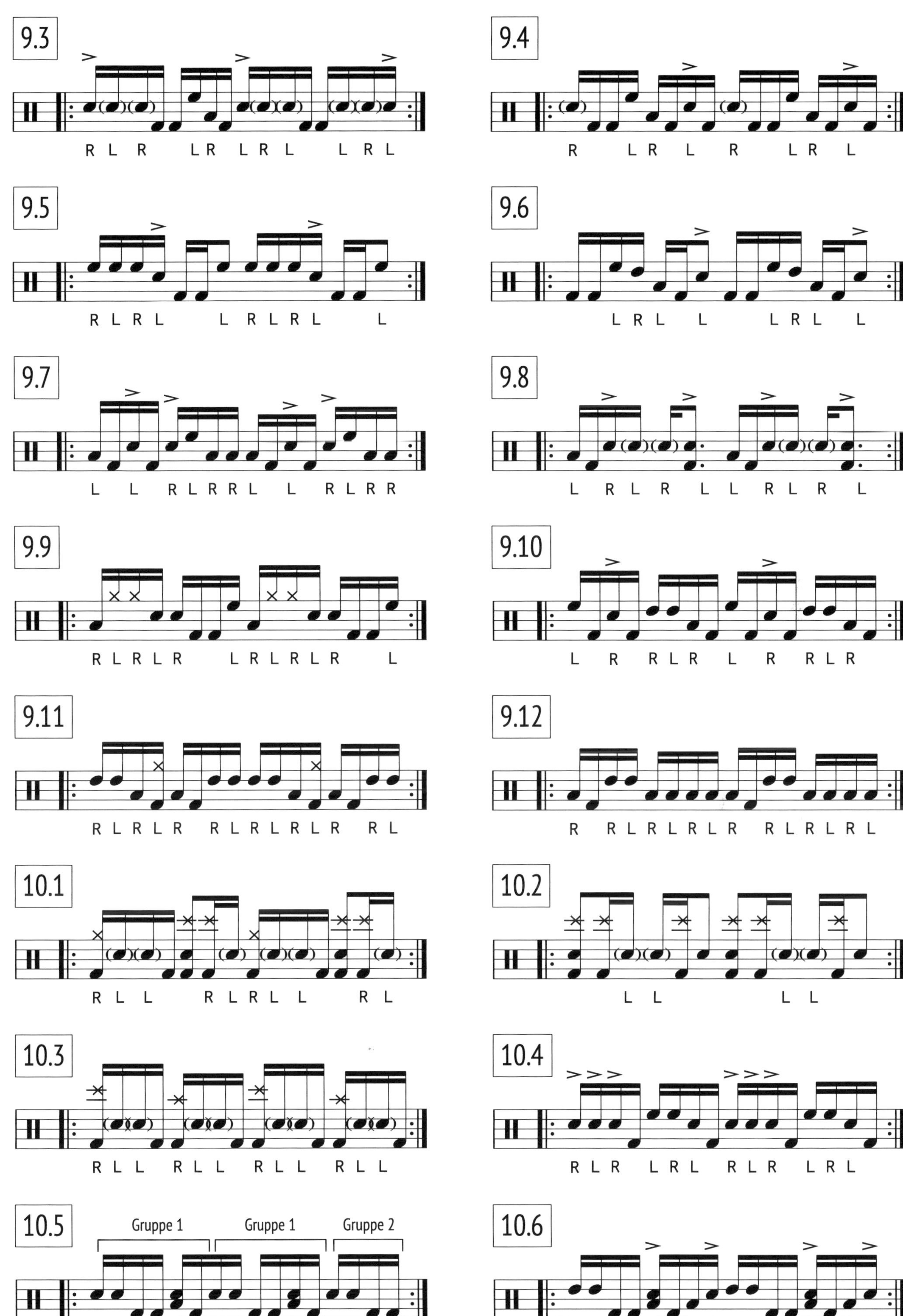
9.3
R L R LR L R L L R L
9.4
R LR L R LR L
9.5
R L R L L R L R L L
9.6
L R L L L R L L
9.7
L L R L R R L L R L R R
9.8
L R L R L L R L R L
9.9
R L R L R L R L R L R L
9.10
L R R L R L R R L R
9.11
R L R L R R L R L R L R R L
9.12
R R L R L R L R R L R L R L
10.1
R L L R L R L L R L
10.2
L L L L
10.3
R L L R L L R L L R L L
10.4
R L R L R L R L R L R L
10.5
Gruppe 1
Gruppe 1
Gruppe 2
R L R L R L
10.6
R L R L R L R L

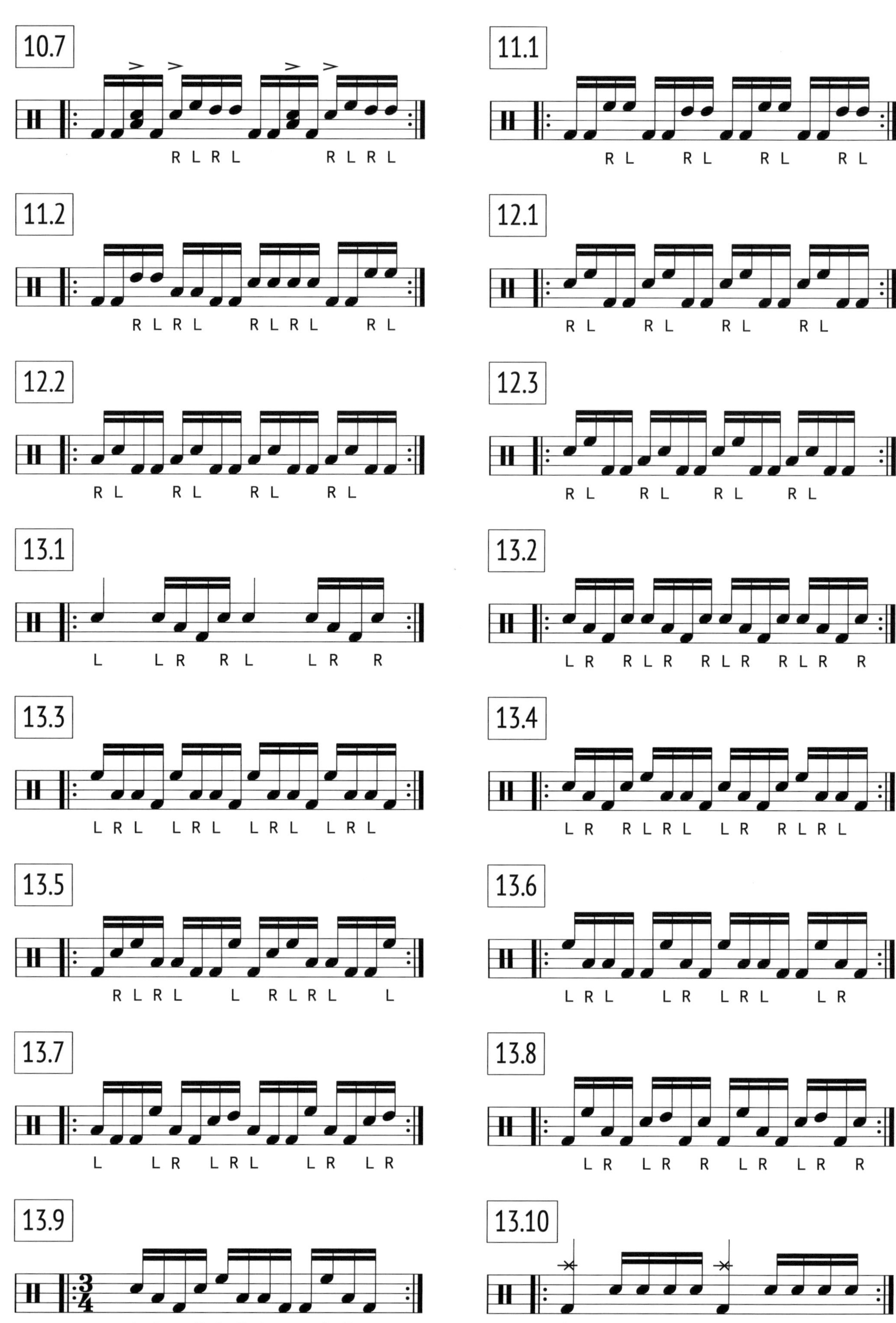
10.7
R L R L R L R L
11.1
R L R L R L R L
11.2
R L R L R L R L R L
12.1
R L R L R L R L
12.2
R L R L R L R L
12.3
R L R L R L R L
13.1
L L R R L L R R
13.2
L R R L R R L R R L R R
13.3
L R L L R L L R L L R L
13.4
L R R L R L L R R L R L
13.5
R L R L L R L R L L
13.6
L R L L R L R L L R
13.7
L L R L R L L R L R
13.8
L R L R R L R L R R
13.9
L R R L R L L R
13.10
L L R L R L L R L R

AMA VERLAG

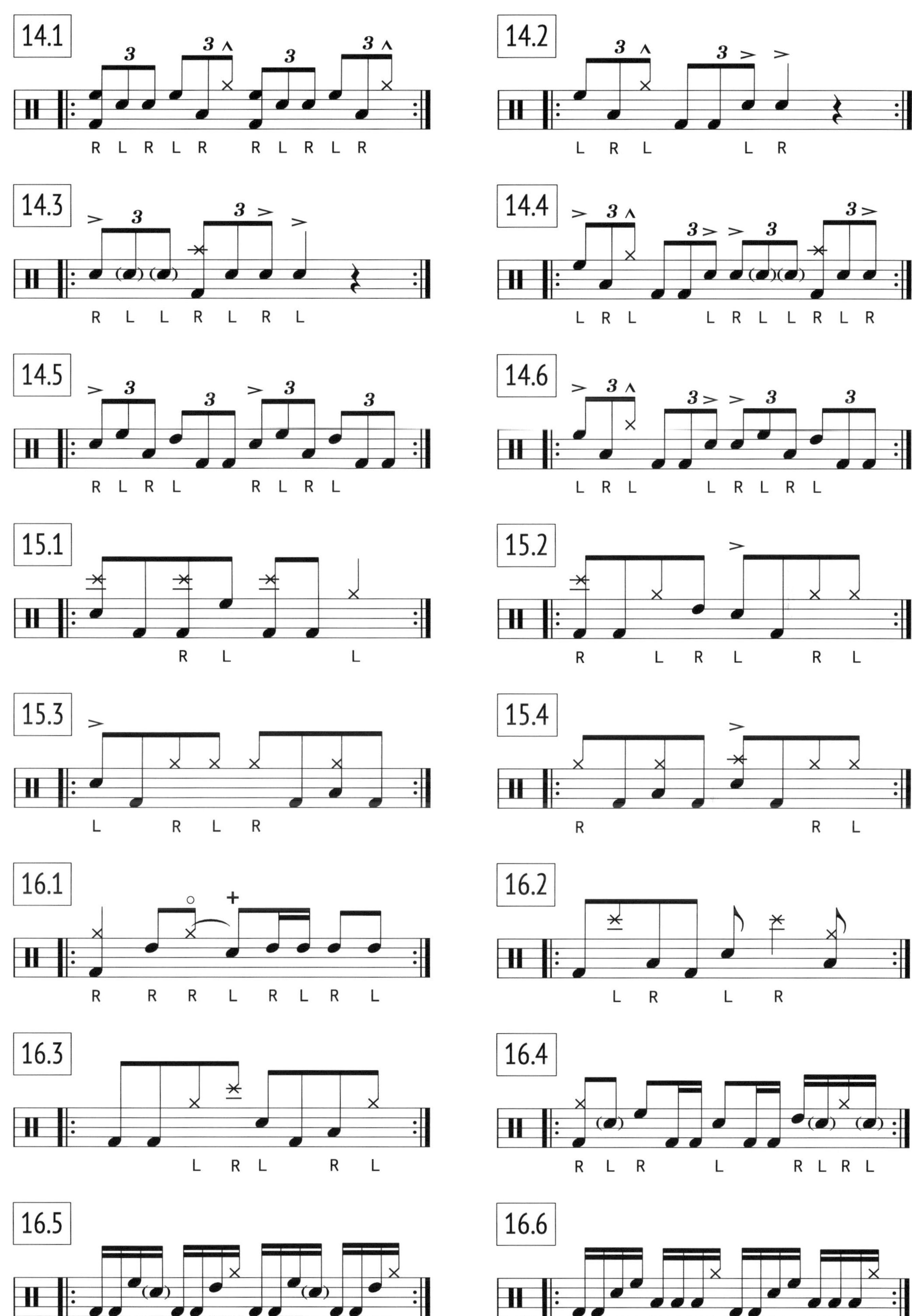
14.1
R L R L R R L R L R
14.2
L R L L R
14.3
R L L R L R L
14.4
L R L L R L L R L R
14.5
R L R L R L R L
14.6
L R L L R L R L
15.1
R L L
15.2
R L R L R L
15.3
L R L R
15.4
R R L
16.1
R R R L R L R L
16.2
L R L R
16.3
L R L R L
16.4
R L R L R L R L
16.5
R L R L R L R L
16.6
R L R L R L R L R L R L

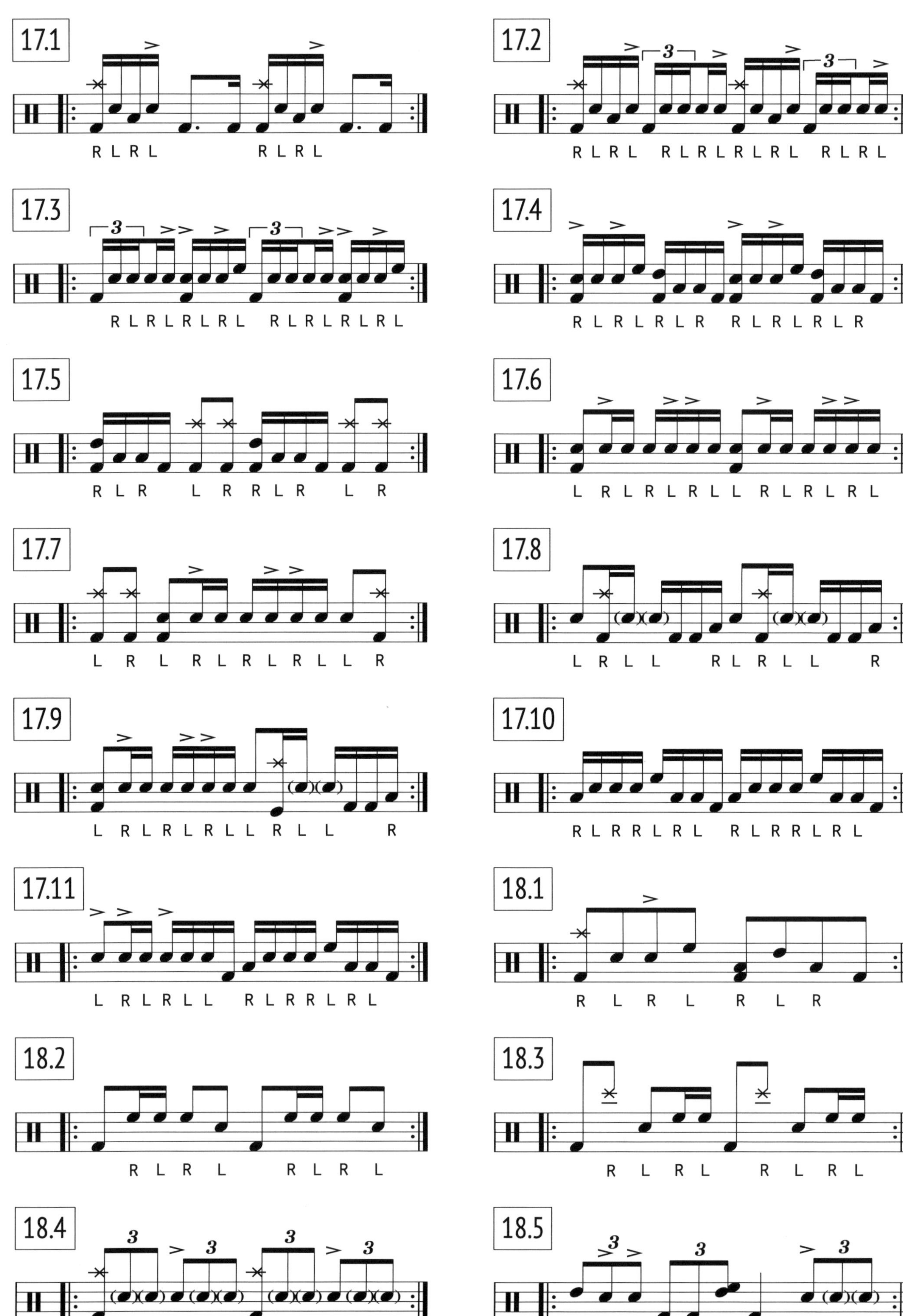
17.1
R L R L R L R L
17.2
R L R L R L R L R L R L R L R L
17.3
R L R L R L R L R L R L R L R L
17.4
R L R L R L R R L R L R L R
17.5
R L R L R R L R L R
17.6
L R L R L R L L R L R L R L
17.7
L R L R L R L R L L R
17.8
L R L L R L R L L R
17.9
L R L R L R L L R L L R
17.10
R L R R L R L R L R R L R L
17.11
L R L R L L R L R R L R L
18.1
R L R L R L R
18.2
R L R L R L R L
18.3
R L R L R L R L
18.4
R L L R L L R L L R L L
18.5
R L R R L L

AMA VERLAG

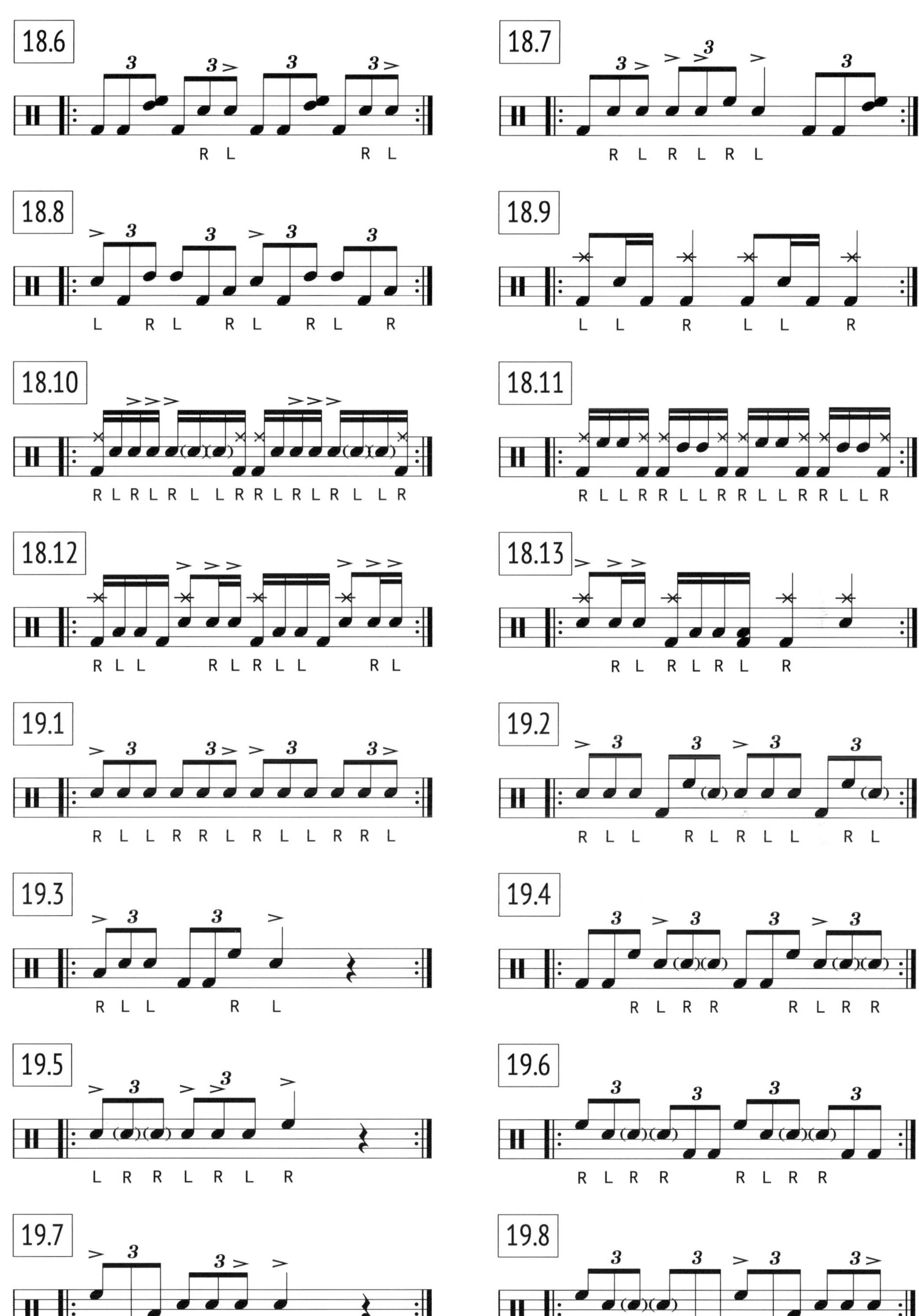
18.6
R L R L
18.7
R L R L R L
18.8
L R L R L R L R
18.9
L L R L L R
18.10
R L R L R L L R R L R L R L L R
18.11
R L L R R L L R R L L R R L L R
18.12
R L L R L R L L R L
18.13
R L R L R L R
19.1
R L L R R L R L L R R L
19.2
R L L R L R L L R L
19.3
R L L R L
19.4
R L R R R L R R
19.5
L R R L R L R
19.6
R L R R R L R R
19.7
L R L R L R
19.8
R L R R R R L R L

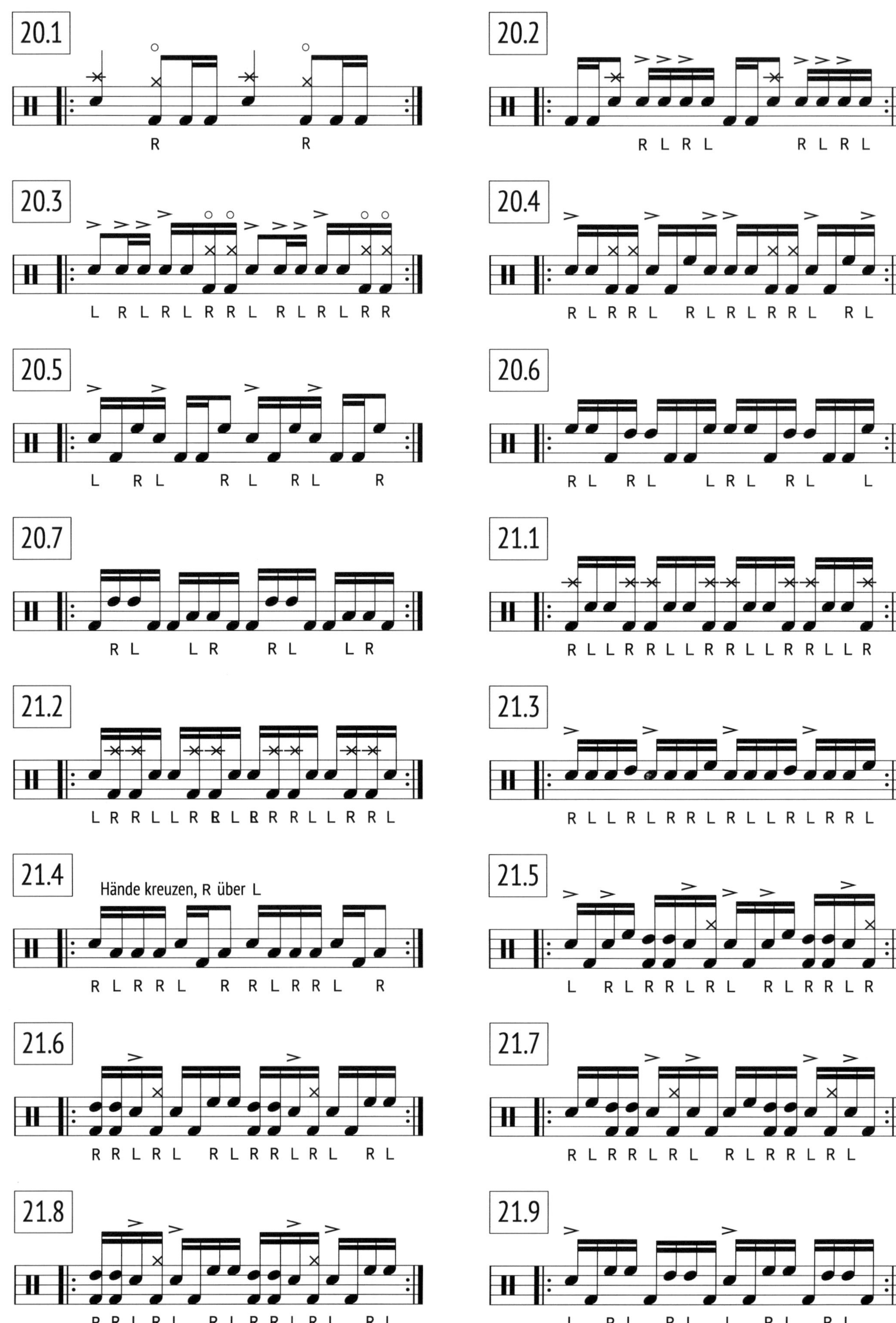
20.1
R R
20.2
R L R L R L R L
20.3
L R L R L R R L R L R L R R
20.4
R L R R L R L R L R R L R L
20.5
L R L R L R L R
20.6
R L R L L R L R L L
20.7
R L L R R L L R
21.1
R L L R R L L R R L L R R L L R
21.2
L R R L L R R L R R R L L R R L
21.3
R L L R L R R L R L L R L R R L
21.4
Hände kreuzen, R über L
R L R R L R R L R R L R
21.5
L R L R R L R L R L R R L R
21.6
R R L R L R L R R L R L R L
21.7
R L R R L R L R L R R L R L
21.8
R R L R L R L R R L R L R L
21.9
L R L R L L R L R L

AMA VERLAG

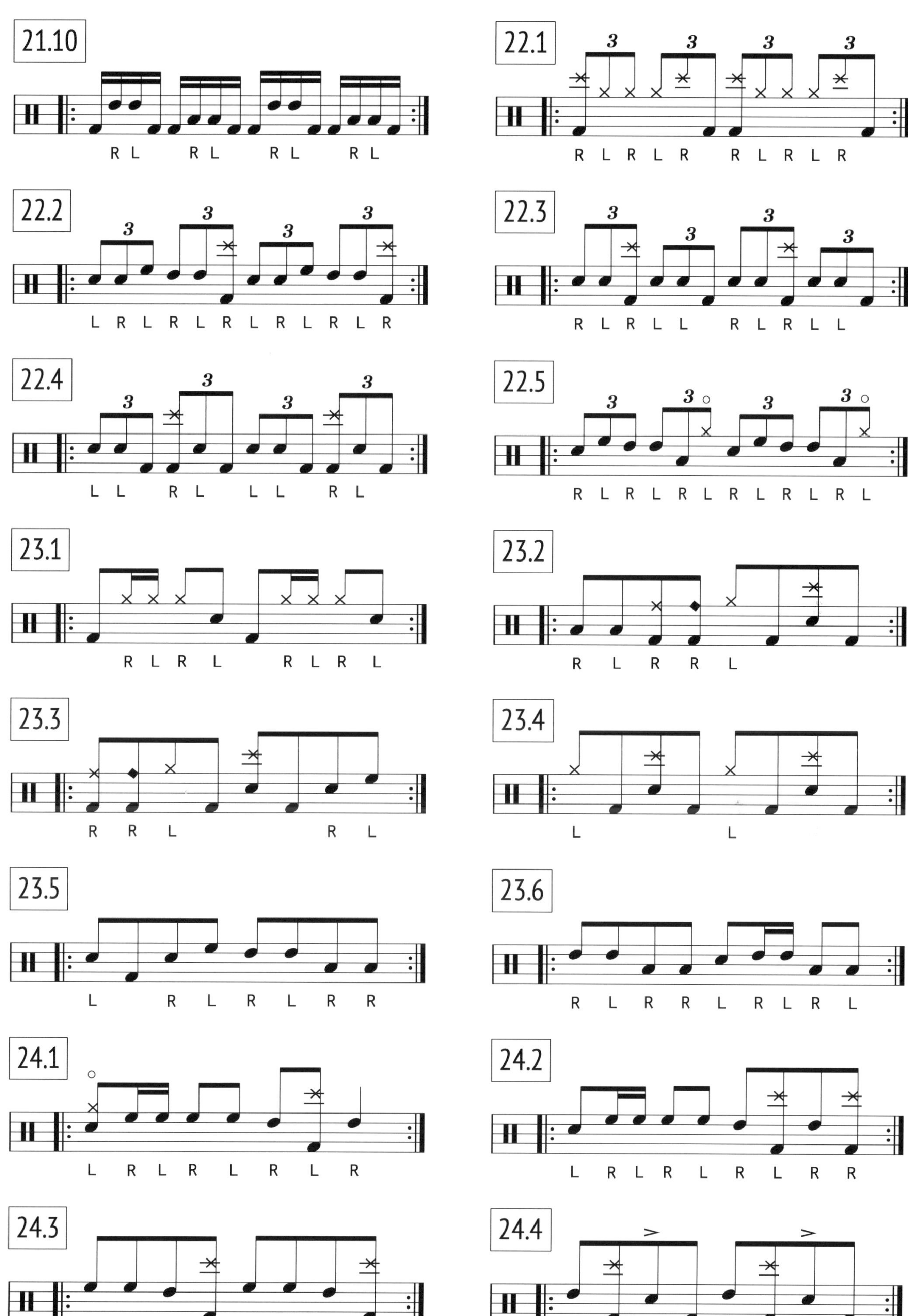
21.10
R L R L R L R L
22.1
3 3 3 3
R L R L R R L R L R
22.2
3 3 3 3
L R L R L R L R L R L R
22.3
3 3 3 3
R L R L L R L R L L
22.4
3 3 3 3
L L R L L L R L
22.5
3 3 3 3
R L R L R L R L R L R L
23.1
R L R L R L R L
23.2
R L R R L
23.3
R R L R L
23.4
L L
23.5
L R L R L R R
23.6
R L R R L R L R L
24.1
L R L R L R L R
24.2
L R L R L R L R R
24.3
R L R L R L R L
24.4
R R L R R L

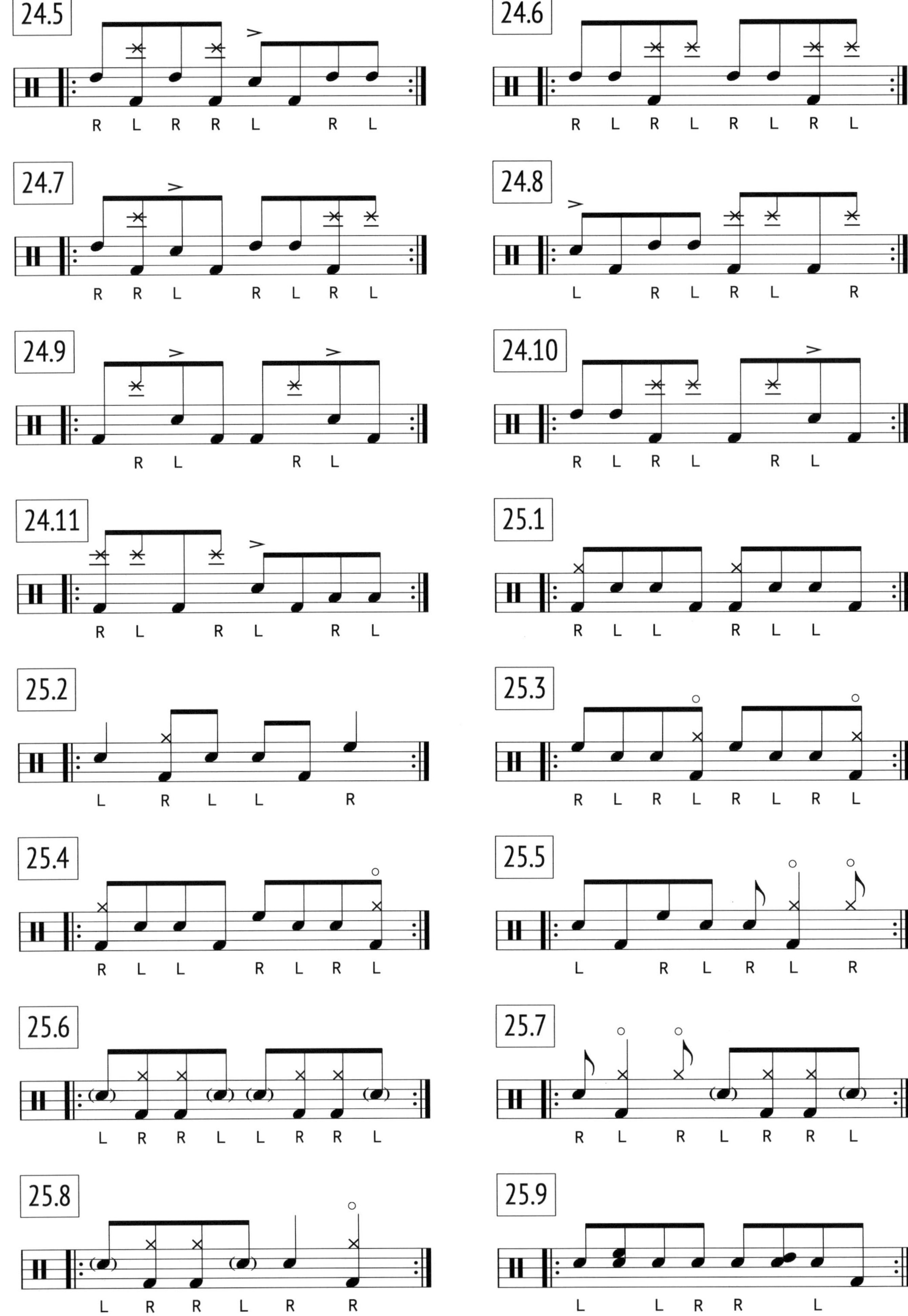
24.5
R L R R L R L
24.6
R L R L R L R L
24.7
R R L R L R L
24.8
L R L R L R
24.9
R L R L
24.10
R L R L R L
24.11
R L R L R L
25.1
R L L R L L
25.2
L R L L R
25.3
R L R L R L R L
25.4
R L L R L R L
25.5
L R L R L R
25.6
L R R L L R R L
25.7
R L R L R R L
25.8
L R R L R R
25.9
L L R R L

AMA VERLAG

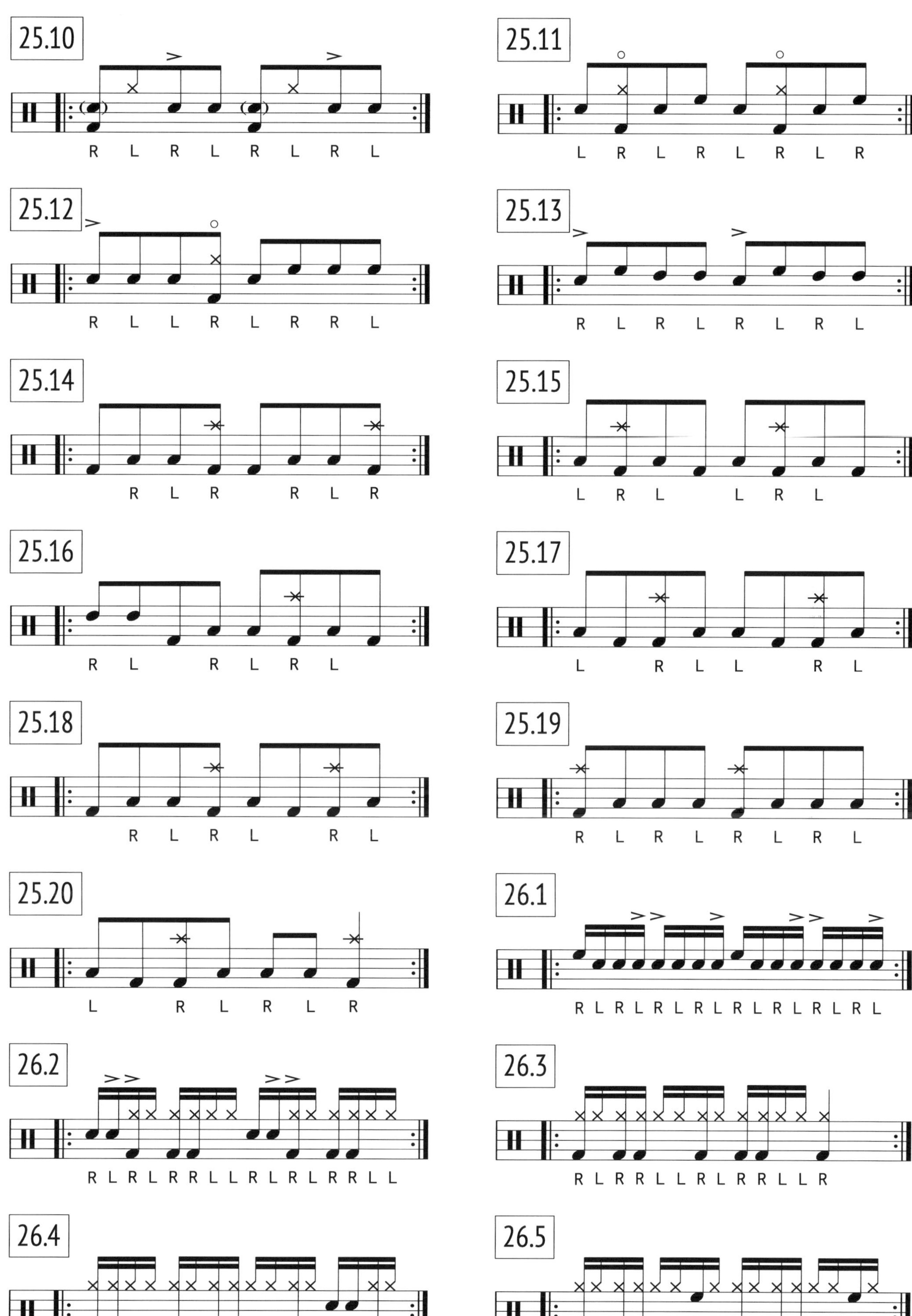
25.10
R L R L R L R L
25.11
L R L R L R L R
25.12
R L L R L R R L
25.13
R L R L R L R L
25.14
R L R R L R
25.15
L R L L R L
25.16
R L R L R L
25.17
L R L L R L
25.18
R L R L R L
25.19
R L R L R L R L
25.20
L R L R L R
26.1
R L R L R L R L R L R L R L R L
26.2
R L R L R R L L R L R L R R L L
26.3
R L R R L L R L R R L L R
26.4
R R L L R L R R L L R L R L R L
26.5
R L R R L L R L R L R R L L R L

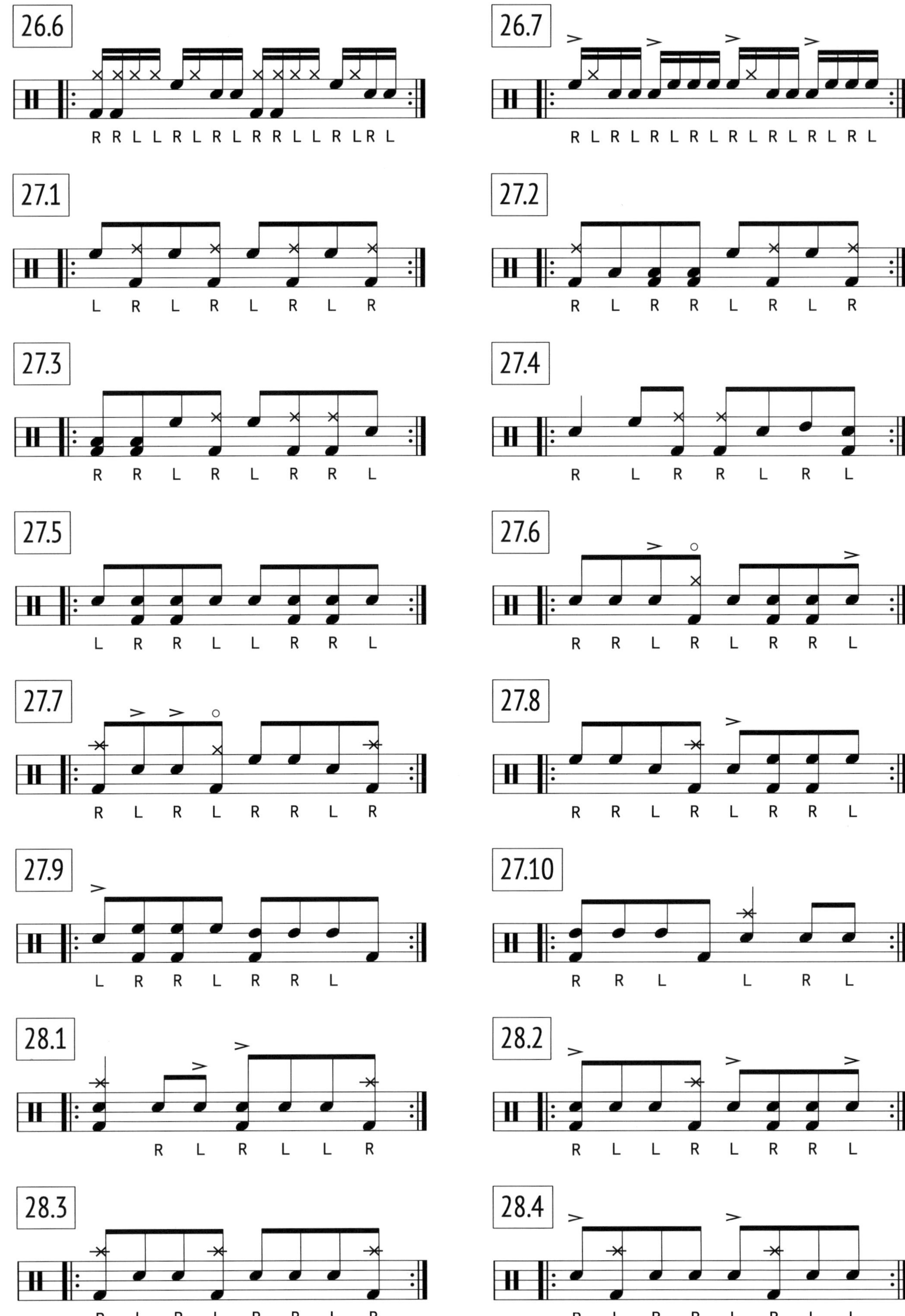
26.6
R R L L R L R L R R L L R L R L
26.7
R L R L R L R L R L R L R L R L
27.1
L R L R L R L R
27.2
R L R R L R L R
27.3
R R L R L R R L
27.4
R L R R L R L
27.5
L R R L L R R L
27.6
R R L R L R R L
27.7
R L R L R R L R
27.8
R R L R L R R L
27.9
L R R L R R L
27.10
R R L L R L
28.1
R L R L L R
28.2
R L L R L R R L
28.3
R L R L R R L R
28.4
R L R R L R L L

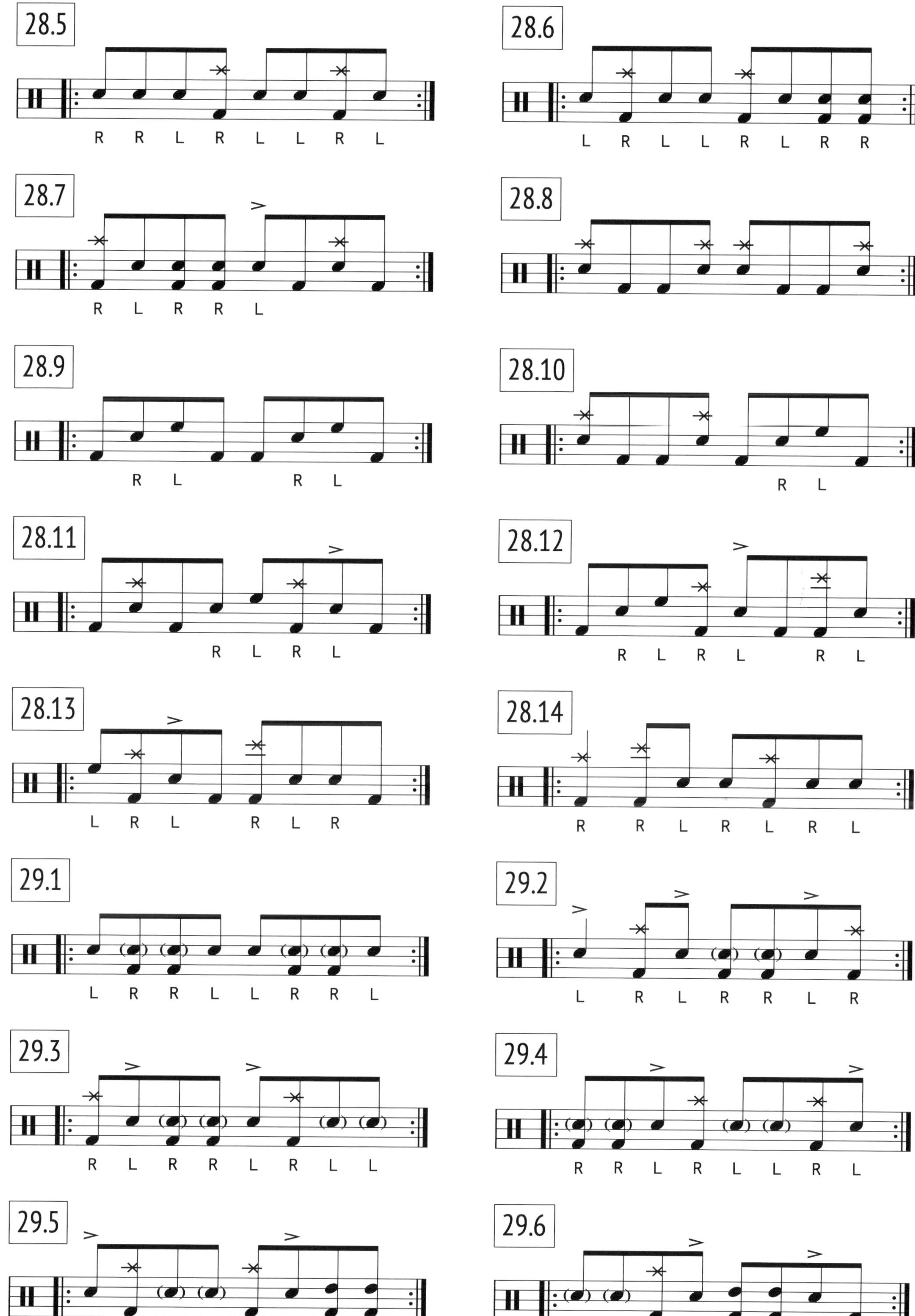
28.5
R R L R L L R L
28.6
L R L L R L R R
28.7
R L R R L
28.8
28.9
R L R L
28.10
R L
28.11
R L R L
28.12
R L R L R L
28.13
L R L R L R
28.14
R R L R L R L
29.1
L R R L L R R L
29.2
L R L R R L R
29.3
R L R R L R L L
29.4
R R L R L L R L
29.5
L R L L R L R R
29.6
L L R L R R L

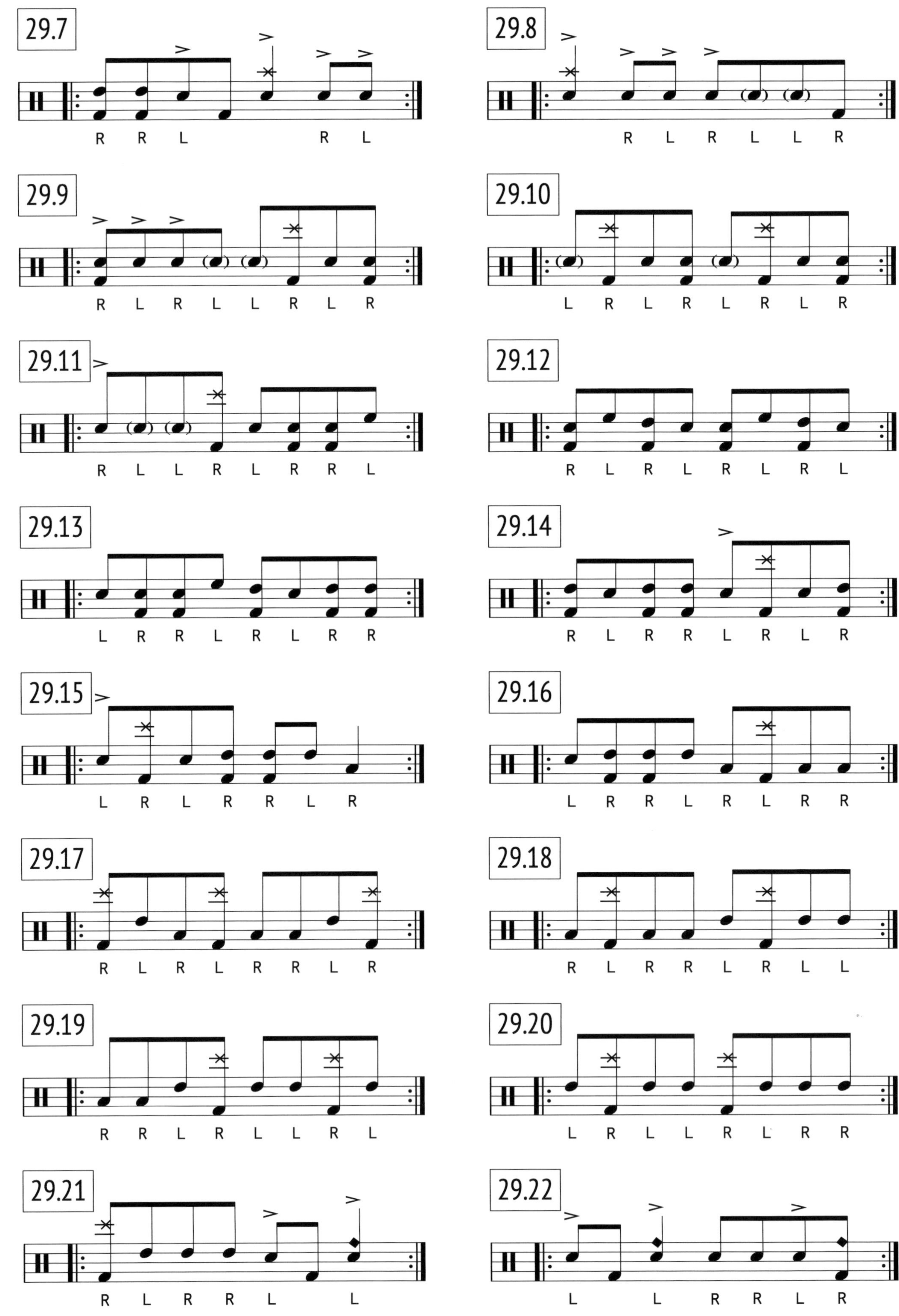
29.7
R R L R L
29.8
R L R L L R
29.9
R L R L L R L R
29.10
L R L R L R L R
29.11
R L L R L R R L
29.12
R L R L R L R L
29.13
L R R L R L R R
29.14
R L R R L R L R
29.15
L R L R R L R
29.16
L R R L R L R R
29.17
R L R L R R L R
29.18
R L R R L R L L
29.19
R R L R L L R L
29.20
L R L L R L R R
29.21
R L R R L L
29.22
L L R R L R

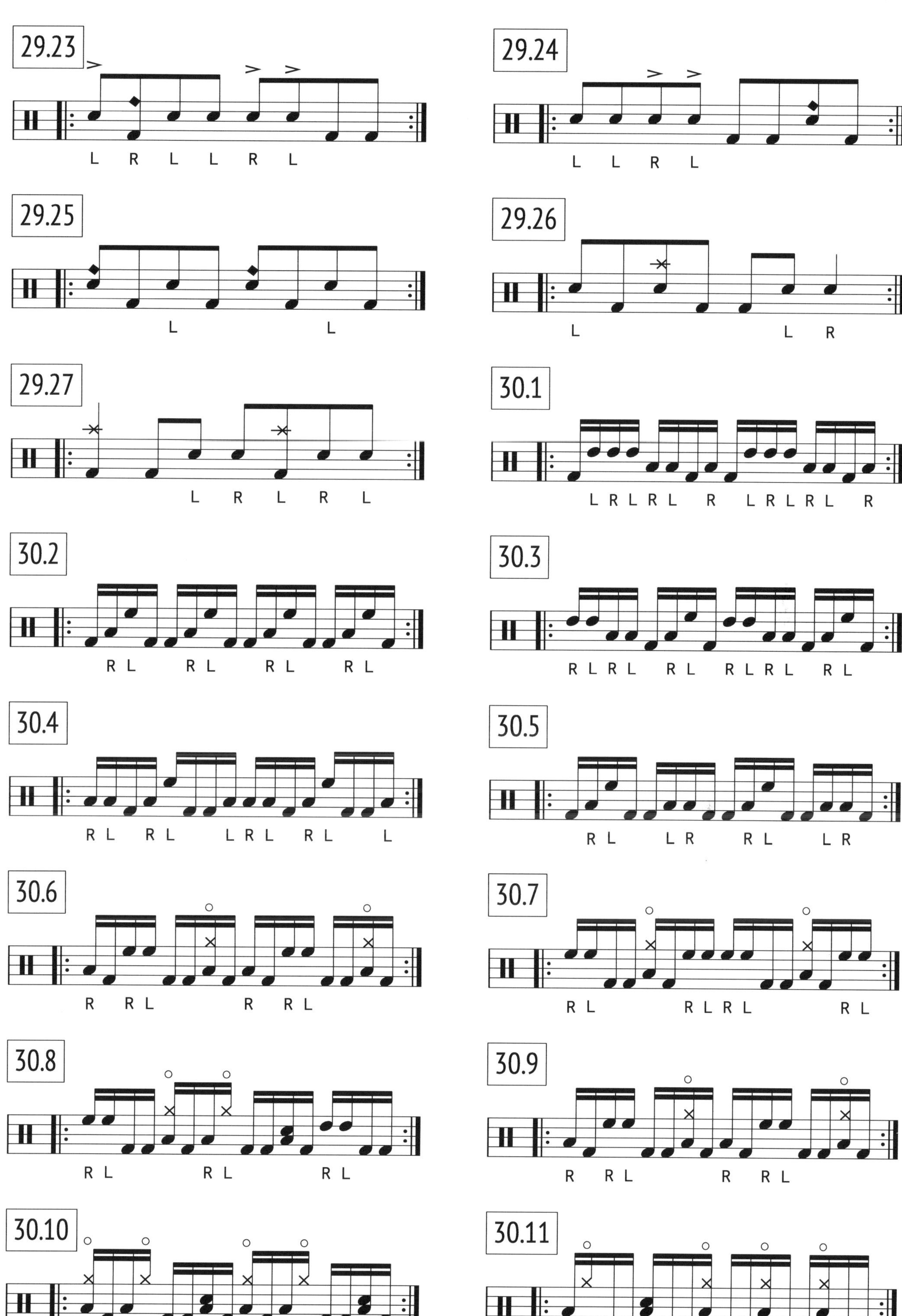
29.23
L R L L R L
29.24
L L R L
29.25
L L
29.26
L L R
29.27
L R L R L
30.1
L R L R L R L R L R L R
30.2
R L R L R L R L
30.3
R L R L R L R L R L R L
30.4
R L R L L R L R L L
30.5
R L L R R L L R
30.6
R R L R R L
30.7
R L R L R L R L
30.8
R L R L R L
30.9
R R L R R L
30.10
R L R L
30.11
R L

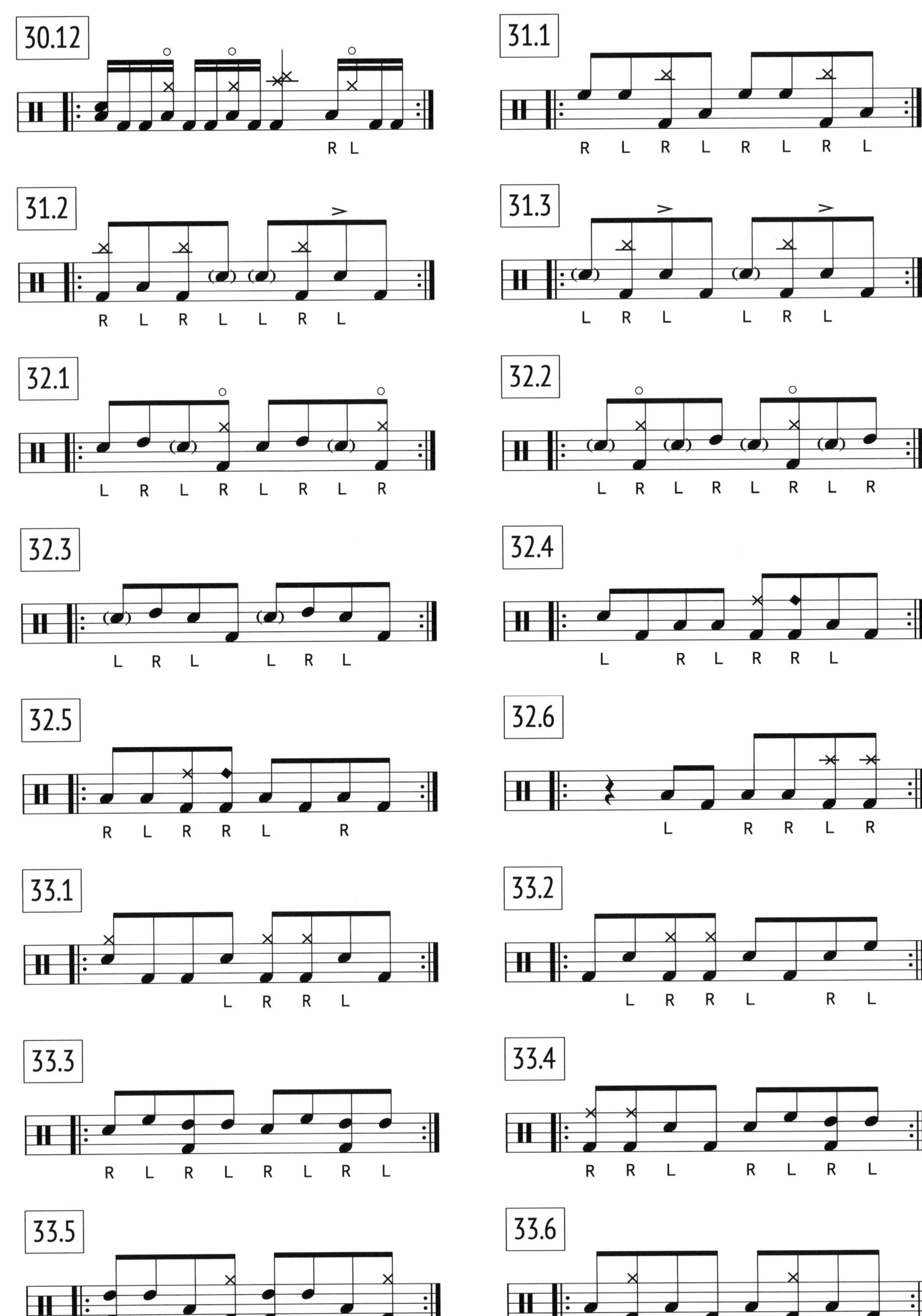
30.12
R L
31.1
R L R L R L R L
31.2
R L R L L R L
31.3
L R L L R L
32.1
L R L R L R L R
32.2
L R L R L R L R
32.3
L R L L R L
32.4
L R L R R L
32.5
R L R R L R
32.6
L R R L R
33.1
L R R L
33.2
L R R L R L
33.3
R L R L R L R L
33.4
R R L R L R L
33.5
R L R L R L R L
33.6
R L R R L R

AMA VERLAG

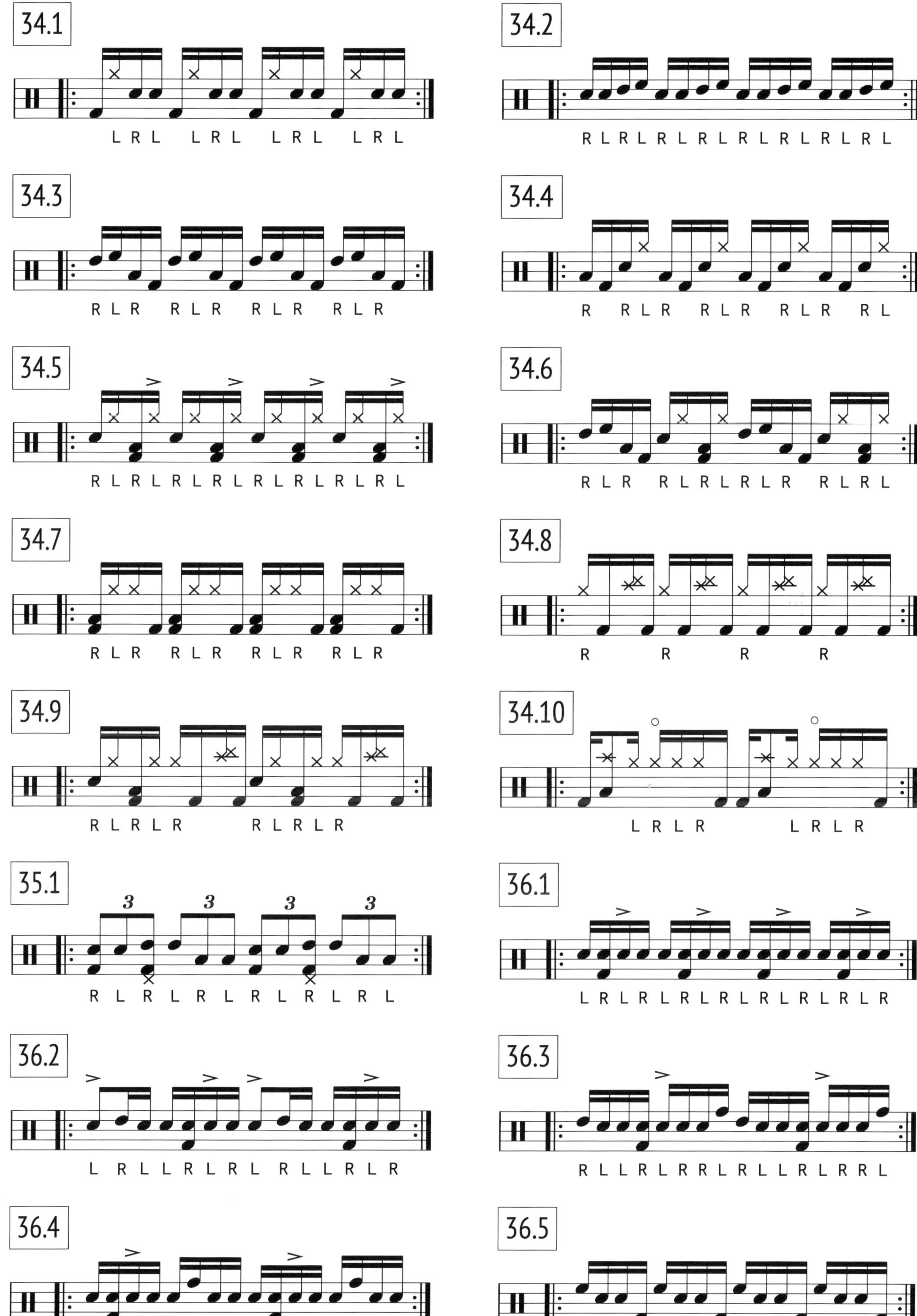
34.1
L R L L R L L R L L R L
34.2
R L R L R L R L R L R L R L R L
34.3
R L R R L R R L R R L R
34.4
R R L R R L R R L R R L
34.5
R L R L R L R L R L R L R L R L
34.6
R L R R L R L R L R R L R L
34.7
R L R R L R R L R R L R
34.8
R R R R
34.9
R L R L R R L R L R
34.10
L R L R L R L R
35.1
3 3 3 3
R L R L R L R L R L R L
36.1
L R L R L R L R L R L R L R L R
36.2
L R L L R L R L R L L R L R
36.3
R L L R L R R L R L L R L R R L
36.4
L R L R R L R L L R L R R L R L
36.5
R L L R L L R L L R L L

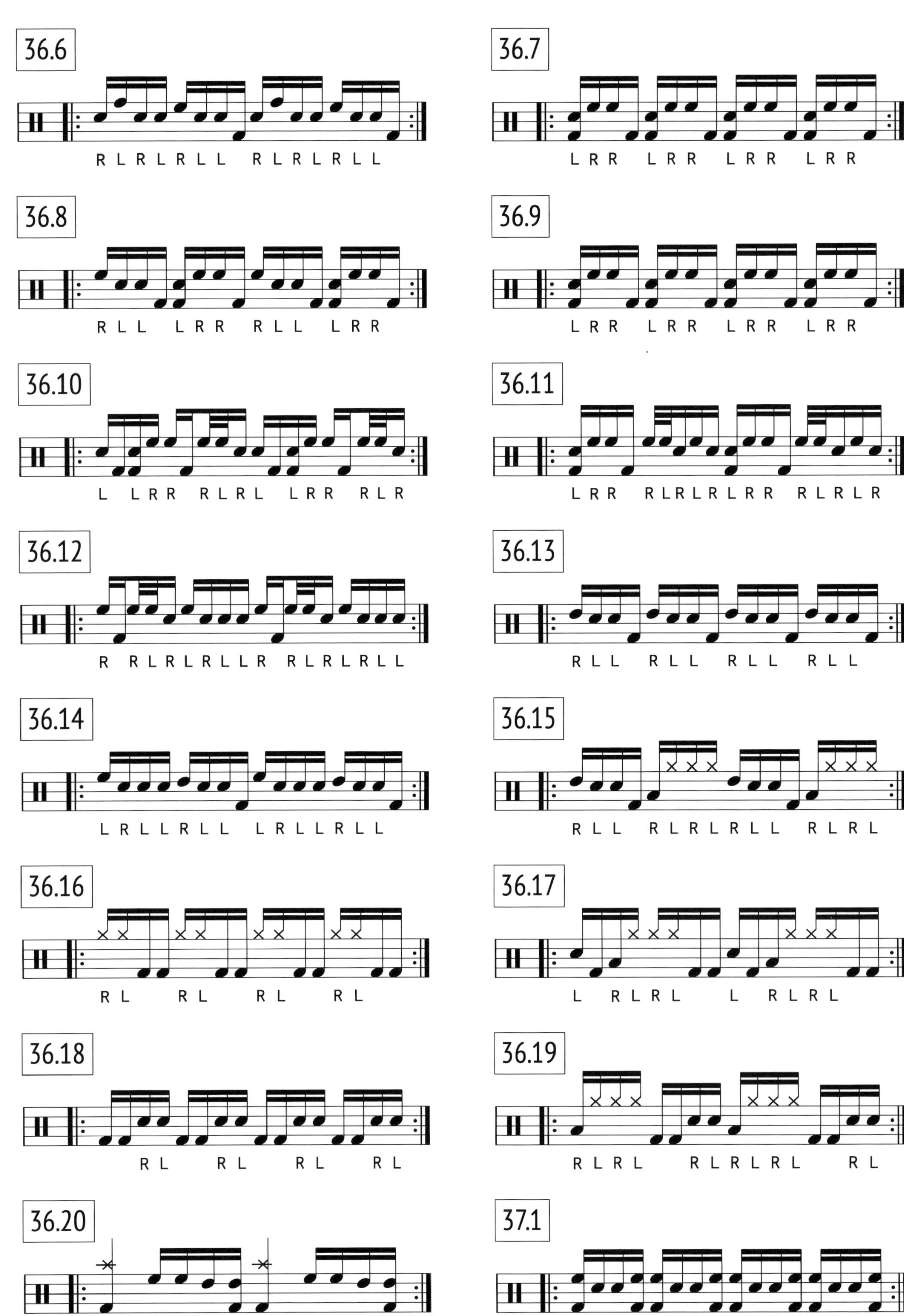
36.6
R L R L R L L R L R L R L L
36.7
L R R L R R L R R L R R
36.8
R L L L R R R L L L R R
36.9
L R R L R R L R R L R R
36.10
L L R R R L R L L R R R L R
36.11
L R R R L R L R L R R R L R L R
36.12
R R L R L R L L R R L R L R L L
36.13
R L L R L L R L L R L L
36.14
L R L L R L L L R L L R L L
36.15
R L L R L R L R L L R L R L
36.16
R L R L R L R L
36.17
L R L R L L R L R L
36.18
R L R L R L R L
36.19
R L R L R L R L R L R L
36.20
L R L R R R L R R
37.1
R L L R R L L R R L L R R L L R

AMA VERLAG

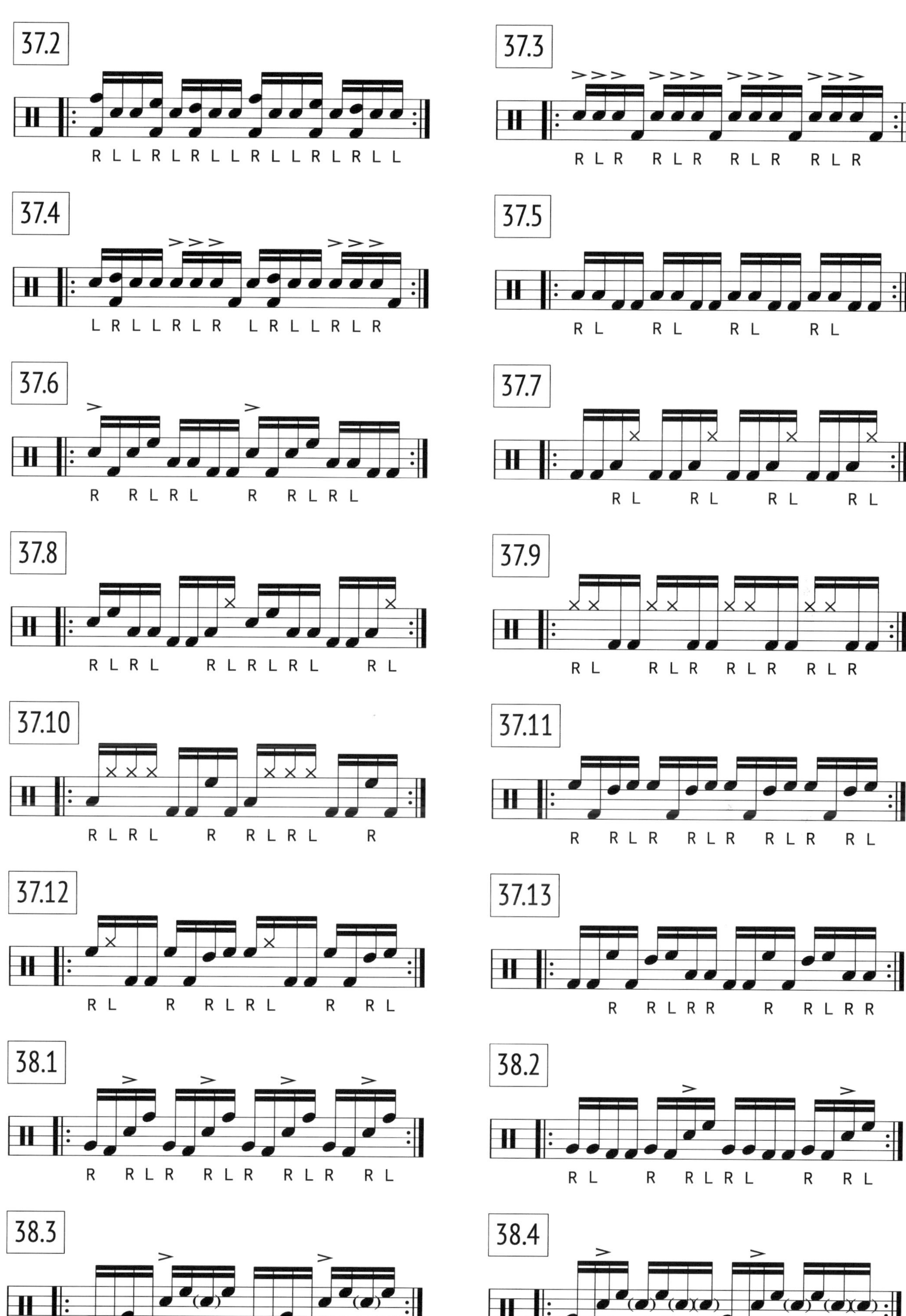
37.2
R L L R L R L L R L L R L R L L
37.3
R L R R L R R L R R L R
37.4
L R L L R L R L R L L R L R
37.5
R L R L R L R L
37.6
R R L R L R R L R L
37.7
R L R L R L R L
37.8
R L R L R L R L R L R L
37.9
R L R L R R L R R L R
37.10
R L R L R R L R L R
37.11
R R L R R L R R L R R L
37.12
R L R R L R L R R L
37.13
R R L R R R R L R R
38.1
R R L R R L R R L R R L
38.2
R L R R L R L R R L
38.3
R R L R L R R L R L
38.4
R R L R L R L R R L R L R L

38.5

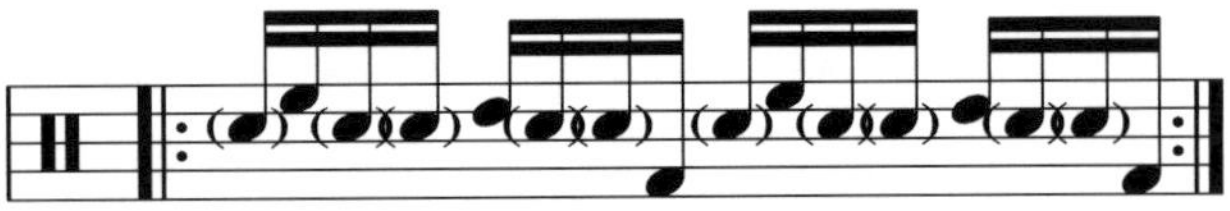

R L R L R L L R L R L R L L

38.6

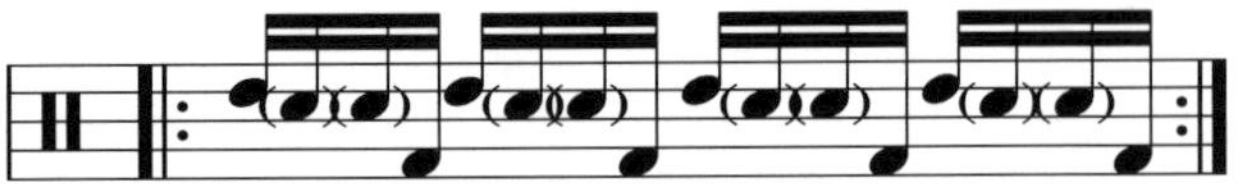

R L L R L L R L L R L L

38.7

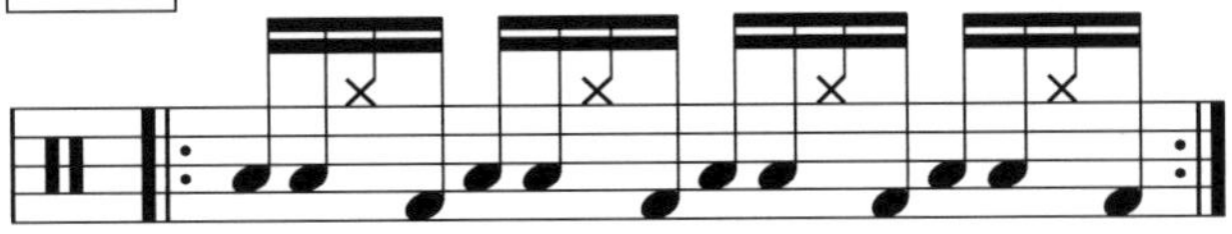

R R L R R L R R L R R L

38.8

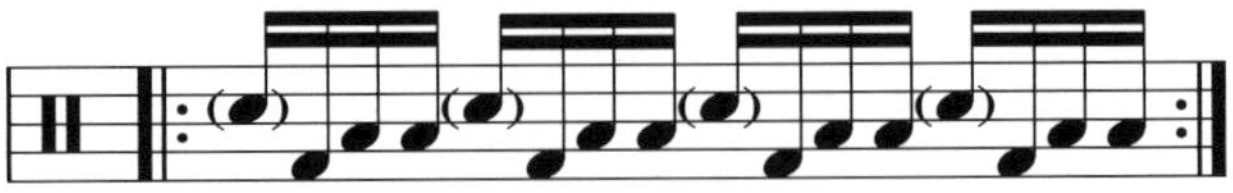

L R R L R R L R R L R R

38.9

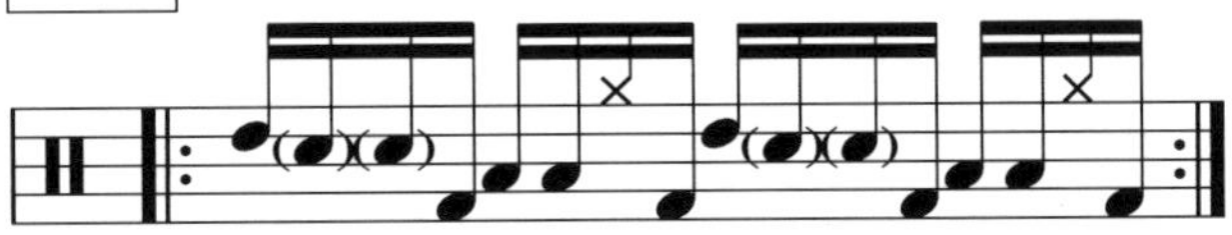

R L L R R L R L L R R L

38.10

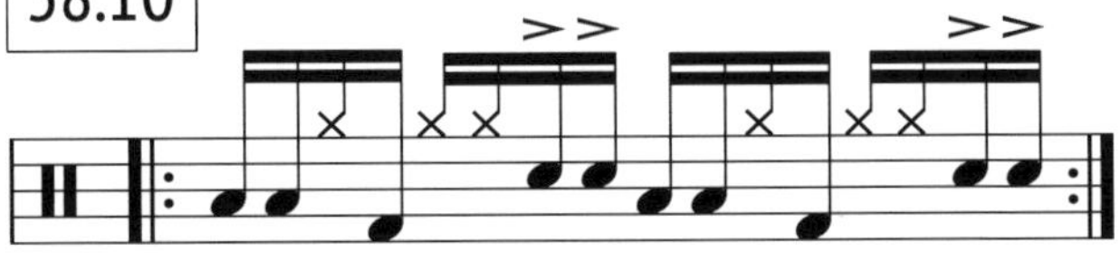

R R L R L R L R R L R L R L

38.11

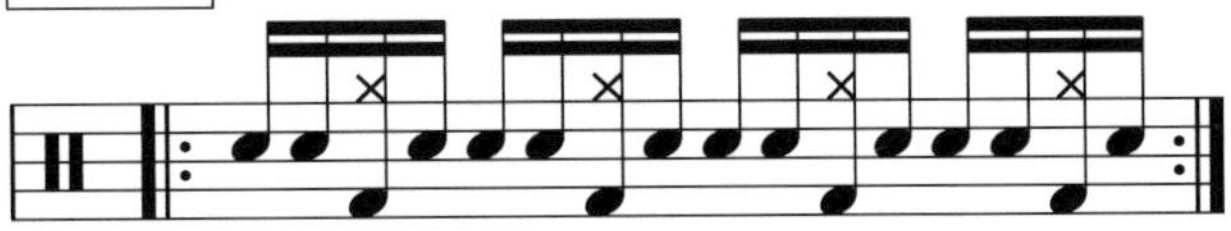

R L R L R L R L R L R L R L R L

38.12

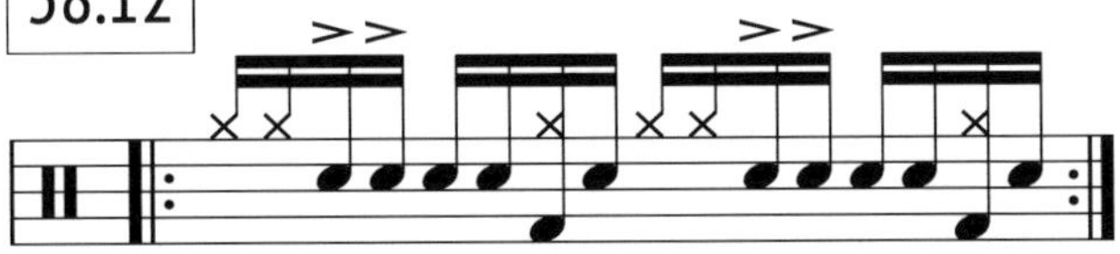

R L R L R L R L R L R L R L R L

38.13

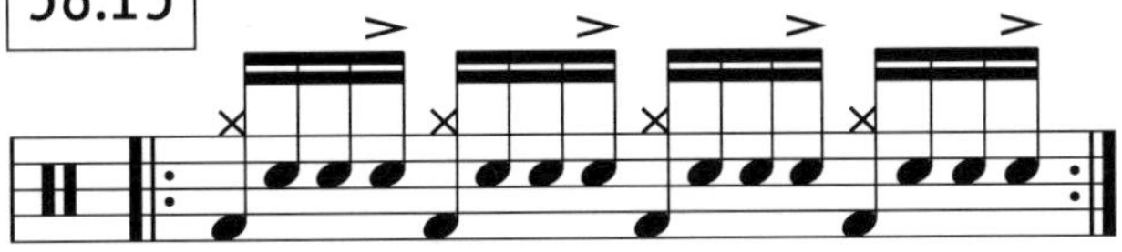

R L L R R L L R R L L R R L L R

38.14

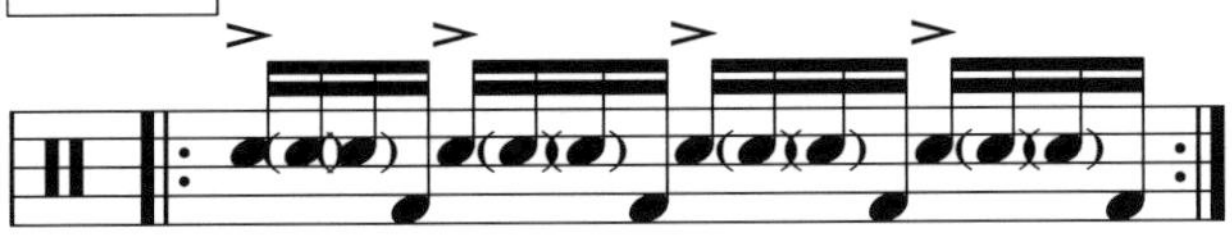

L R R L R R L R R L R R

38.15

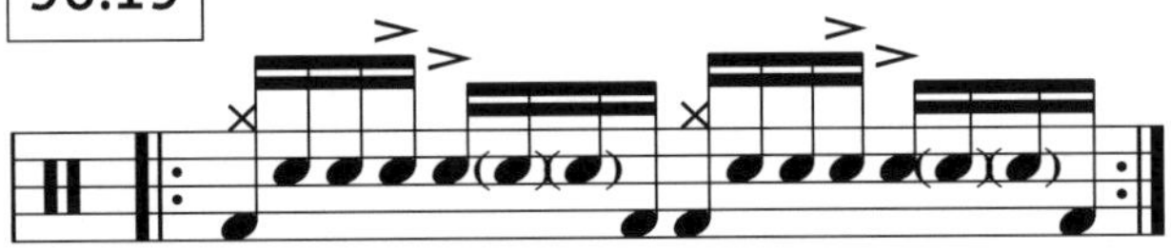

R L L R L R R R L L R L R R

38.16

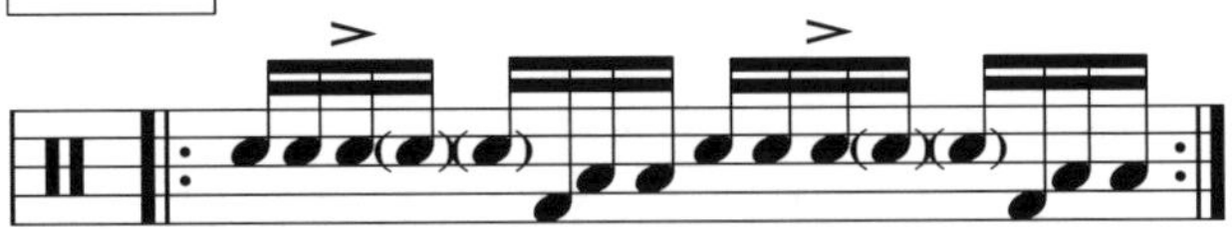

L R L R R R R L R L R R R R

38.17

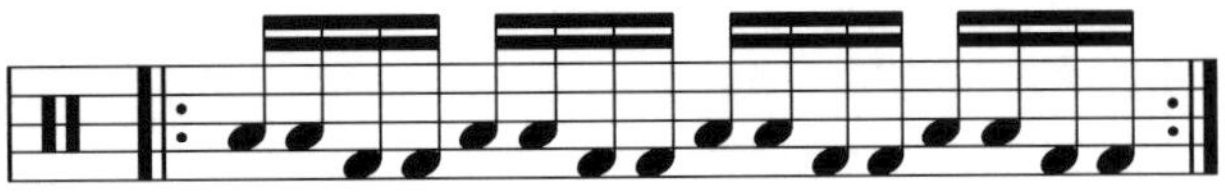

R R R R R R R R

38.18

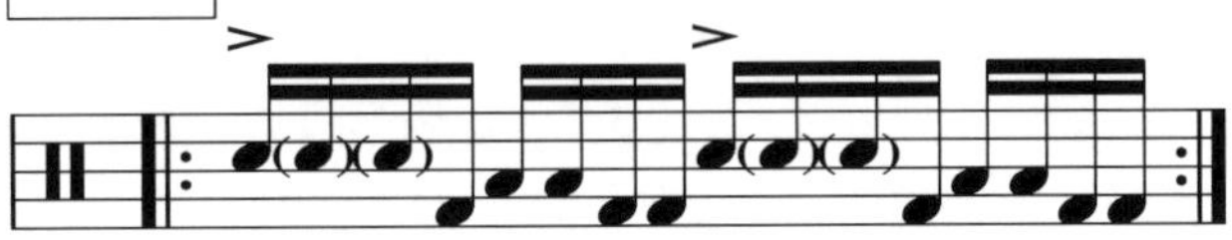

L R R R R L R R R R

38.19

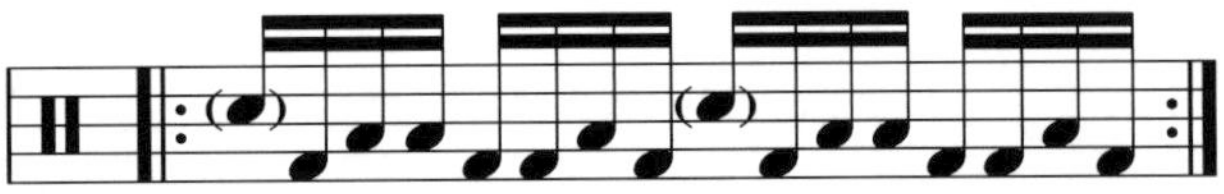

R R R R R R R R

38.20

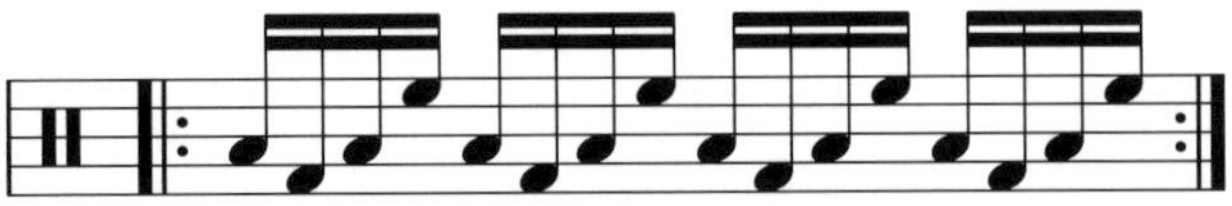

R R L R R L R R L R R L

AMA VERLAG

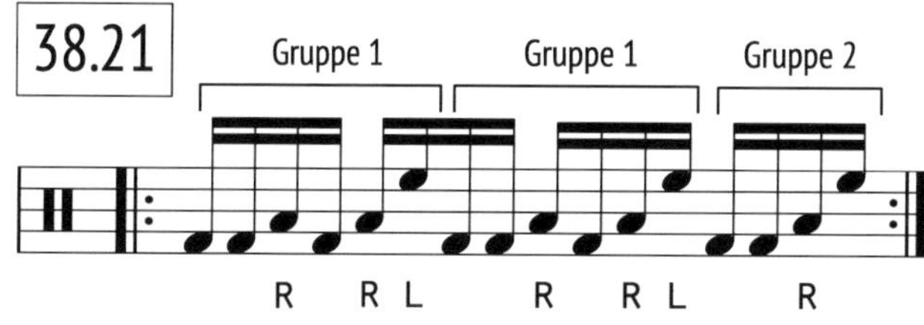
38.21
Gruppe 1
Gruppe 1
Gruppe 2
R RL R RL R

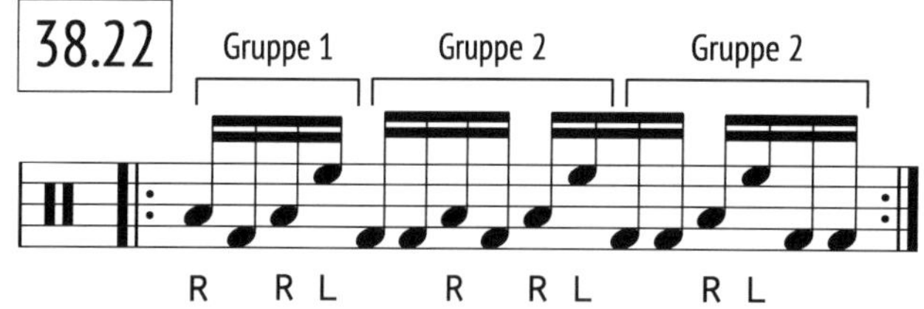
38.22
Gruppe 1
Gruppe 2
Gruppe 2
R RL R RL RL

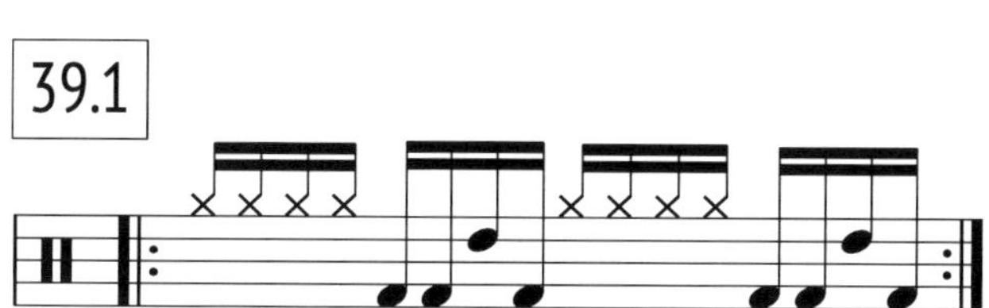
39.1
RLRL R RLRL R

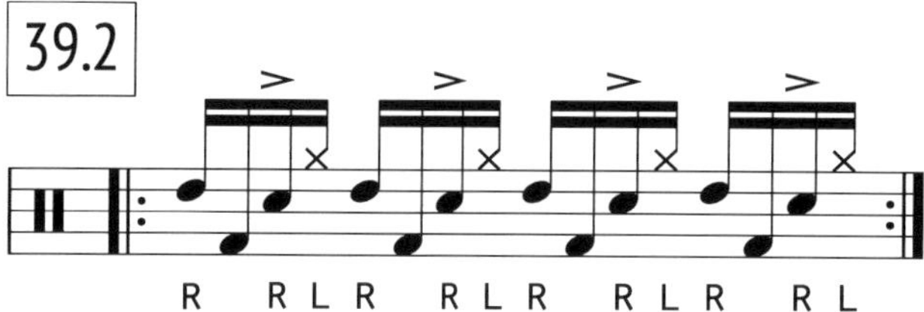
39.2
R RLR RLR RLR RL

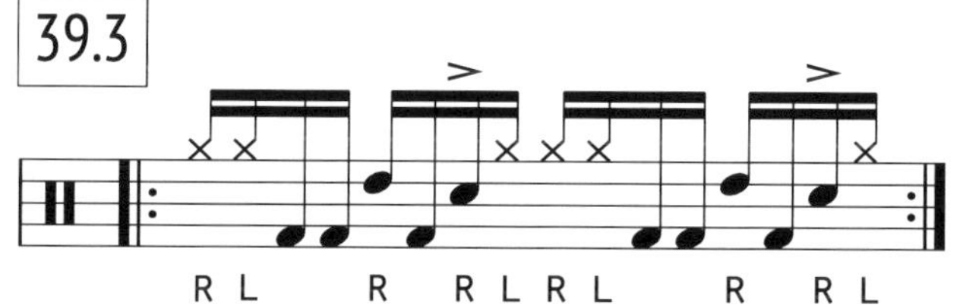
39.3
RL R RLRL R RL

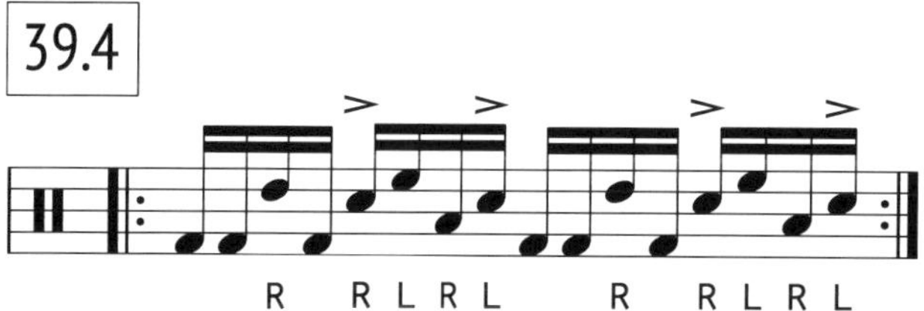
39.4
R RLRL R RLRL

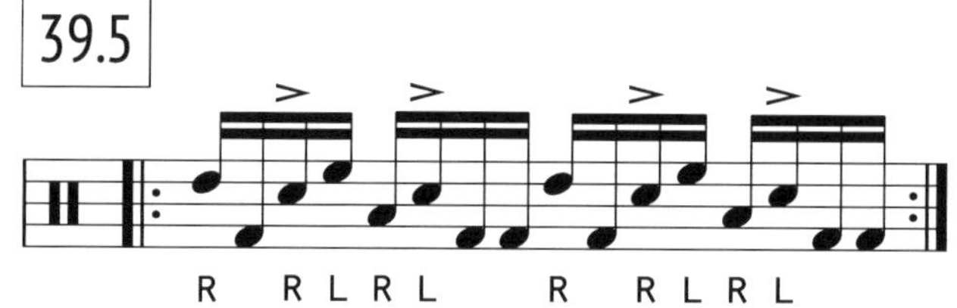
39.5
R RLRL R RLRL

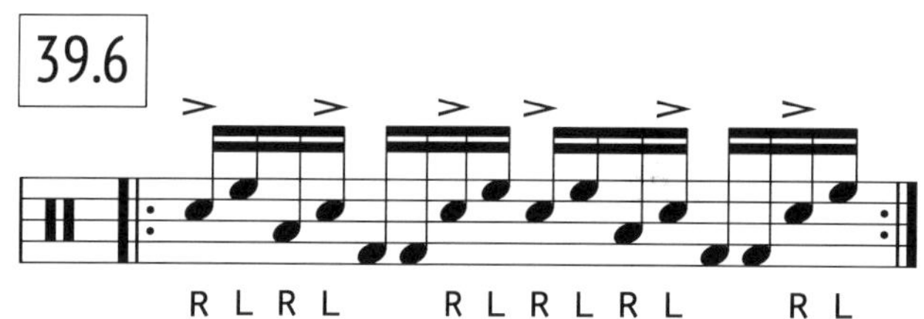
39.6
RLRL RLRLRL RL

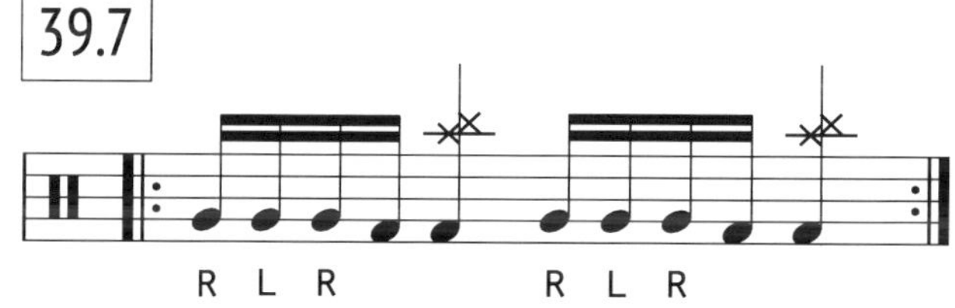
39.7
RLR RLR

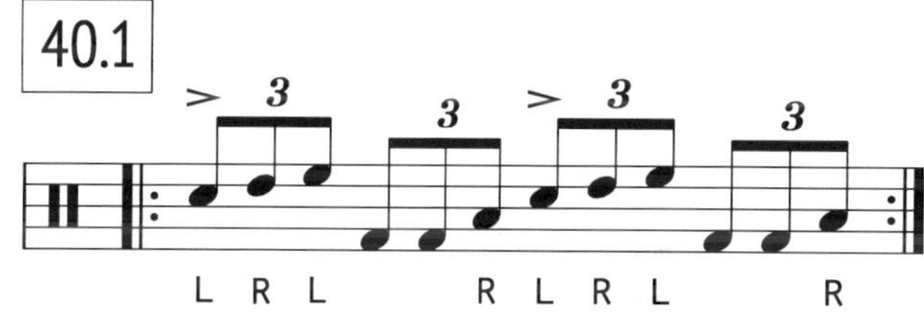
40.1
LRL RLRL R

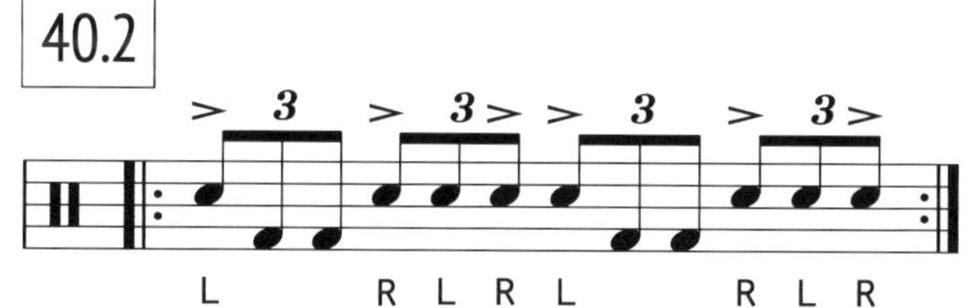
40.2
L RLRL RLR

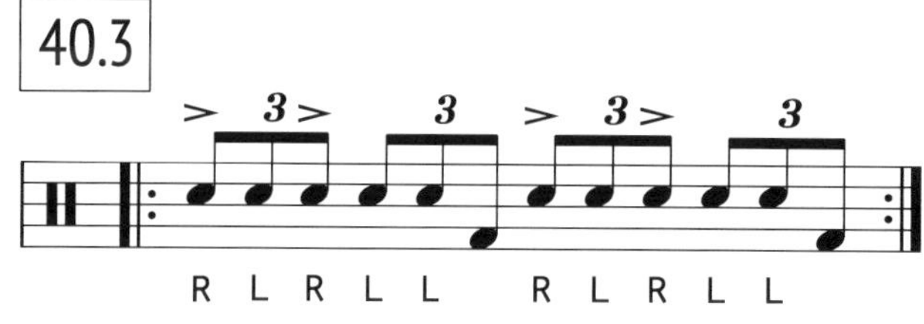
40.3
RLRLL RLRLL

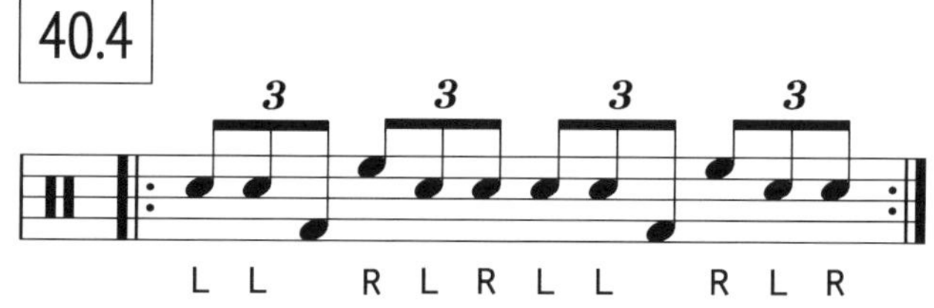
40.4
LL RLRLL RLR

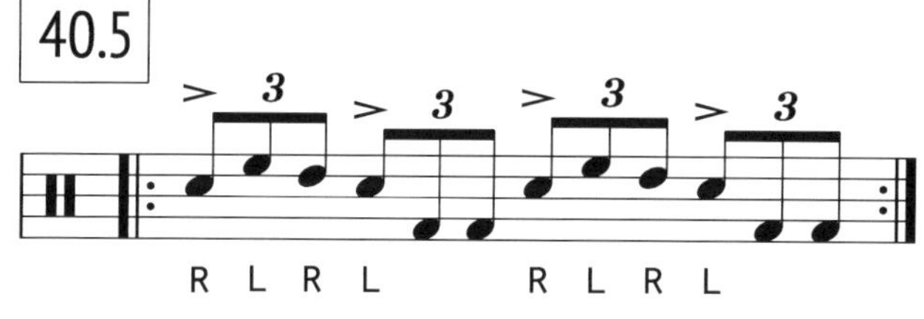
40.5
RLRL RLRL

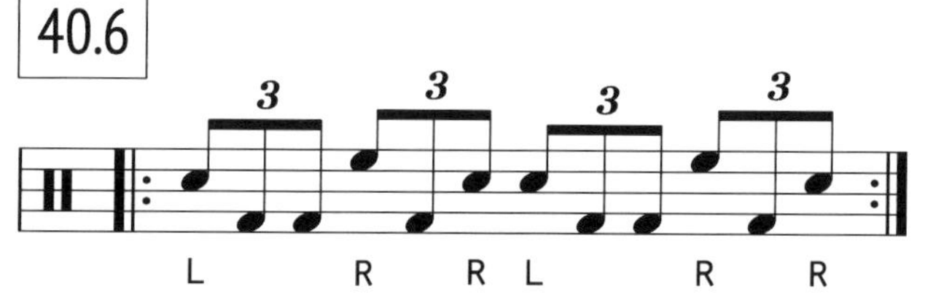
40.6
L R RL R R

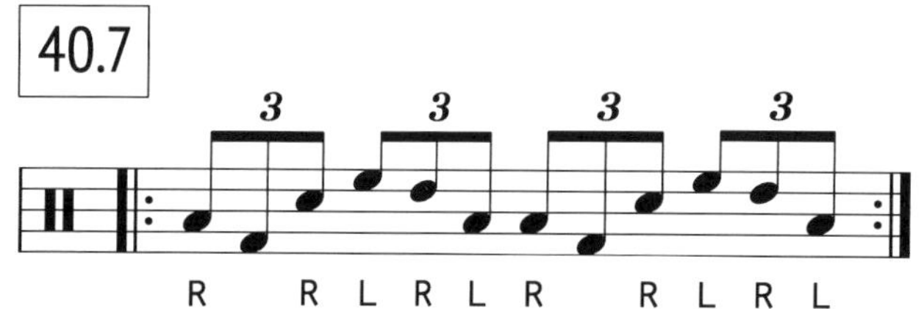
40.7
R RLRLR RLRL

40.8

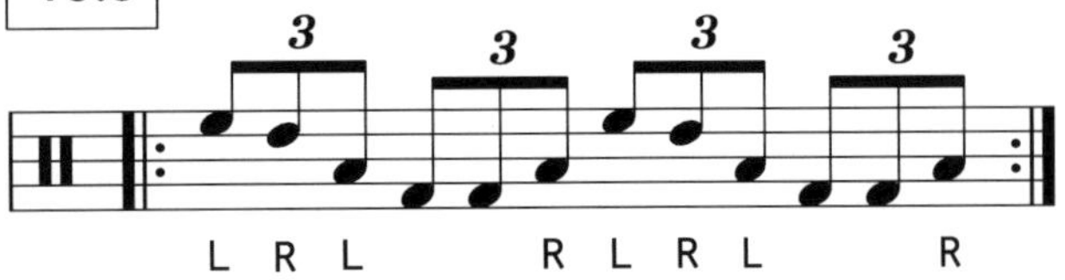

3 3 3 3

L R L R L R L R

41.1

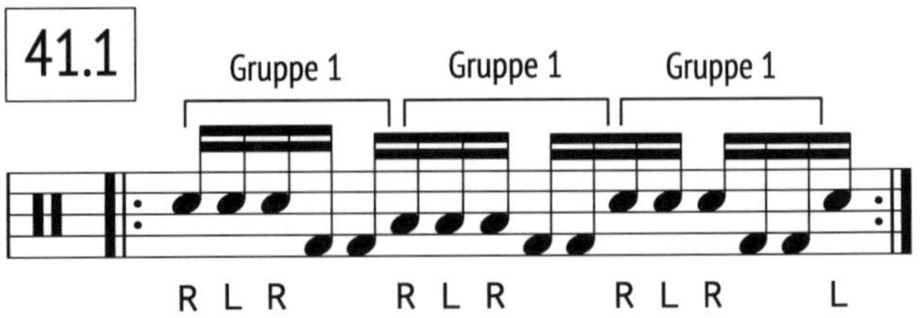

Gruppe 1 Gruppe 1 Gruppe 1

R L R R L R R L R L

41.2

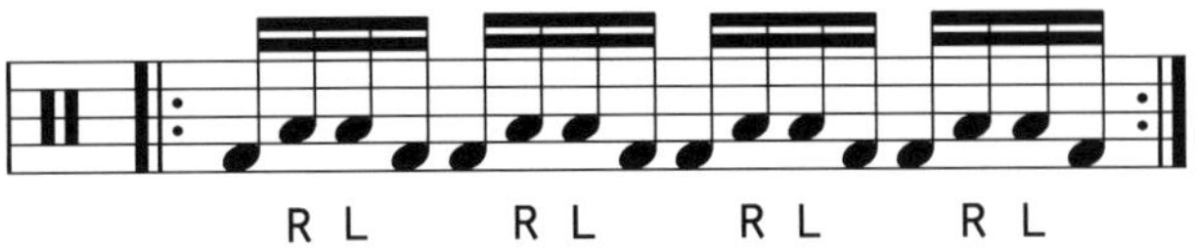

R L R L R L R L

41.3

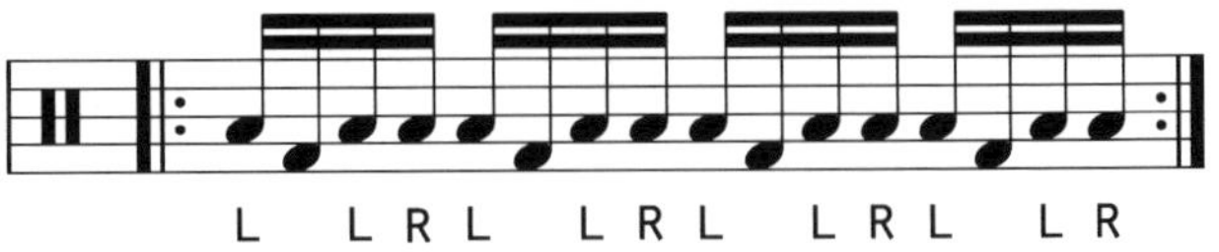

L L R L L R L L R L L R

41.4

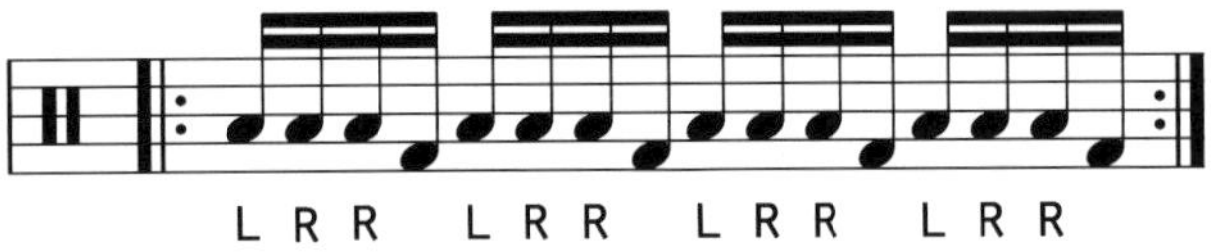

L R R L R R L R R L R R

41.5

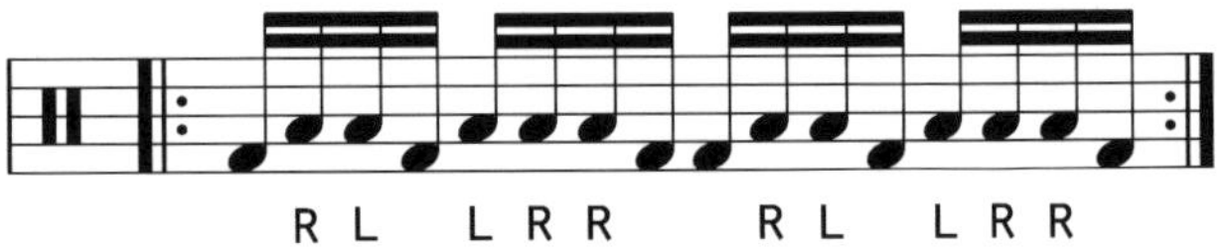

R L L R R R L L R R

41.6

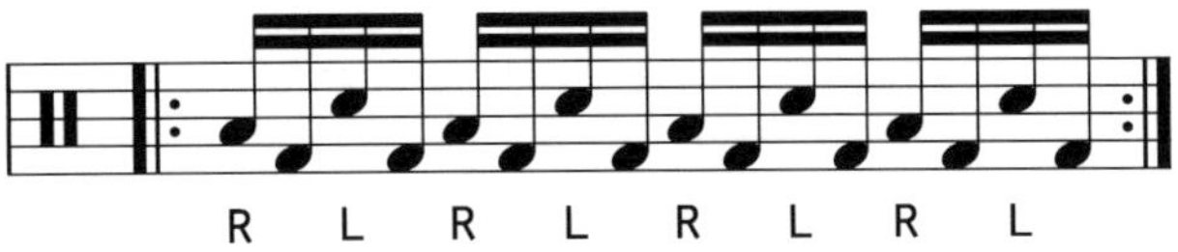

R L R L R L R L

41.7

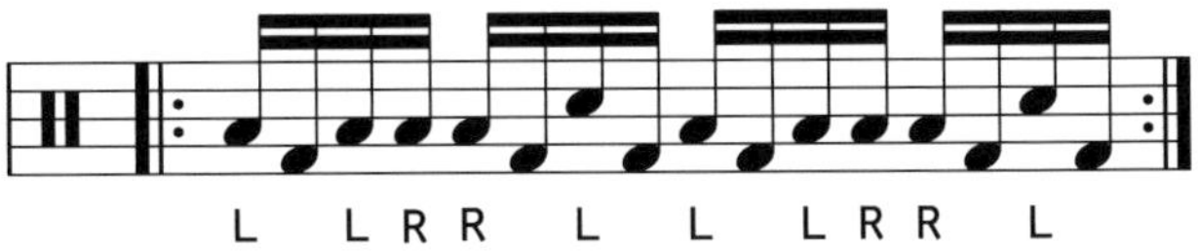

L L R R L L L R R L

41.8

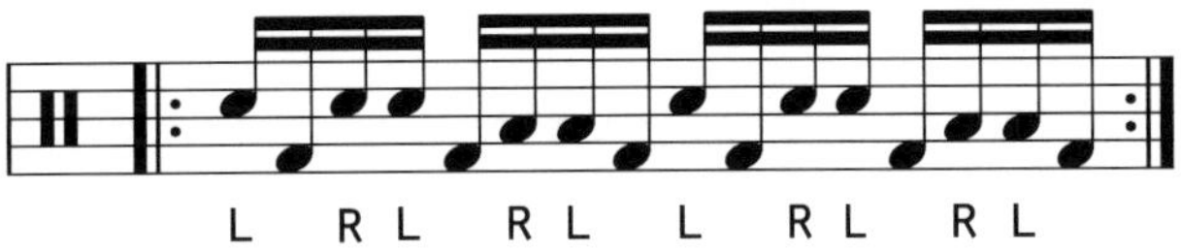

L R L R L L R L R L

41.9

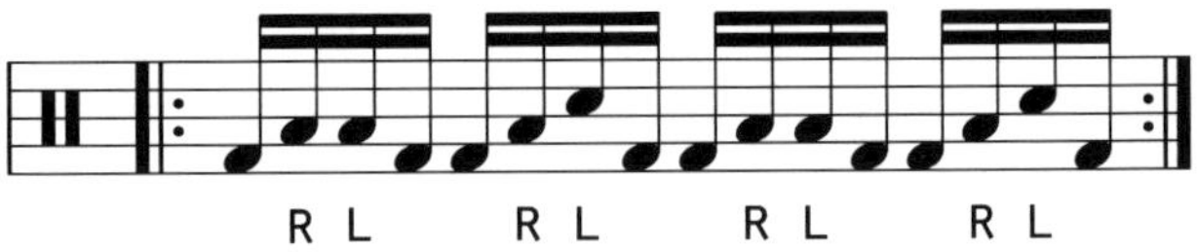

R L R L R L R L

41.10

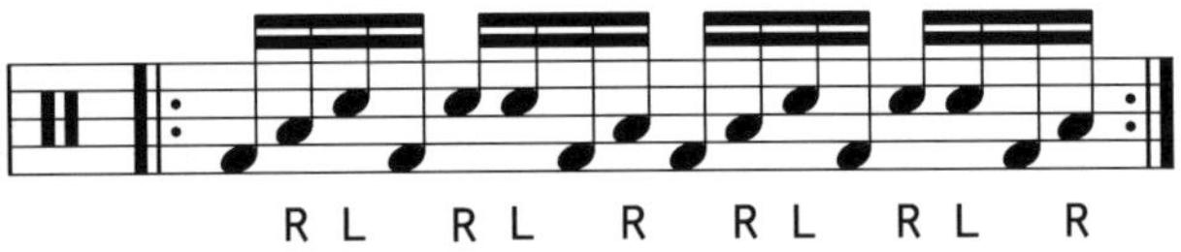

R L R L R R L R L R

41.11

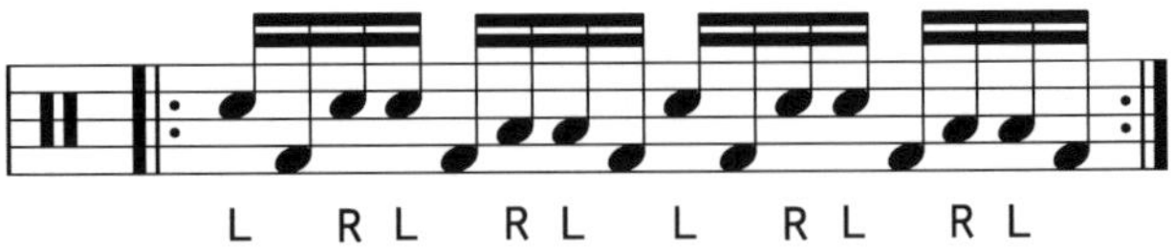

L R L R L L R L R L

41.12

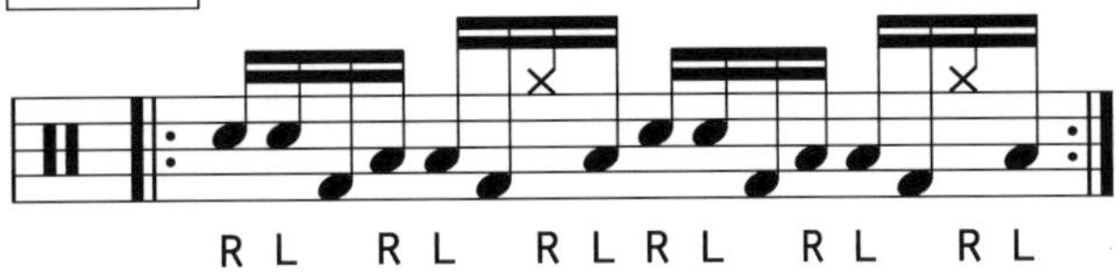

R L R L R L R L R L R L

41.13

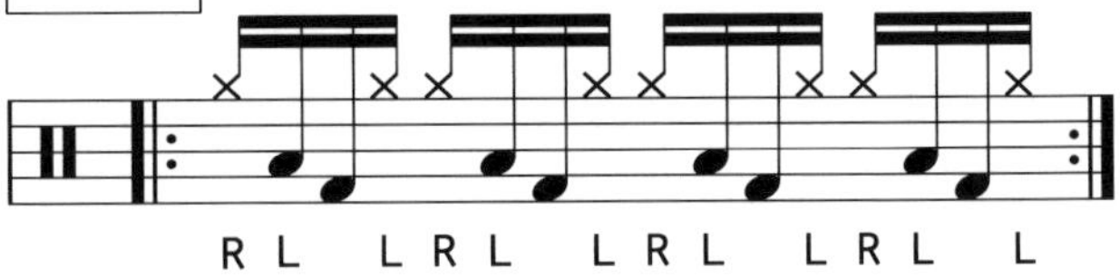

R L L R L L R L L R L L

41.14

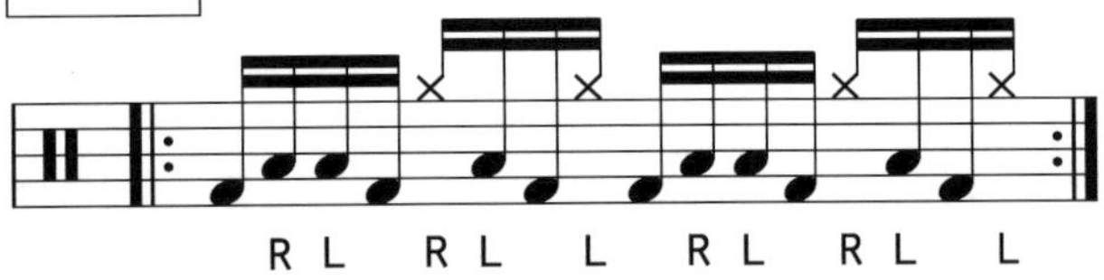

R L R L L R L R L L

41.15

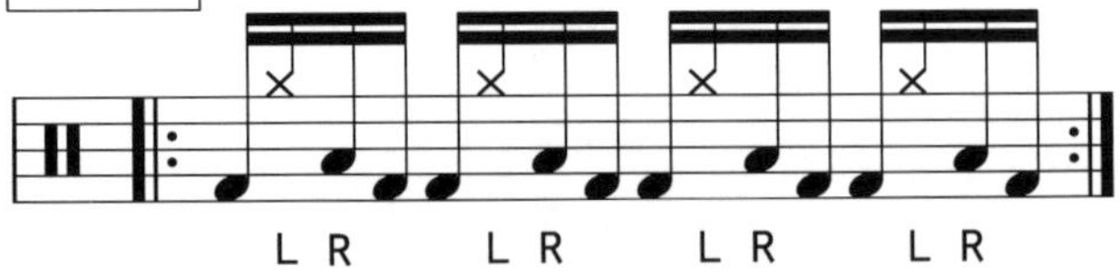

L R L R L R L R

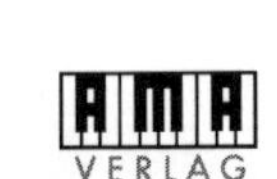

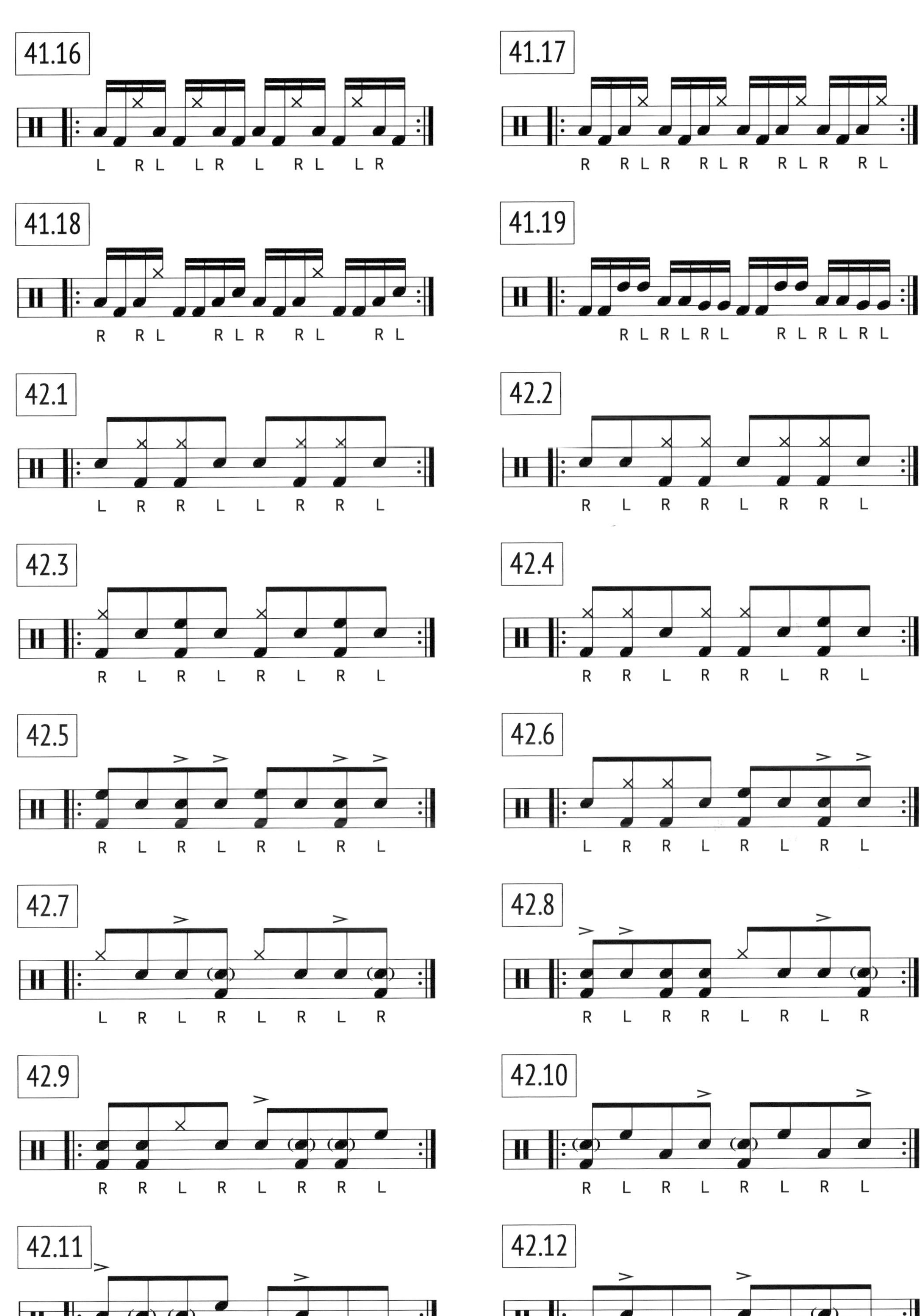
41.16
L R L L R L R L L R
41.17
R R L R R L R R L R R L
41.18
R R L R L R R L R L
41.19
R L R L R L R L R L R L
42.1
L R R L L R R L
42.2
R L R R L R R L
42.3
R L R L R L R L
42.4
R R L R R L R L
42.5
R L R L R L R L
42.6
L R R L R L R L
42.7
L R L R L R L R
42.8
R L R R L R L R
42.9
R R L R L R R L
42.10
R L R L R L R L
42.11
L R R L R L R R
42.12
R L R R L R L R

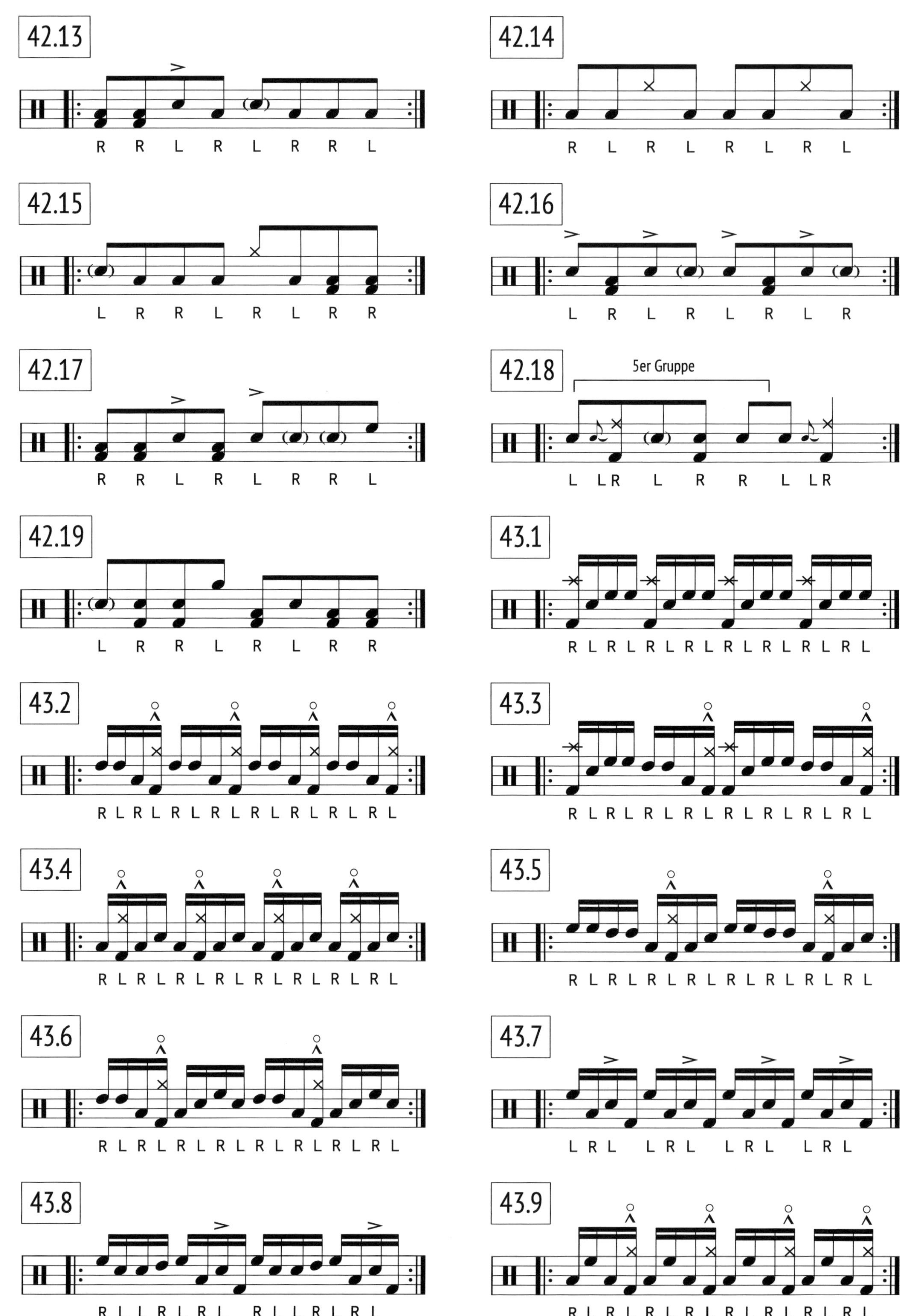
42.13
R R L R L R R L
42.14
R L R L R L R L
42.15
L R R L R L R R
42.16
L R L R L R L R
42.17
R R L R L R R L
42.18
5er Gruppe
L LR L R R L LR
42.19
L R R L R L R R
43.1
R L R L R L R L R L R L R L R L
43.2
R L R L R L R L R L R L R L R L
43.3
R L R L R L R L R L R L R L R L
43.4
R L R L R L R L R L R L R L R L
43.5
R L R L R L R L R L R L R L R L
43.6
R L R L R L R L R L R L R L R L
43.7
L R L L R L L R L L R L
43.8
R L L R L R L R L L R L R L
43.9
R L R L R L R L R L R L R L R L

43.10

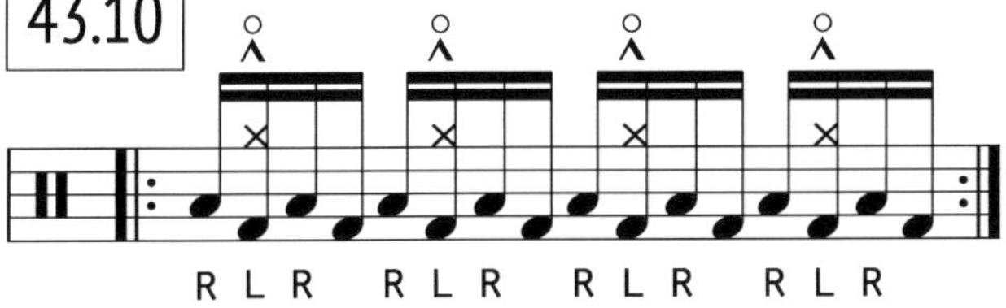

R L R R L R R L R R L R

43.11

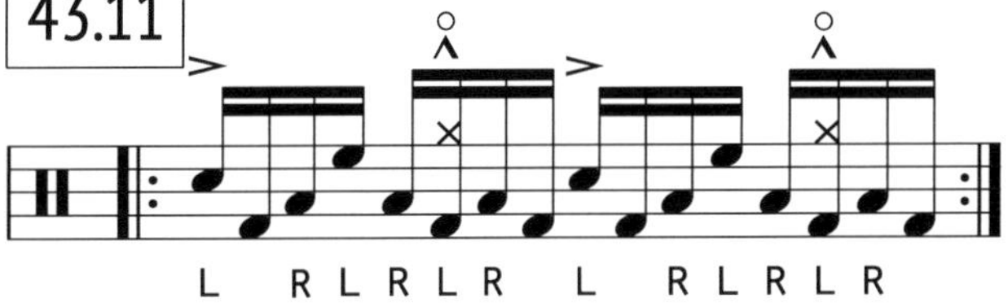

L R L R L R L R L R L R

43.12

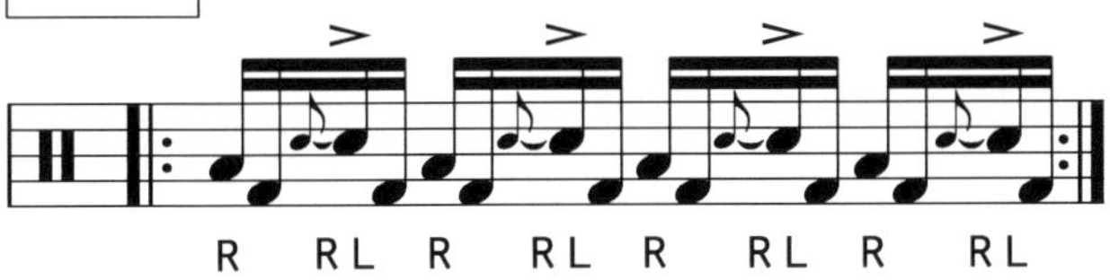

R RL R RL R RL R RL

43.13

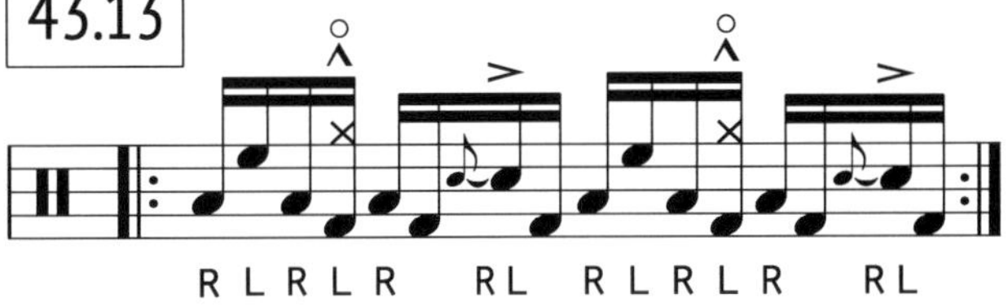

R L R L R RL R L R L R RL

43.14

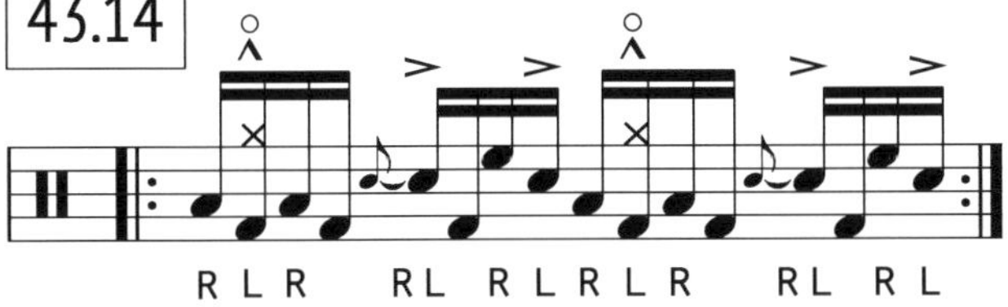

R L R RL R L R L R RL R L

43.15

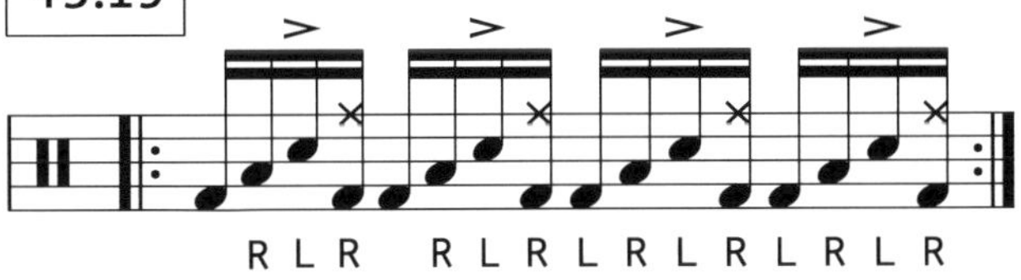

R L R R L R L R L R L R L R

43.16

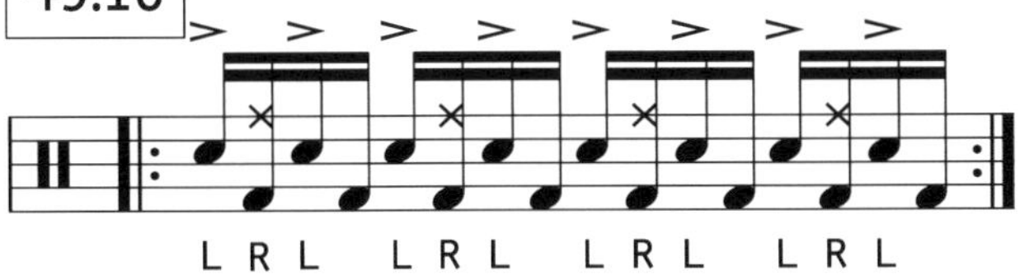

L R L L R L L R L L R L

43.17

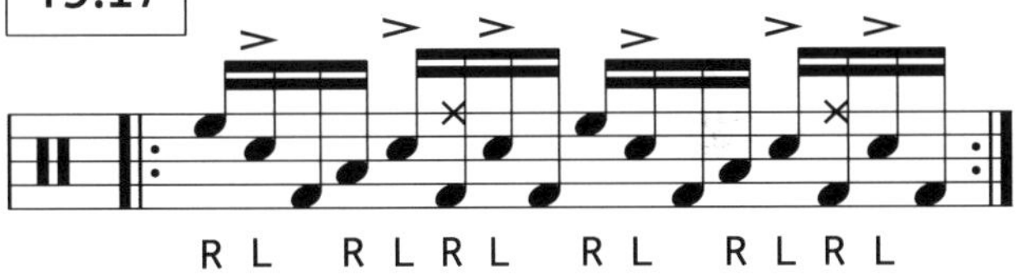

R L R L R L R L R L R L

43.18

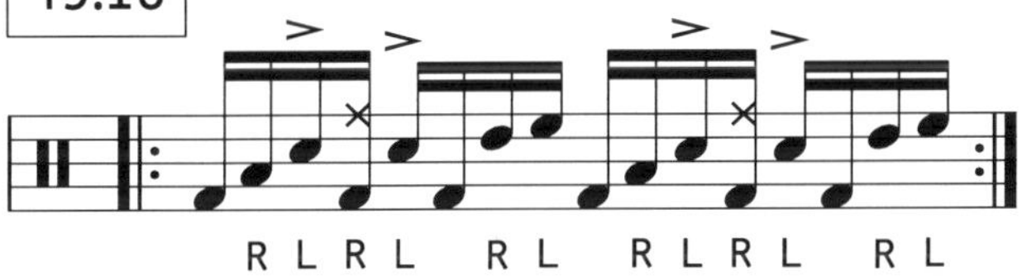

R L R L R L R L R L R L

43.19

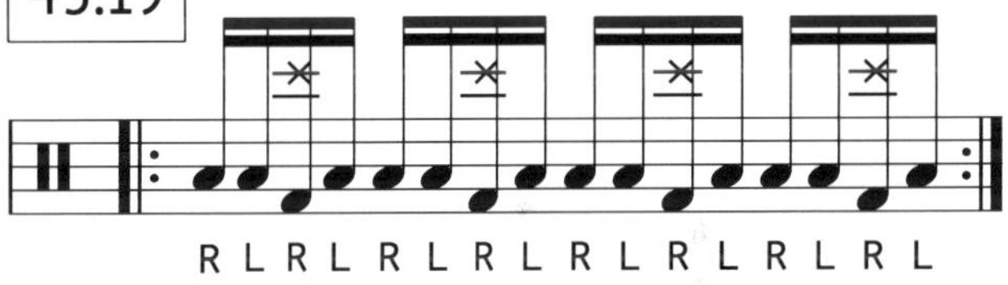

R L R L R L R L R L R L R L R L

43.20

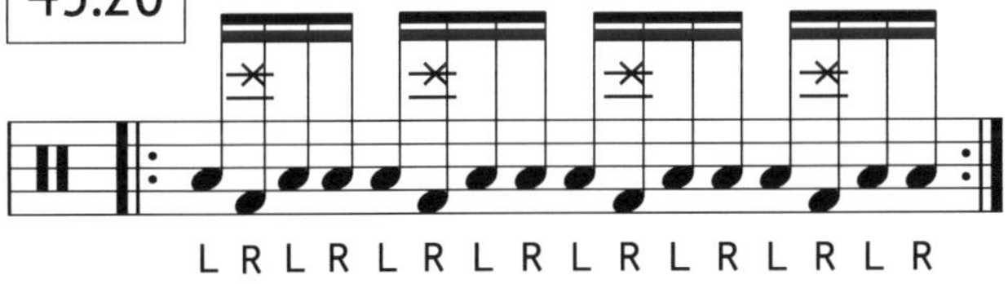

L R L R L R L R L R L R L R L R

43.21

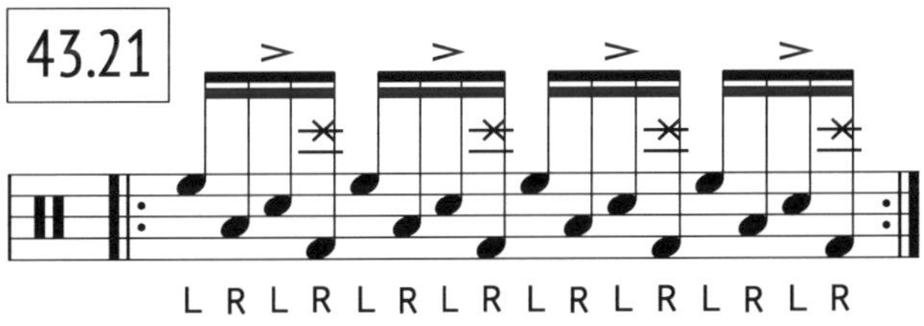

L R L R L R L R L R L R L R L R

43.22

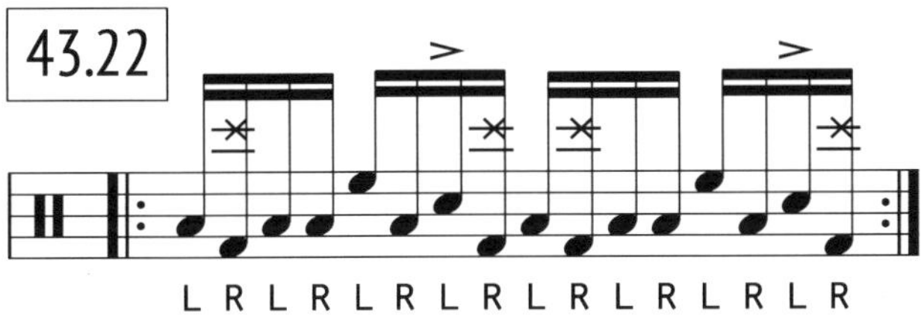

L R L R L R L R L R L R L R L R

43.23

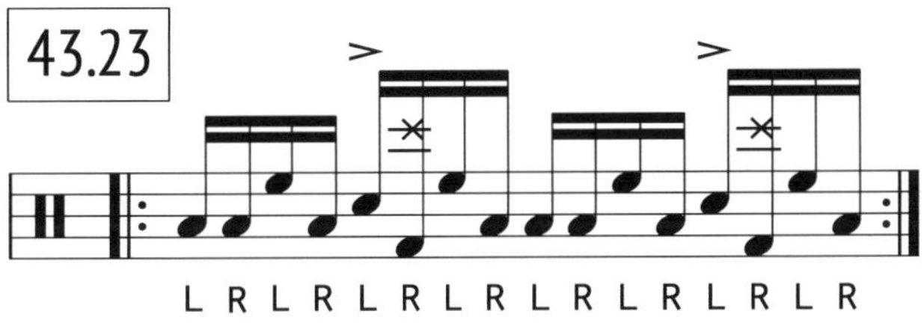

L R L R L R L R L R L R L R L R

43.24

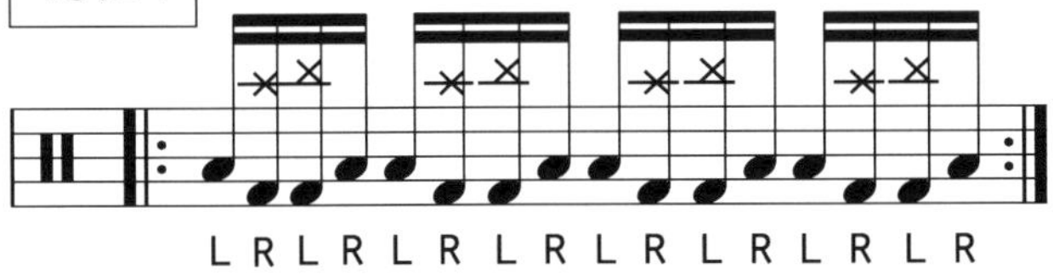

L R L R L R L R L R L R L R L R

43.25

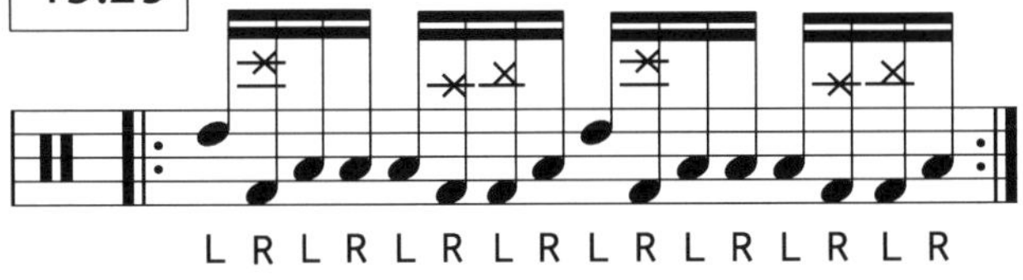

L R L R L R L R L R L R L R L R

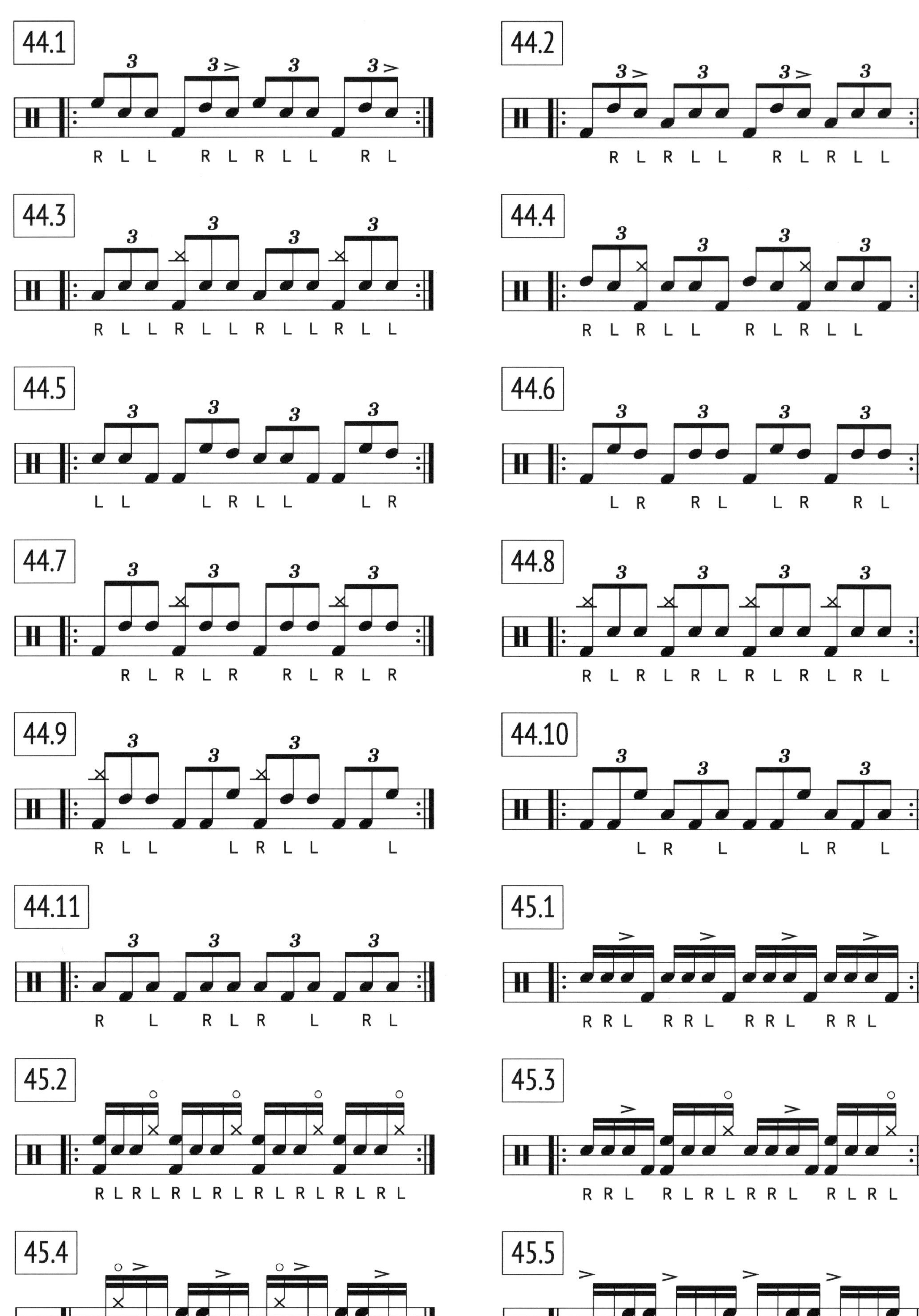
44.1
R L L R L R L L R L
44.2
R L R L L R L R L L
44.3
R L L R L L R L L R L L
44.4
R L R L L R L R L L
44.5
L L L R L L L R
44.6
L R R L L R R L
44.7
R L R L R R L R L R
44.8
R L R L R L R L R L R L
44.9
R L L L R L L L
44.10
L R L L R L
44.11
R L R L R L R L
45.1
R R L R R L R R L R R L
45.2
R L R L R L R L R L R L R L R L
45.3
R R L R L R L R R L R L R L
45.4
R L R L R R L R L R L R R L
45.5
R L R R L R L R L R R L R L

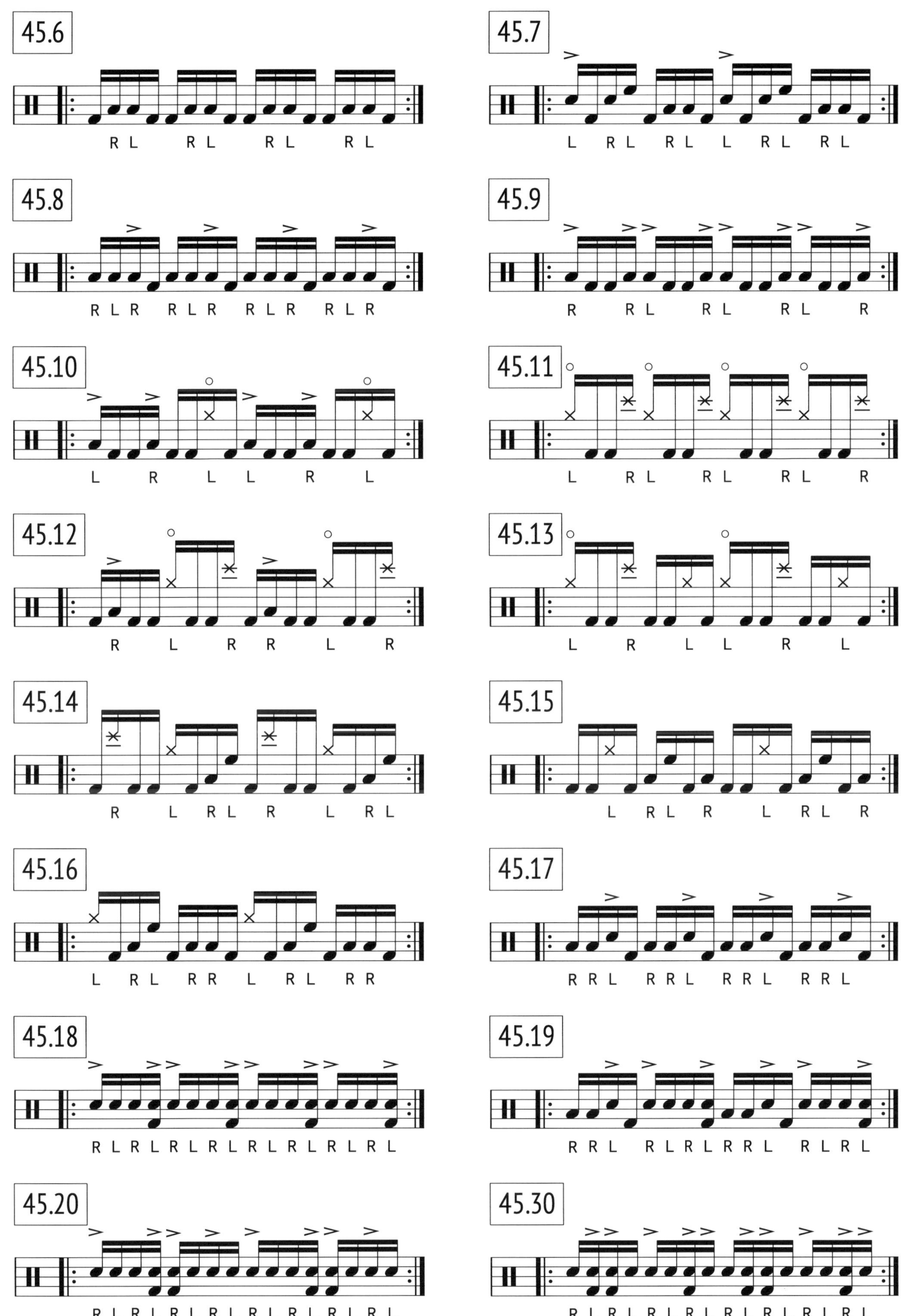
45.6
R L R L R L R L
45.7
L R L R L L R L R L
45.8
R L R R L R R L R R L R
45.9
R R L R L R L R
45.10
L R L L R L
45.11
L R L R L R L R
45.12
R L R R L R
45.13
L R L L R L
45.14
R L R L R L R L
45.15
L R L R L R L R
45.16
L R L R R L R L R R
45.17
R R L R R L R R L R R L
45.18
R L R L R L R L R L R L R L R L
45.19
R R L R L R L R R L R L R L
45.20
R L R L R L R L R L R L R L R L
45.30
R L R L R L R L R L R L R L R L

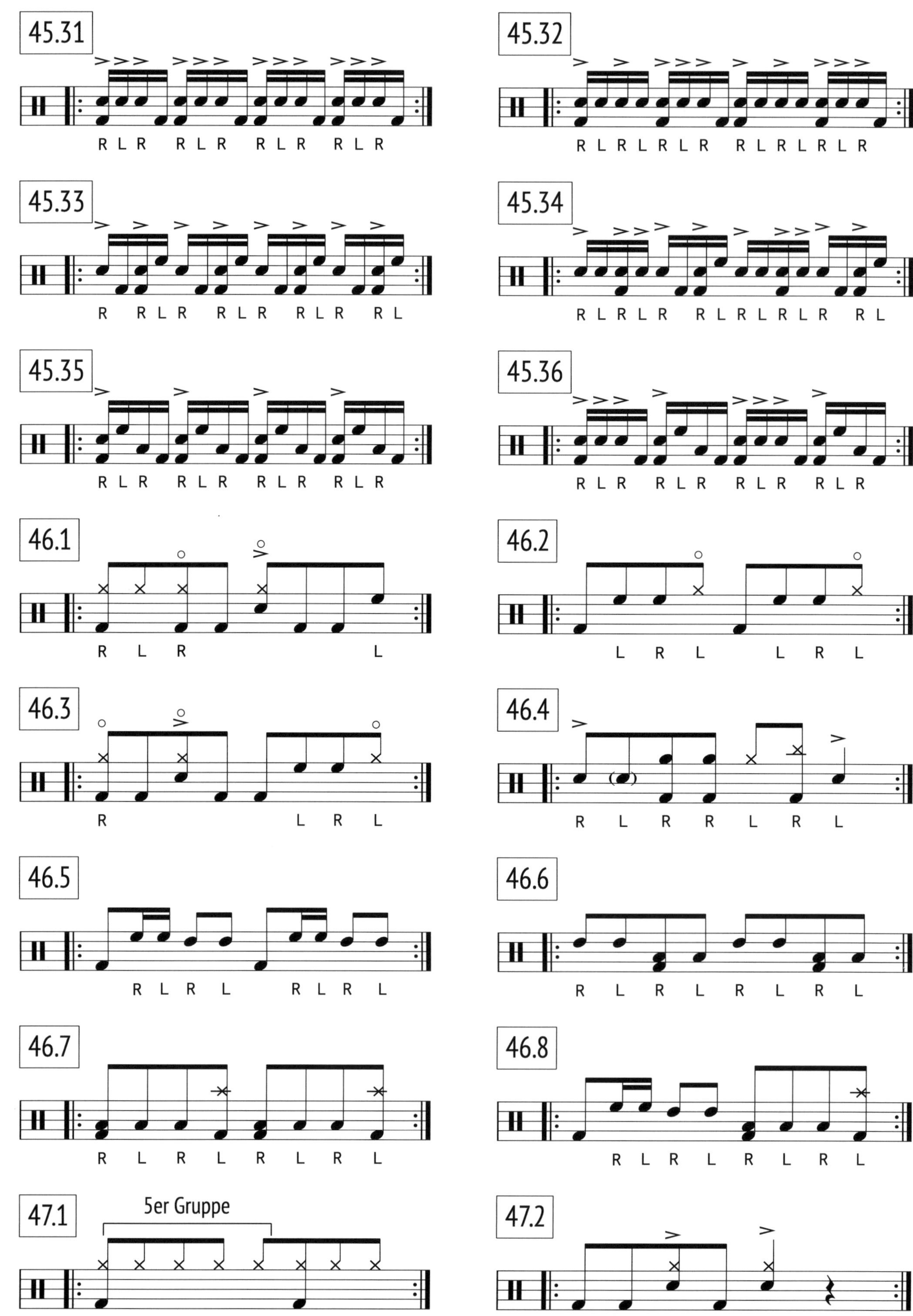
45.31
R L R R L R R L R R L R
45.32
R L R L R L R R L R L R L R
45.33
R R L R R L R R L R R L
45.34
R L R L R R L R L R L R R L
45.35
R L R R L R R L R R L R
45.36
R L R R L R R L R R L R
46.1
R L R L
46.2
L R L L R L
46.3
R L R L
46.4
R L R R L R L
46.5
R L R L R L R L
46.6
R L R L R L R L
46.7
R L R L R L R L
46.8
R L R L R L R L
47.1
5er Gruppe
R L R R L R L L
47.2

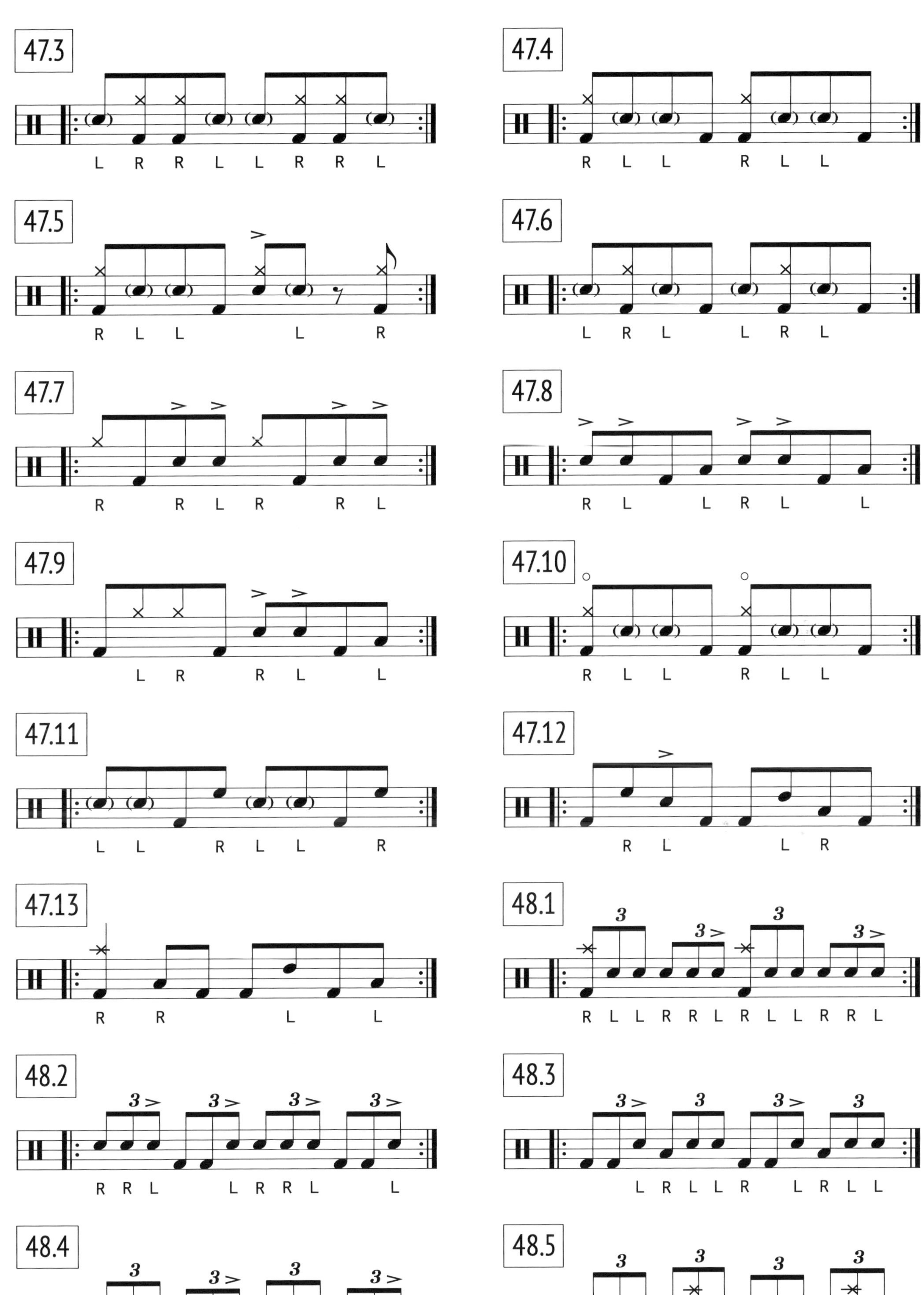
47.3
L R R L L R R L
47.4
R L L R L L
47.5
R L L L R
47.6
L R L L R L
47.7
R R L R R L
47.8
R L L R L L
47.9
L R R L L
47.10
R L L R L L
47.11
L L R L L R
47.12
R L L R
47.13
R R L L
48.1
3 3 3 3
R L L R R L R L L R R L
48.2
3 3 3 3
R R L L R R L L
48.3
3 3 3 3
L R L L R L R L L
48.4
3 3 3 3
R L R L R L R L
48.5
3 3 3 3
R L R L R L R L R L R L

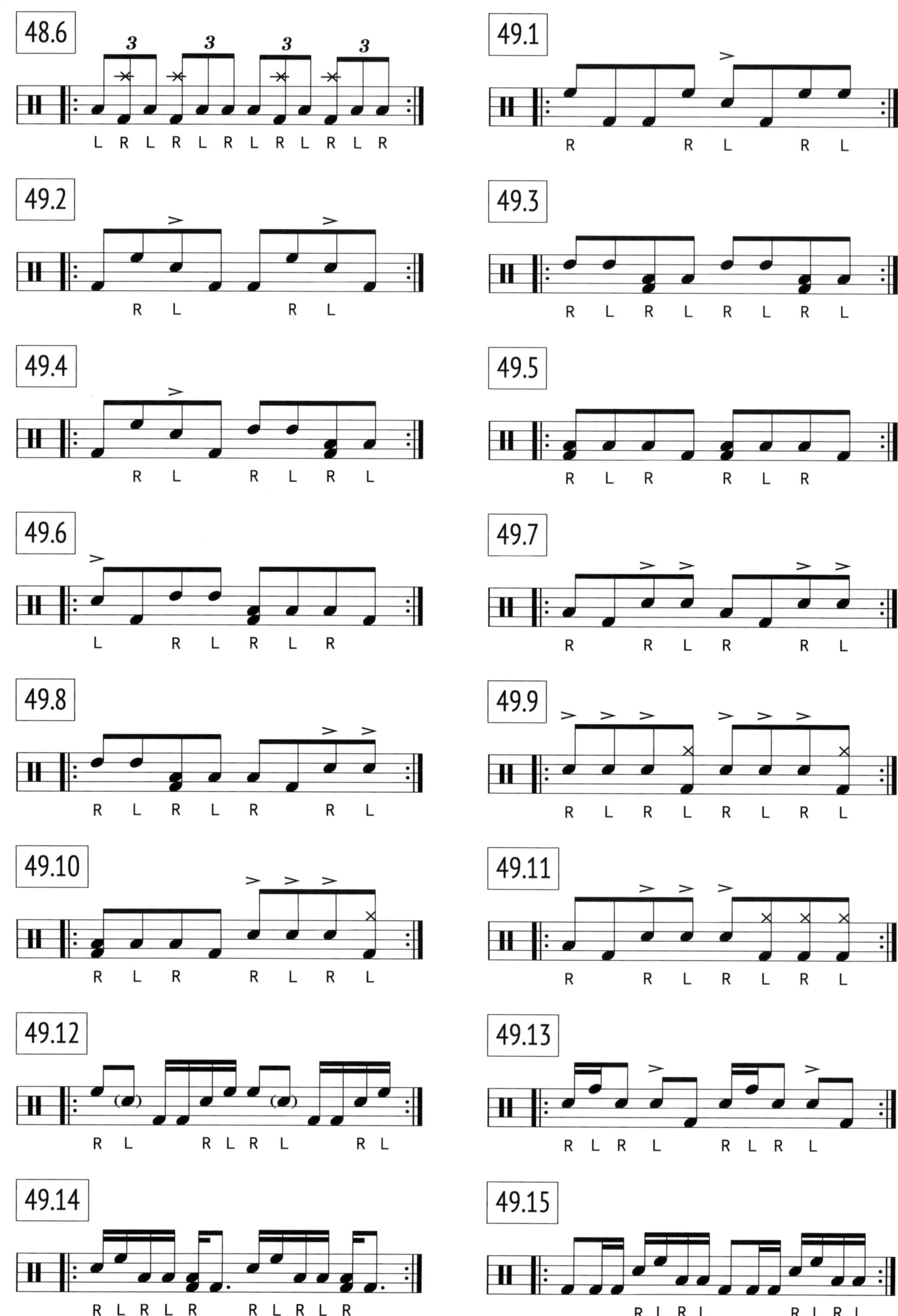
48.6
3
3
3
3
L R L R L R L R L R L R
49.1
R R L R L
49.2
R L R L
49.3
R L R L R L R L
49.4
R L R L R L
49.5
R L R R L R
49.6
L R L R L R
49.7
R R L R R L
49.8
R L R L R R L
49.9
R L R L R L R L
49.10
R L R R L R L
49.11
R R L R L R L
49.12
R L R L R L R L
49.13
R L R L R L R L
49.14
R L R L R R L R L R
49.15
R L R L R L R L

AMA VERLAG

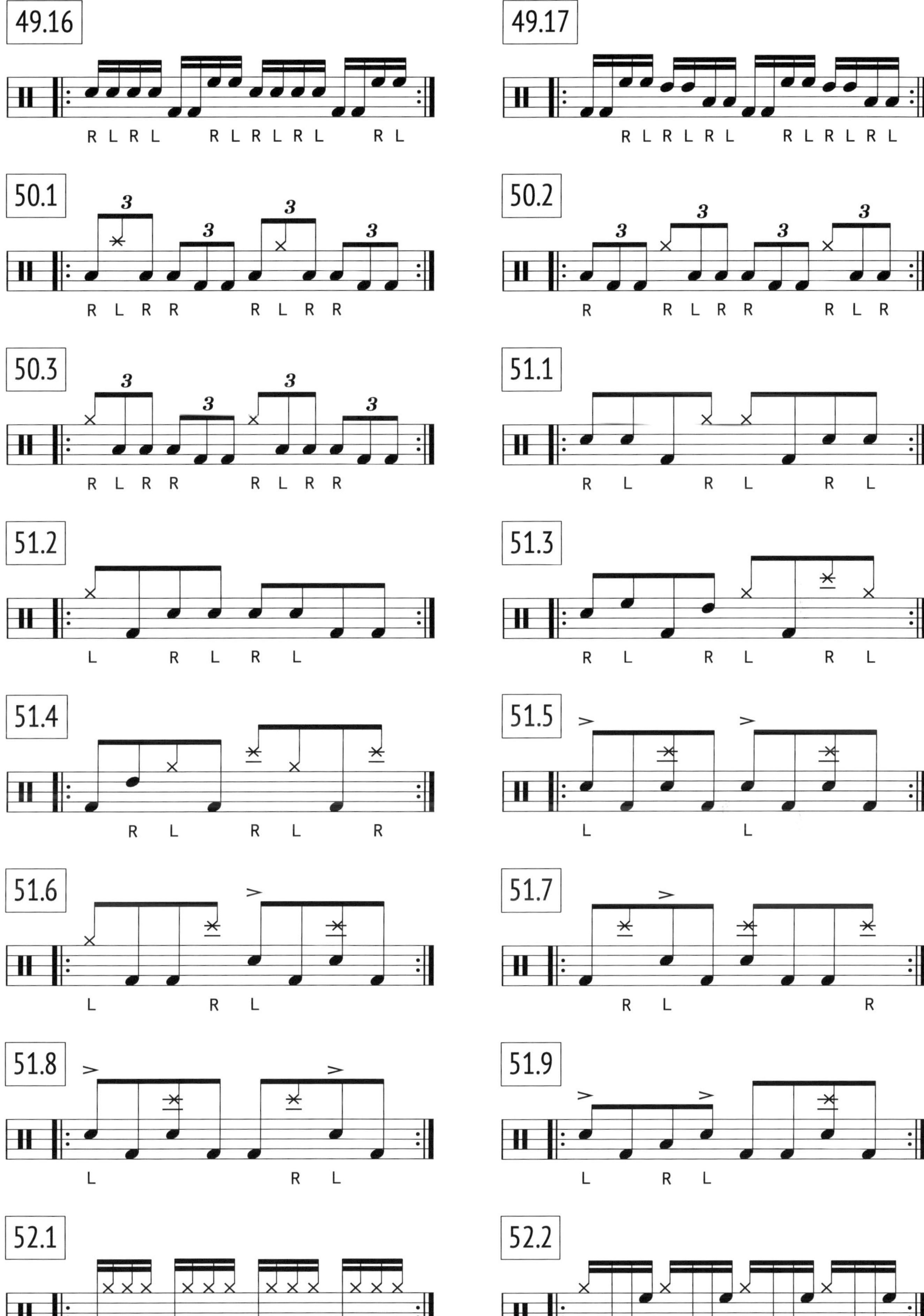
49.16
R L R L R L R L R L R L
49.17
R L R L R L R L R L R L
50.1
3 3 3 3
R L R R R L R R
50.2
3 3 3 3
R R L R R R L R
50.3
3 3 3 3
R L R R R L R R
51.1
R L R L R L
51.2
L R L R L
51.3
R L R L R L
51.4
R L R L R
51.5
L L
51.6
L R L
51.7
R L R
51.8
L R L
51.9
L R L
52.1
R L R L R L R L R L R L R L R
52.2
L R L R L R L R

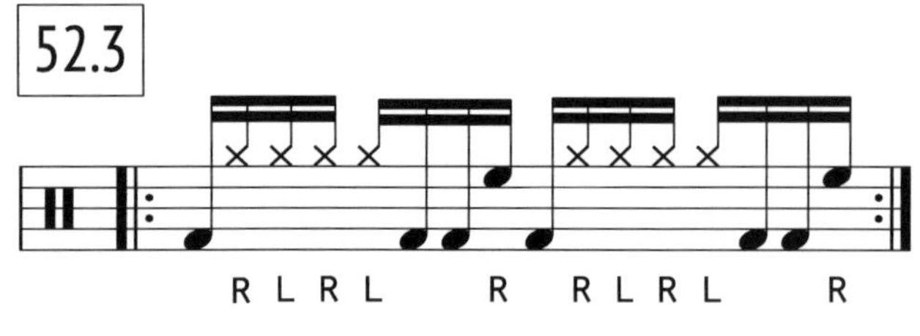
52.3
R L R L R R L R L R

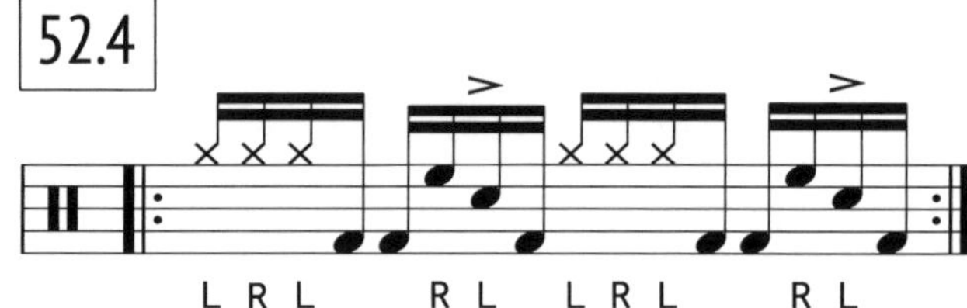
52.4
L R L R L L R L R L

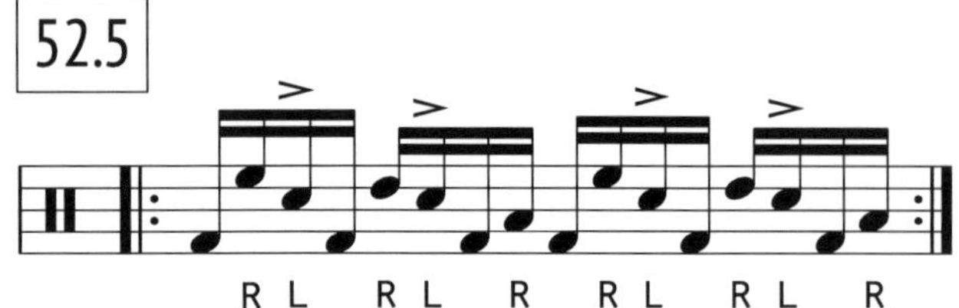
52.5
R L R L R R L R L R

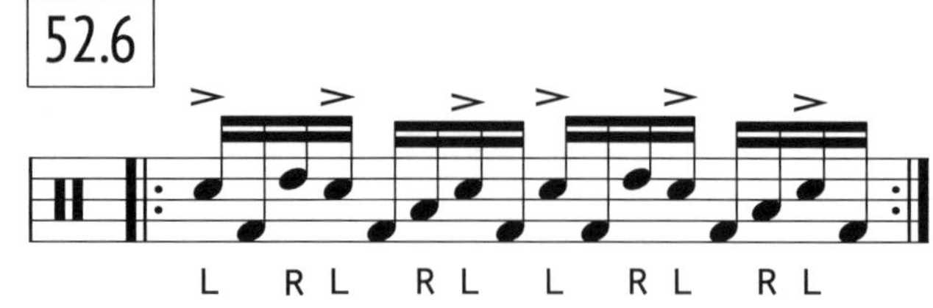
52.6
L R L R L L R L R L

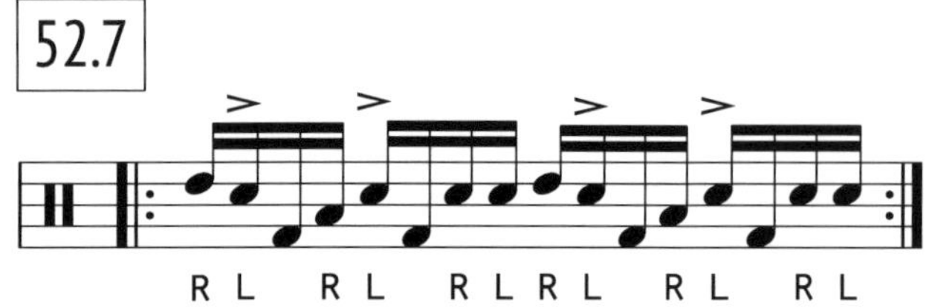
52.7
R L R L R L R L R L R L

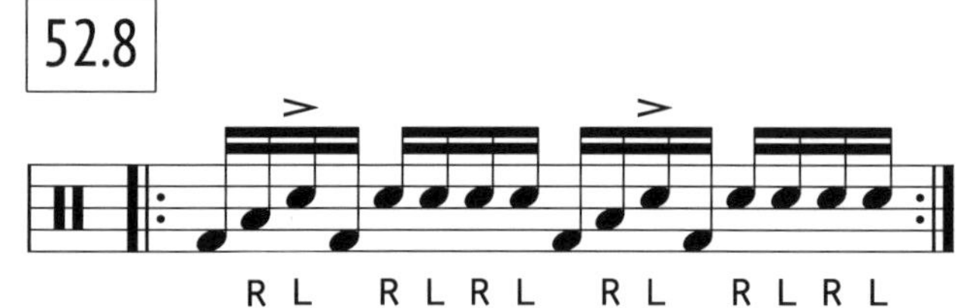
52.8
R L R L R L R L R L R L

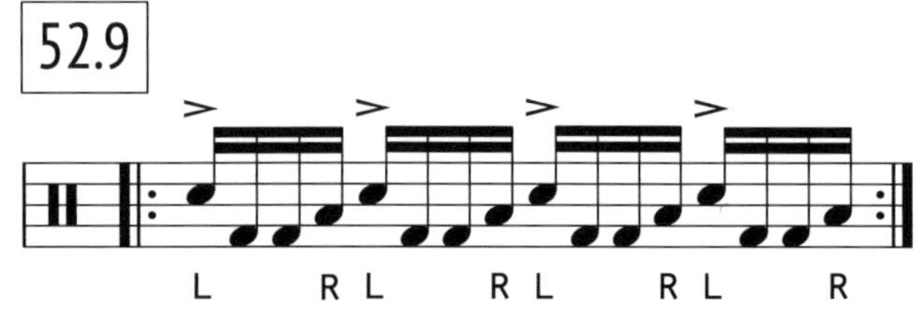
52.9
L R L R L R L R

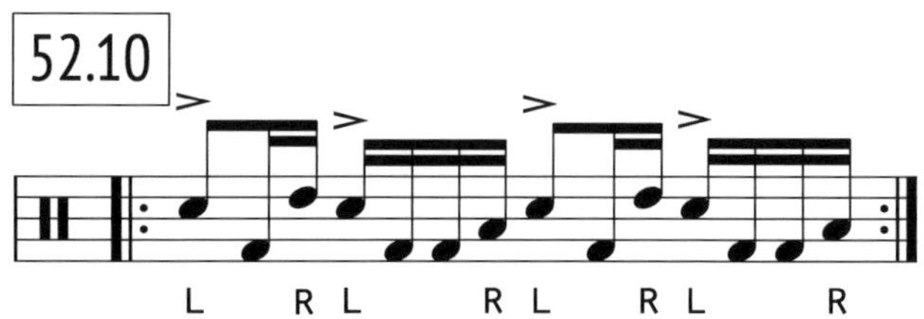
52.10
L R L R L R L R

Kapitel 3 – Backbeat-Bausteine

Bei einem Stadionkonzert spielt Usher mit seiner Band vor ausverkauftem Haus den aktuellen Pop-Superhit. Im letzten Takt vor dem Chorus bricht Aaron Spears aus seinem Groove aus und spielt einen irrsinnigen Gospel Chop mit absurdem Sticking, aber die kreischenden Teenager in der ersten Reihe hören gar nicht auf zu tanzen.

Mein Schlagzeuglehrer hat dazu immer gesagt: „Die Leute tanzen zur Trommel", und meinte damit die *4 on the Floor* (Bassdrumschlag auf jeder Viertelnote), die unerschütterliche Grundlage der Tanzbarkeit, die schon seit mehr als 40 Jahren immer wieder ihren Weg auf die Dancefloors der Clubs findet und auch aus dem Radio nicht wegzudenken ist. Aber was Aaron Spears da spielt, sind synkopierte Zweiunddreißigstelnoten in der Bassdrum, aufgefüllt mit kaum nachvollziehbaren Handsätzen in kreativer Orchestration auf höchstem Tempo. Wie soll man denn dazu tanzen?

Bei genauerem Hinsehen findet man in vielen Gospel Chops eine Konstante, die den Groove bombenfest zusammenhält: den Backbeat. Auf der Zählzeit Zwei und der Zählzeit Vier (im 4/4-Takt) ist oft eine Snare Drum zu finden, die mit viel Selbstbewusstsein und einem knackigen Rimshot angeschlagen ist. Besonders bei einem hohen Snare Tuning schneidet dieser durchsetzungsstarke Backbeat durch den Gospel Chop und sticht deutlich zwischen den synkopierten Tom- und Bassdrum-Schlägen heraus. Er ist präzise gespielt und klingt genau so, wie der Backbeat auch im Groove klingt. Der Groove hört also im Fill nicht auf. Es ist hier nicht die Frage, ob der Schlagzeuger gerade einen Groove oder ein Fill spielt, der Groove ist auch im Fill. Natürlich ist es keine feste Regel, dass ein Backbeat durch den Gospel Chop läuft, angesichts der Häufigkeit aber untersuchenswert.

Ganz sicher ist es die wichtigste und hauptsächliche Aufgabe des Schlagzeugers, der Band einen soliden Groove zu geben, in den alle Instrumente „ein-locken" (einrasten) können. Auf diese Basis muss sich jeder Musiker und Sänger zu jeder Zeit verlassen können. Wenn diese Basis durch einen Gospel Chop anfängt zu wackeln, kann aus dem Fill-in ein echtes Desaster werden, besonders, wenn der Einstieg in den Chorus durch eine Spielerei des Schlagzeugers gefährdet wird. Niemand wird in diesem Fall den Schlagzeuger für seine virtuosen Fähigkeiten loben. Vielmehr werden sich seine Mitmusiker beschweren, dass sich irgendetwas holprig angefühlt hat.

Ein fetter Backbeat oder zumindest eine klare Snare-Drum-Platzierung im Gospel Chop, oft auch auf der Zählzeit Eins oder Drei im Gospel Chop, hat eine Ankerwirkung und kann dir und deinen Mitmusikern viel Sicherheit geben. Es ist für den Groove sehr gesund, die Priorität nicht auf den Chop selbst zu legen, sondern auf den Backbeat, die Ankerpunkte und die Time. Es ist also nicht nur wichtig, den Chop auf der Eins zu landen, auch mittendrin und danach sollte der Groove völlig unbeeindruckt bleiben.

In diesem Kapitel findest du eine Reihe von Übungen, die deinen Fokus auf den Backbeat im Chop lenken sollen. Hierfür habe ich diejenigen Chop-Elemente aus Kapitel 2 verwendet, die hinführend zu einem Backbeat oder zu einem Ankerpunkt gespielt werden, und sie in eine Backbeat-Übung übersetzt. Diese Übungen lassen dir viel Spielraum für Kreativität. Spiel einen Takt lang einen Groove deiner Wahl mit einem Backbeat, und spiel danach ein Fill-in, indem du den Backbeat mit dem jeweiligen Baustein weiterlaufen lässt.

Die Priorität sollte hierbei auf dem Sound und der Platzierung der Snare Drum liegen. Wenn du die Snare im Groove mit einem Rimshot spielst, dann spiel sie auch im Fill mit einem Rimshot! Nimm dich auf, und vergleiche deine Snare-Drum-Schläge miteinander. Achte immer darauf, dass deine Time stabil bleibt. Das Fill soll sich genauso anfühlen wie der Groove. Falls du zum Fill-in nicht tanzen kannst, dann zählt es noch nicht als gemeistert.

Gestalte die Lücken zwischen den Backbeat-Bausteinen, wie es dir gefällt: Pausen, Sechzehntelnoten oder sogar waghalsige Zweiunddreißigstel in allen erdenklichen Orchestrierungen sind erlaubt. Vergiss nur nicht, wo hier die Priorität liegt und mach es dir nicht zu schwer. Variiere deine „Lückenfüller", damit du flexibel bleibst und dich nicht versehentlich an eine Bewegung gewöhnst, die du ganz automatisch jedes Mal gleich spielst. Für den Start empfehle ich dir, zunächst den einfachsten Groove zu spielen, den du kennst. Lass die Lücken zwischen den Bausteinen zu Anfang leer und füll sie dann Schritt für Schritt mit einigen Noten, bis dir deine persönliche Kombination aus Groove und Fill gefällt. Konstruier hier nicht zu viel, lass den Groove fließen und gehe mit dem Sound.

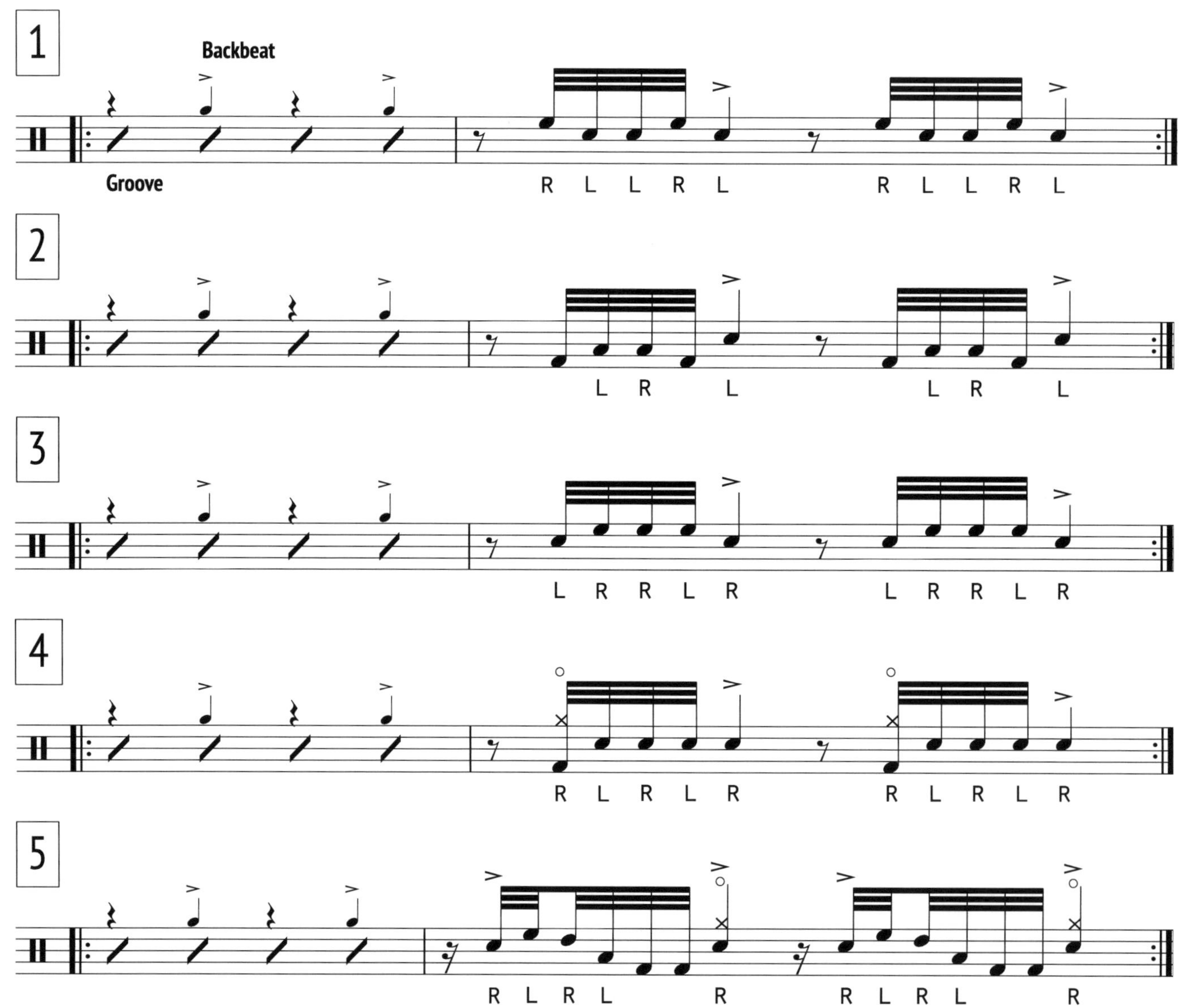

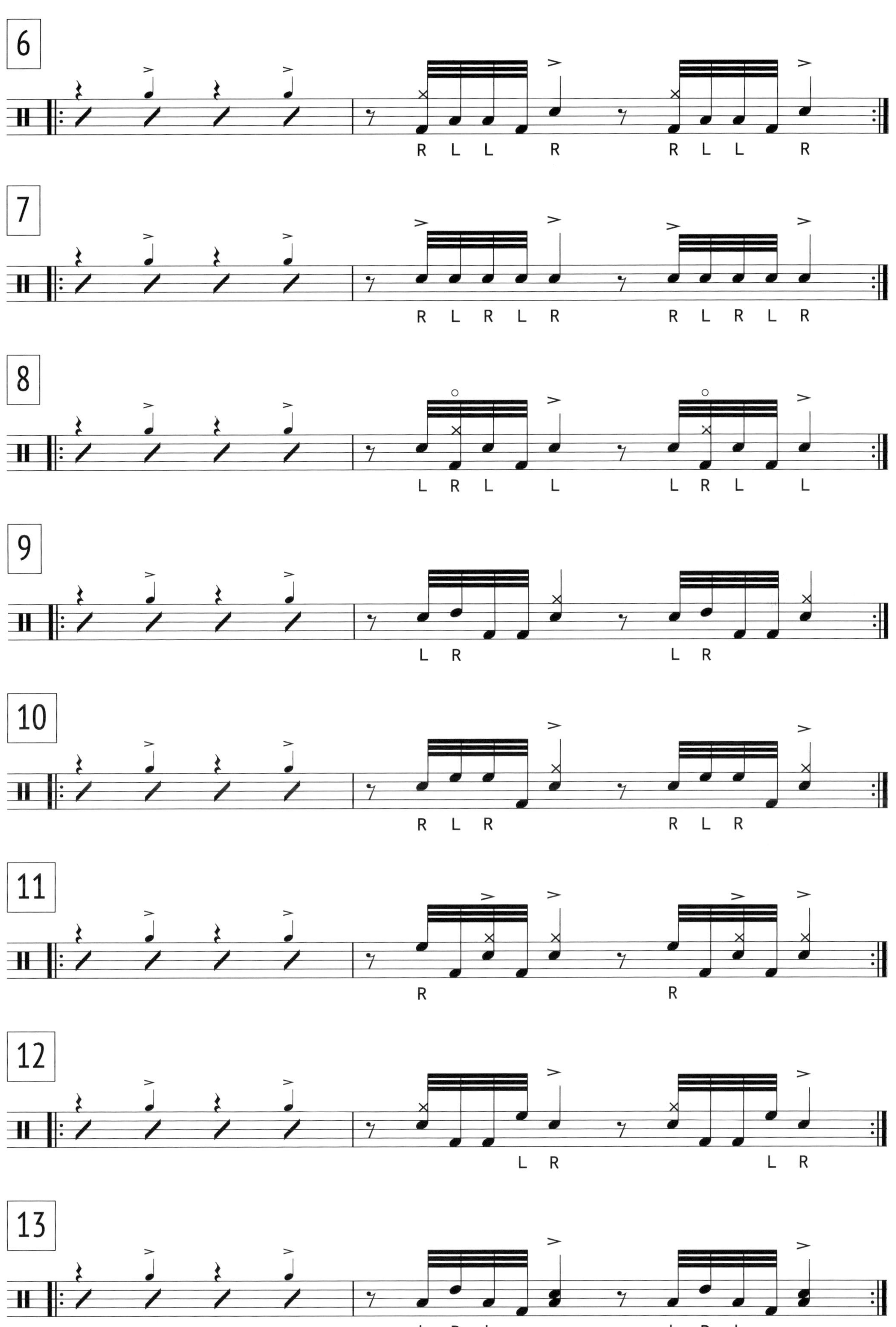
6
R L L R R L L R
7
R L R L R R L R L R
8
L R L L L R L L
9
L R L R
10
R L R R L R
11
R R
12
L R L R
13
L R L L R L

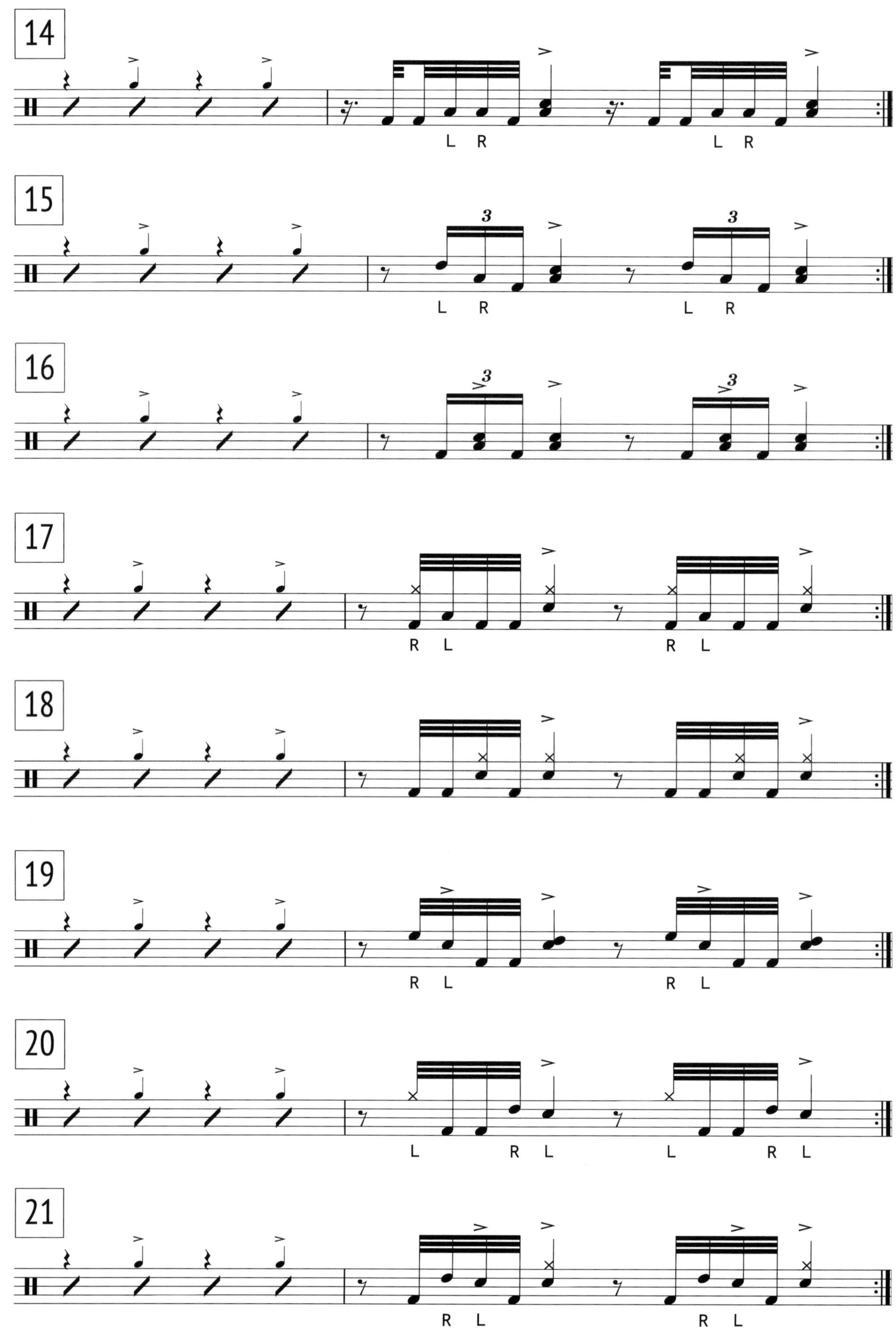

AMA VERLAG

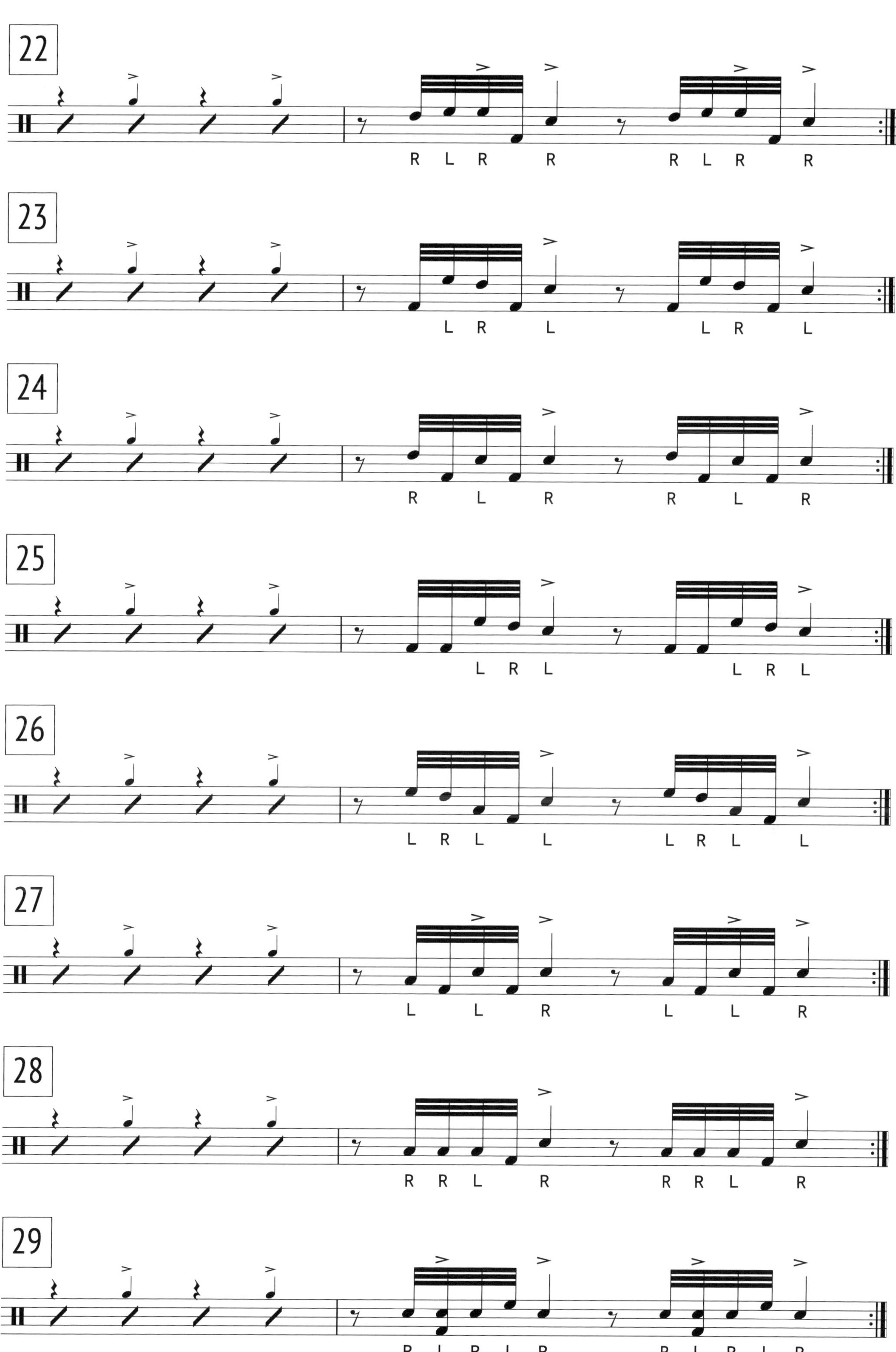
22
R L R R R L R R
23
L R L L R L
24
R L R R L R
25
L R L L R L
26
L R L L L R L L
27
L L R L L R
28
R R L R R R L R
29
R L R L R R L R L R

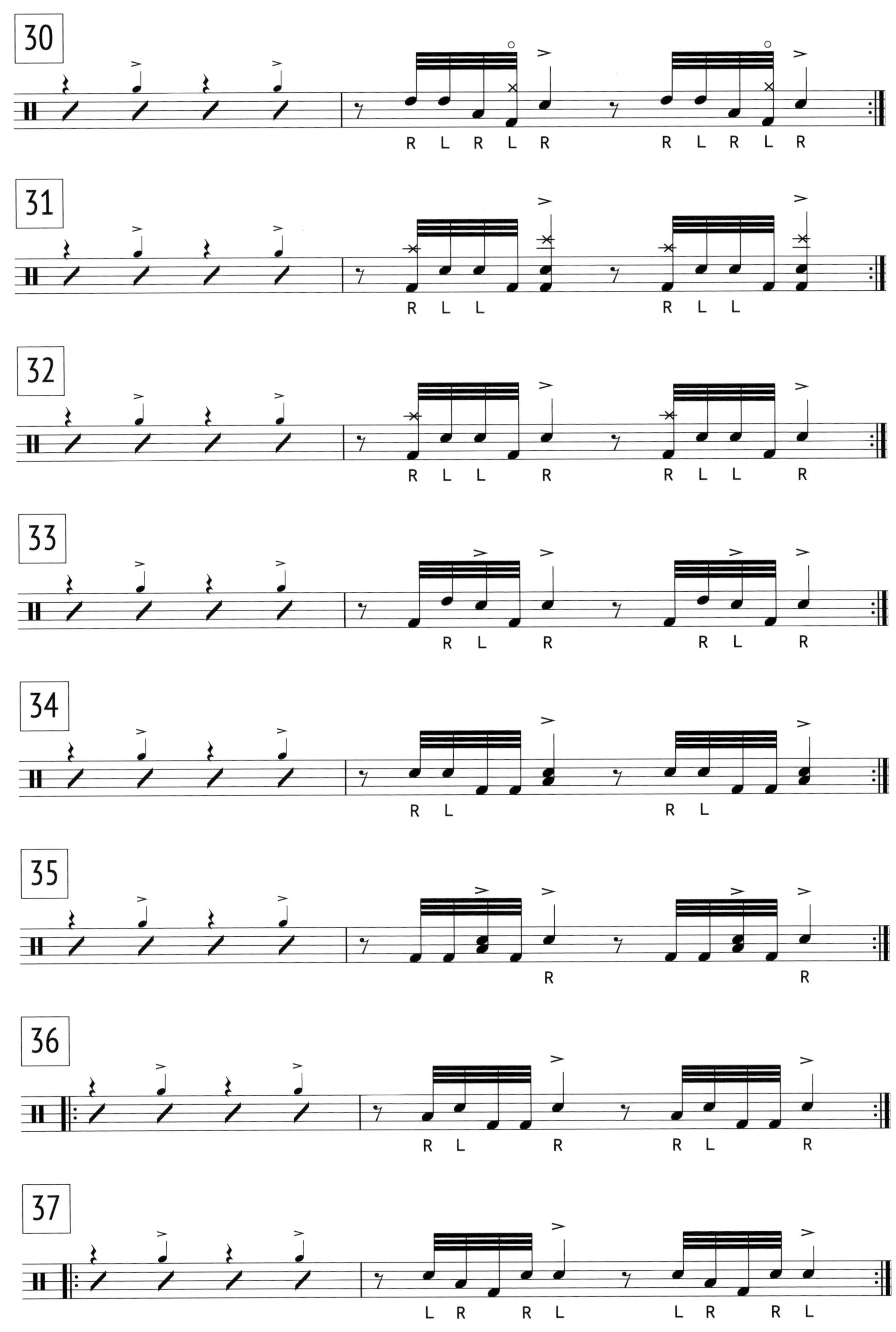
30
R L R L R
R L R L R
31
R L L
R L L
32
R L L R
R L L R
33
R L R
R L R
34
R L
R L
35
R
R
36
R L R
R L R
37
L R R L
L R R L

AMA VERLAG

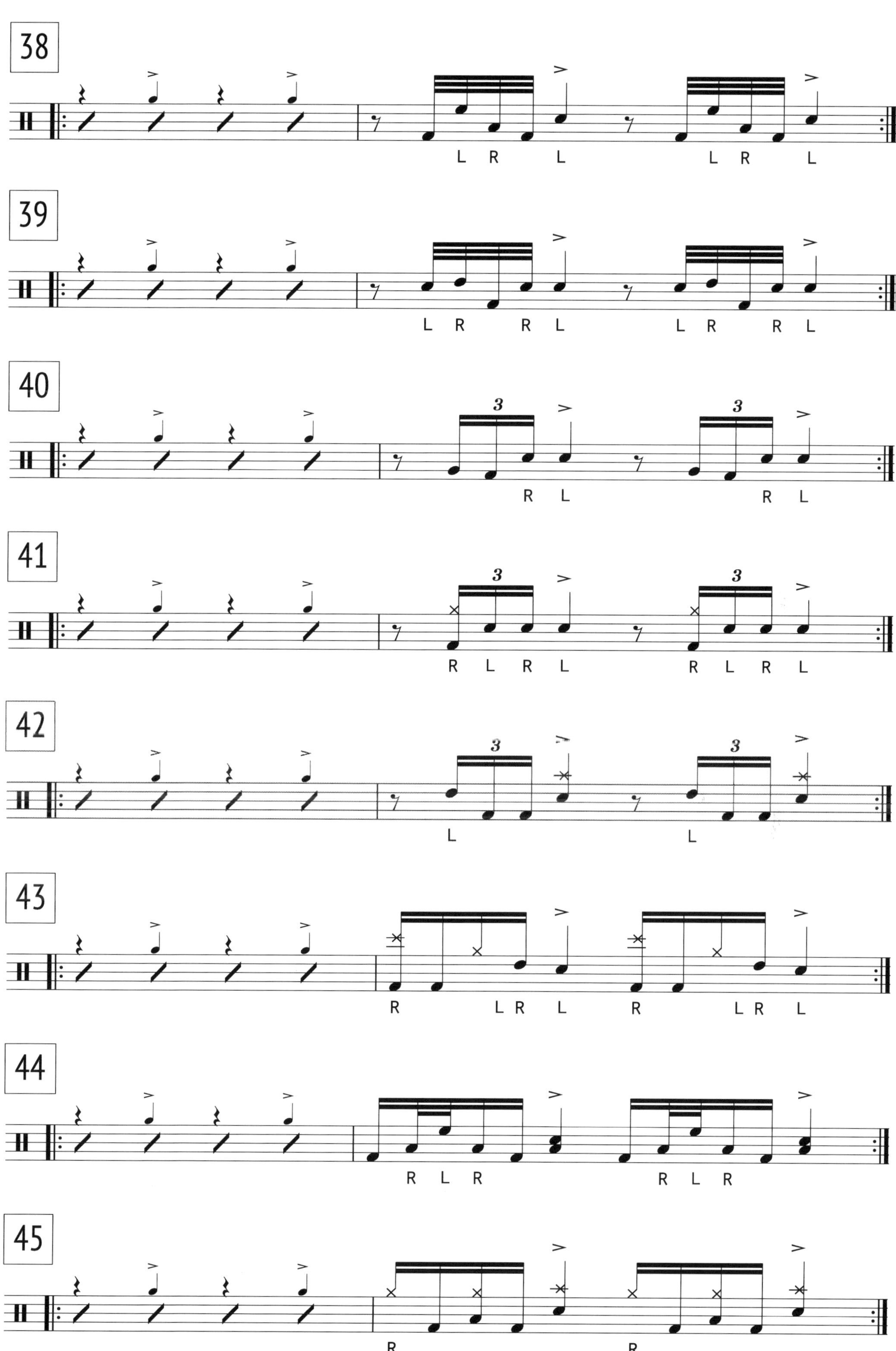
38
L R L L R L
39
L R R L L R R L
40
R L R L
41
R L R L R L R L
42
L L
43
R L R L R L R L
44
R L R R L R
45
R R

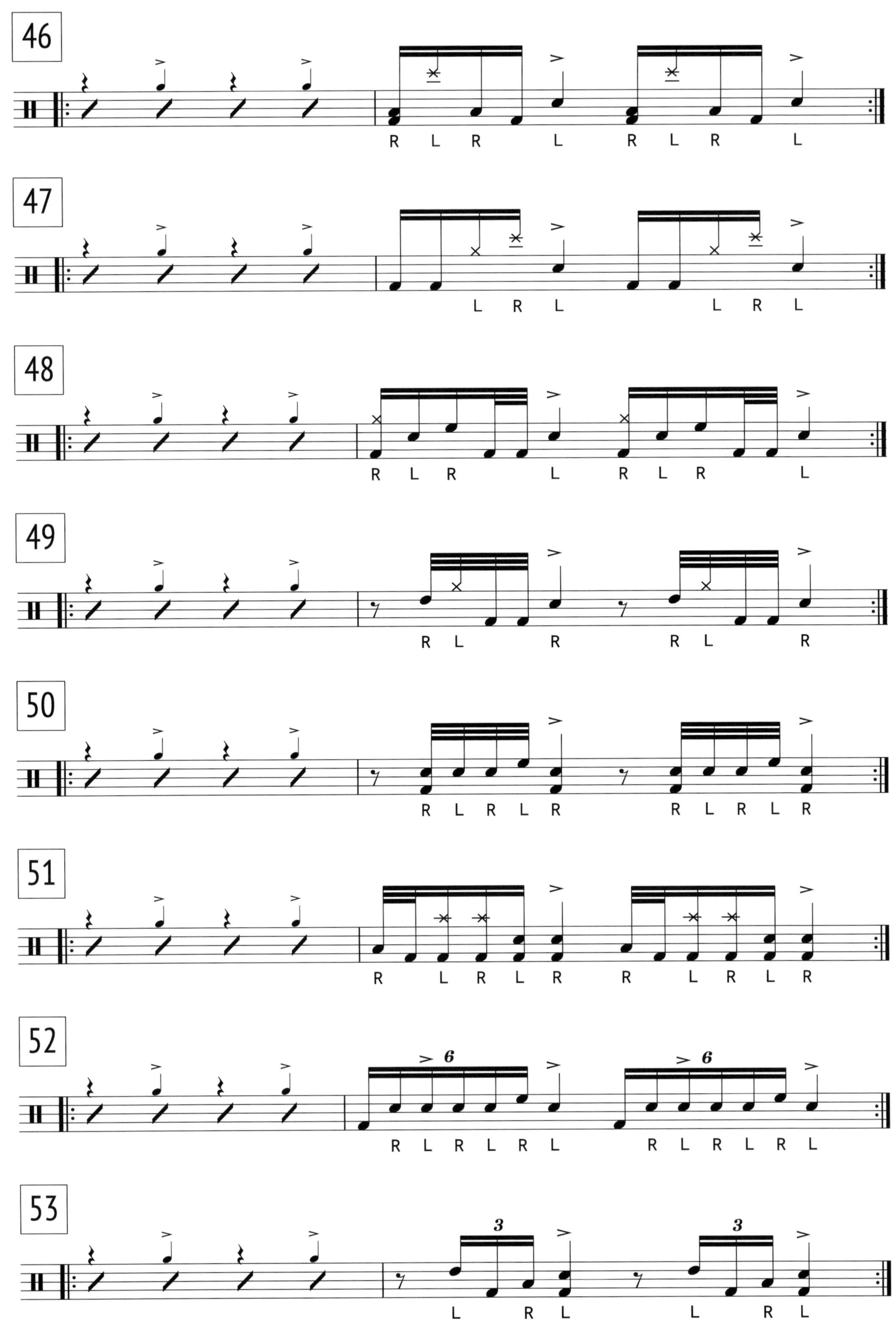
46
R L R L R L R L
47
L R L L R L
48
R L R L R L R L
49
R L R R L R
50
R L R L R R L R L R
51
R L R L R R L R L R
52
6
R L R L R L
6
R L R L R L
53
3
L R L
3
L R L

AMA VERLAG

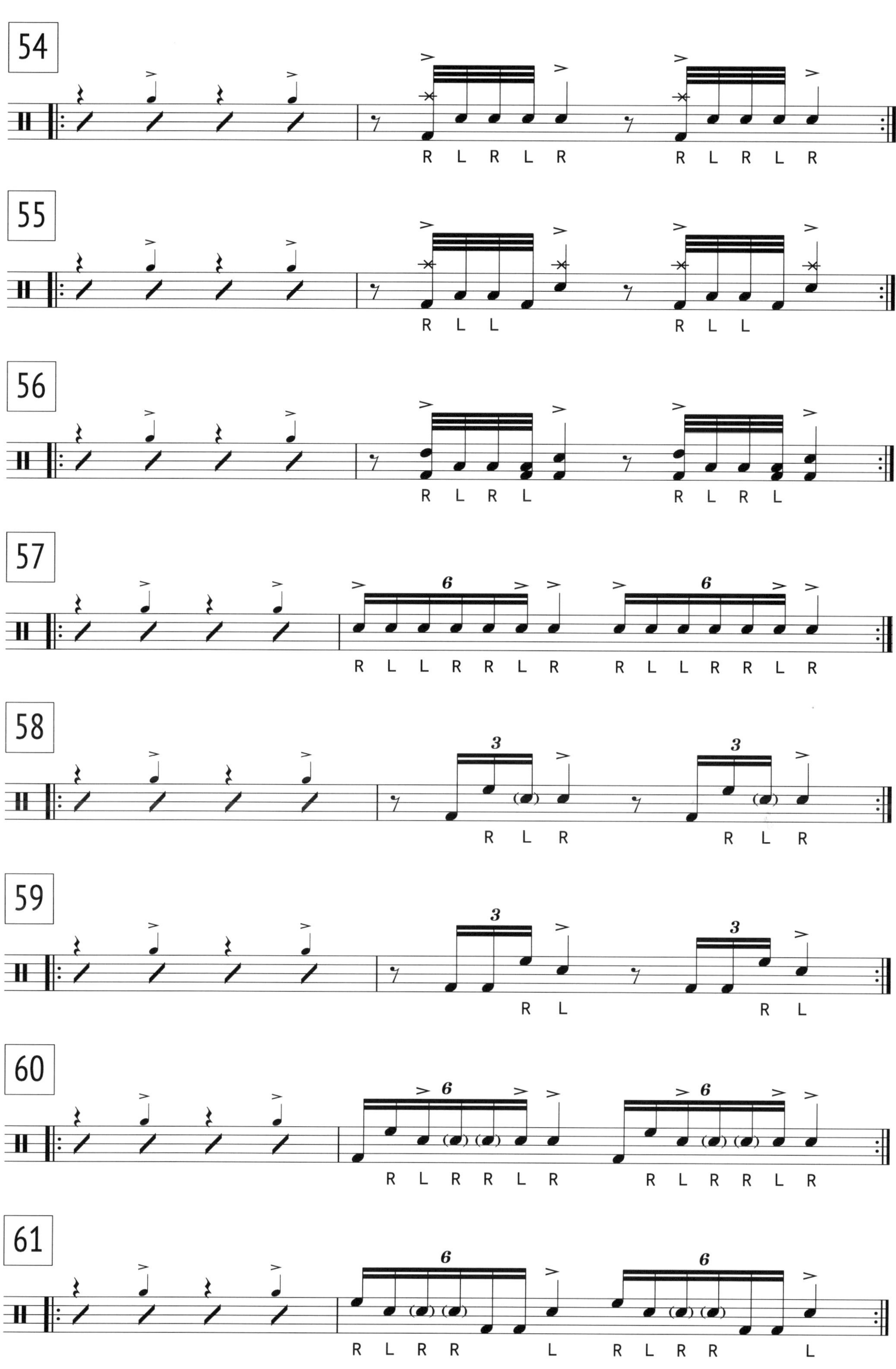
54
R L R L R
R L R L R
55
R L L
R L L
56
R L R L
R L R L
57
6
R L L R R L R
6
R L L R R L R
58
3
R L R
3
R L R
59
3
R L
3
R L
60
6
R L R R L R
6
R L R R L R
61
6
R L R R L
6
R L R R L

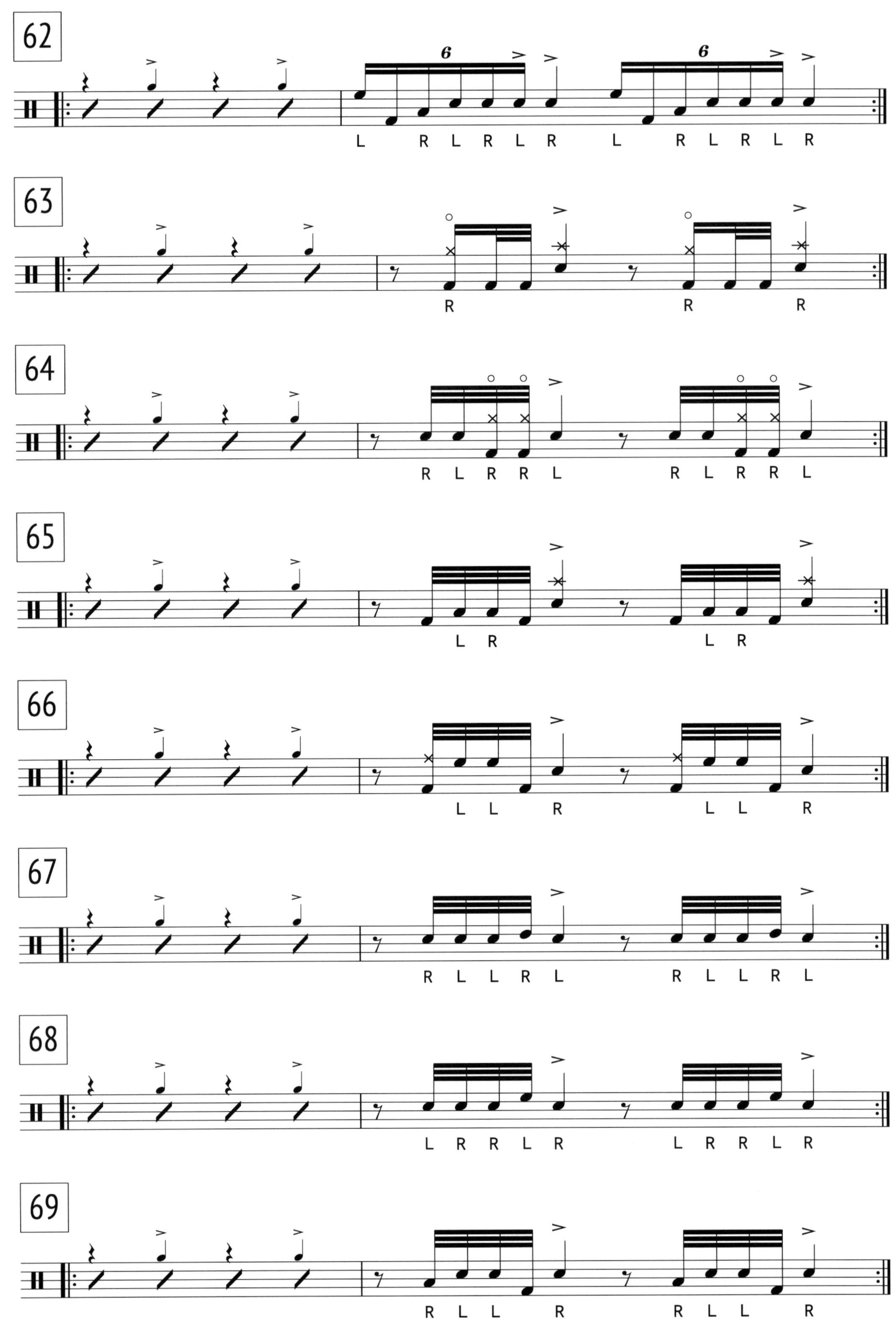
62
6
6
L R L R L R L R L R L R
63
R R R
64
R L R R L R L R R L
65
L R L R
66
L L R L L R
67
R L L R L R L L R L
68
L R R L R L R R L R
69
R L L R R L L R

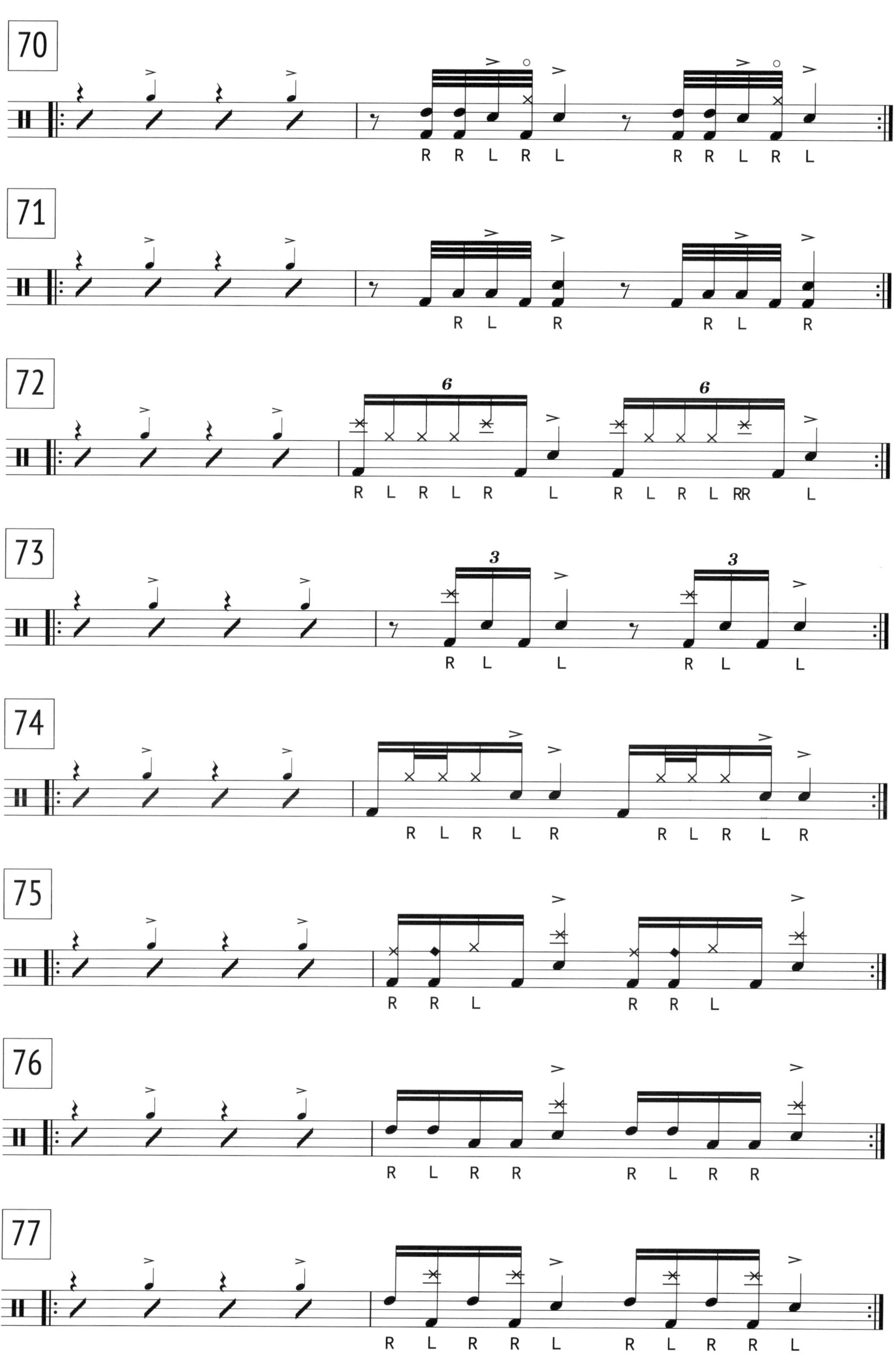
70
R R L R L R R L R L
71
R L R R L R
72
6 6
R L R L R L R L R L RR L
73
3 3
R L L R L L
74
R L R L R R L R L R
75
R R L R R L
76
R L R R R L R R
77
R L R R L R L R R L

AMA VERLAG

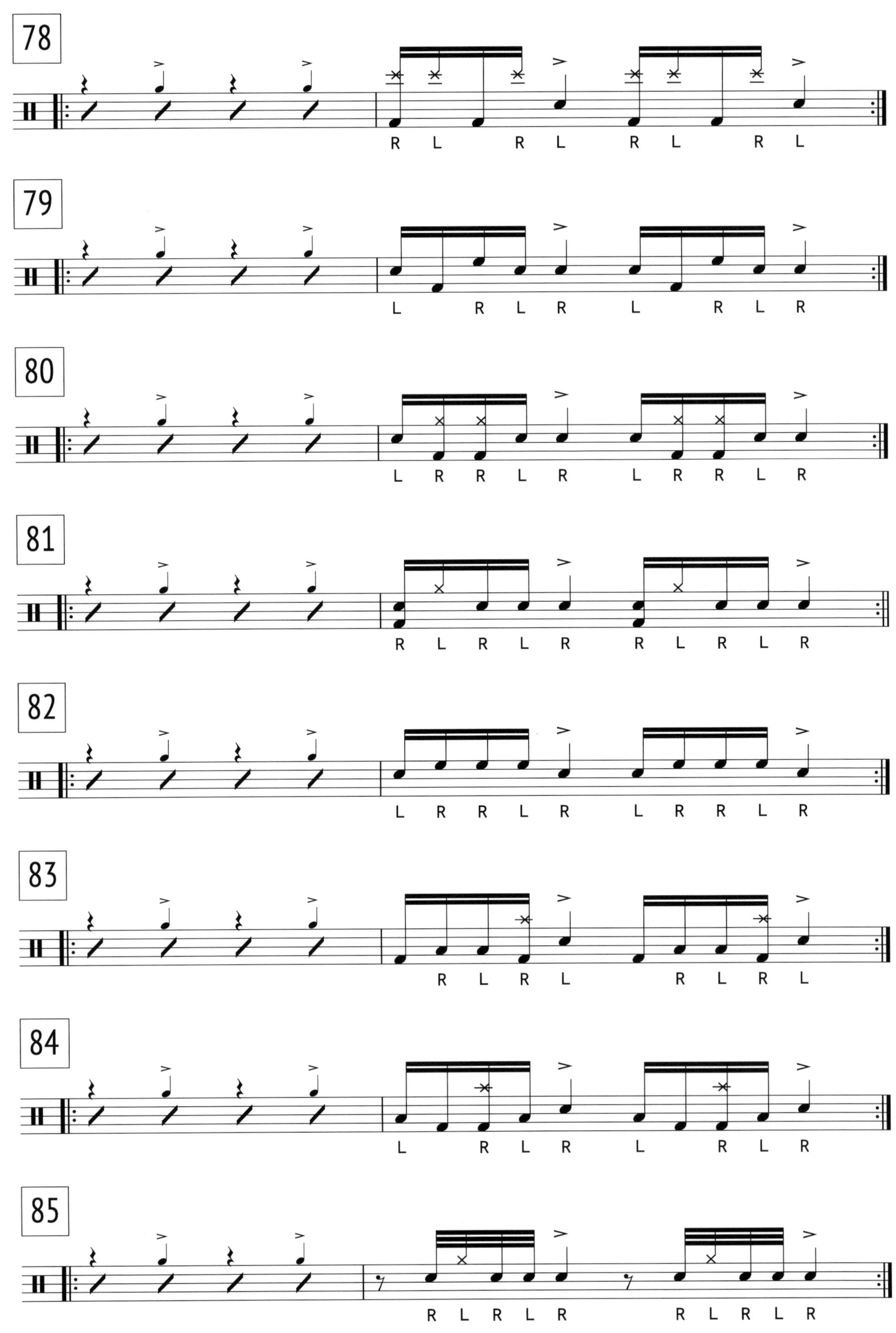
78
R L R L R L R L
79
L R L R L R L R
80
L R R L R L R R L R
81
R L R L R R L R L R
82
L R R L R L R R L R
83
R L R L R L R L
84
L R L R L R L R
85
R L R L R R L R L R

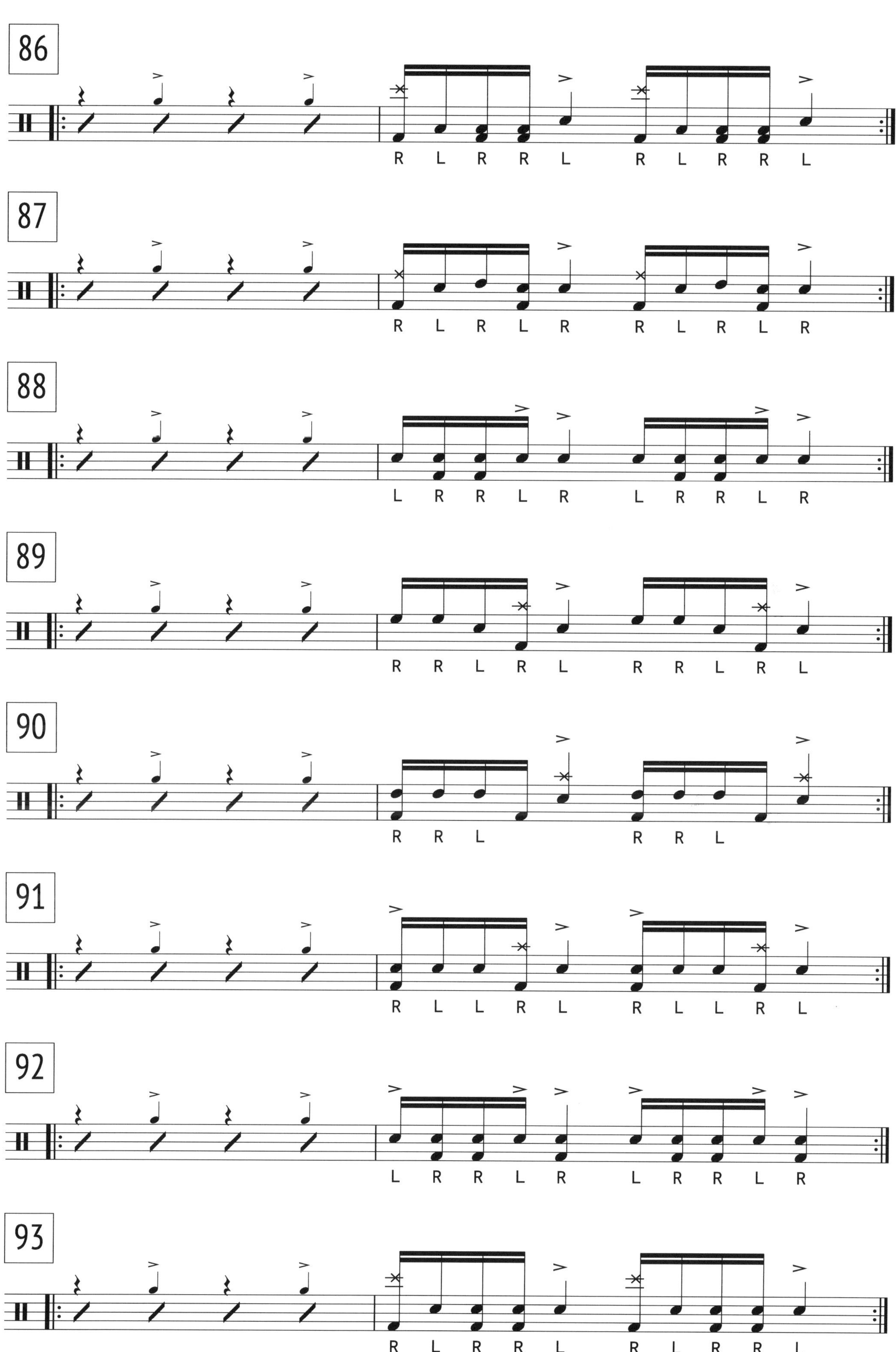
86
R L R R L R L R R L
87
R L R L R R L R L R
88
L R R L R L R R L R
89
R R L R L R R L R L
90
R R L R R L
91
R L L R L R L L R L
92
L R R L R L R R L R
93
R L R R L R L R R L

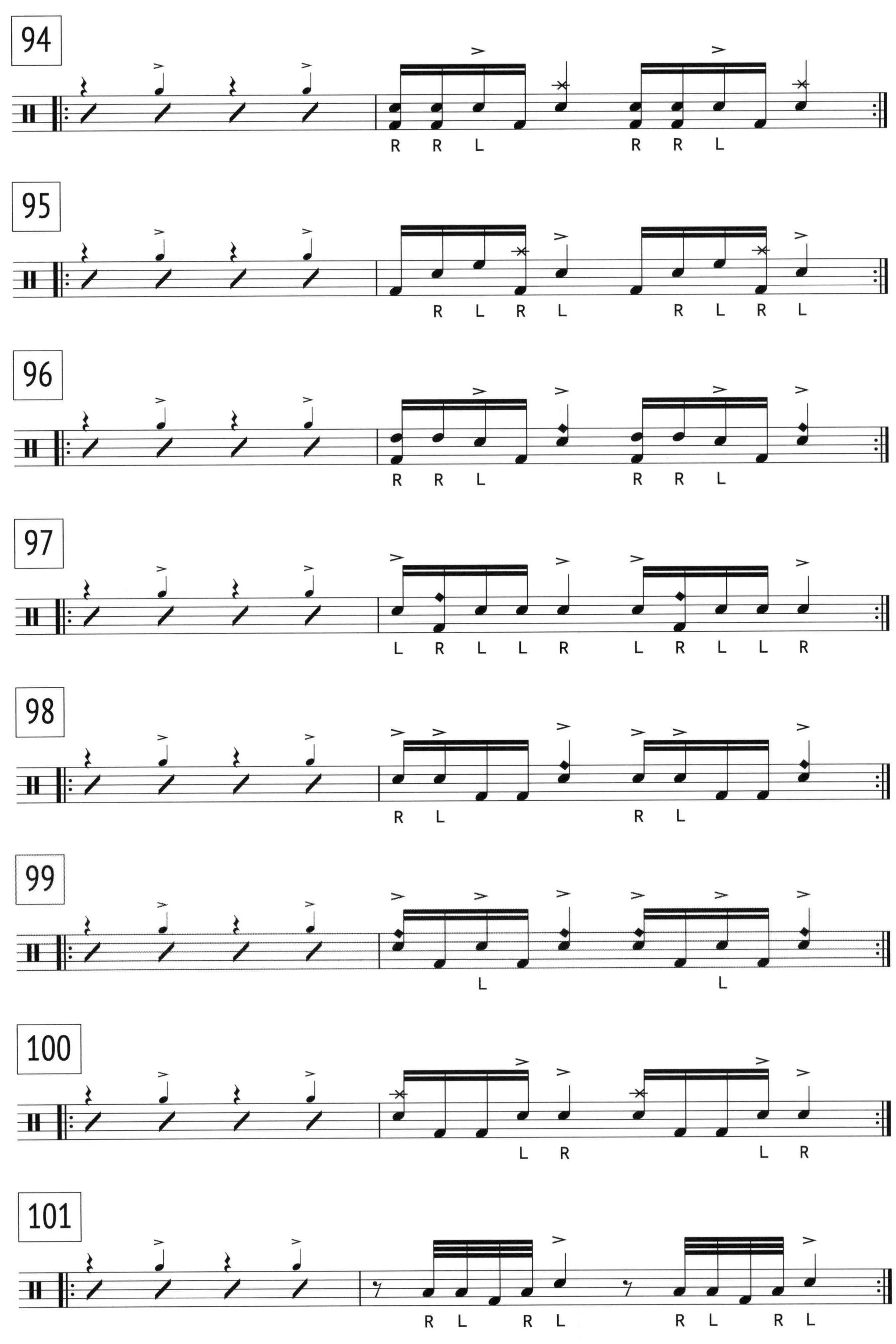
94
R R L R R L
95
R L R L R L R L
96
R R L R R L
97
L R L L R L R L L R
98
R L R L
99
L L
100
L R L R
101
R L R L R L R L

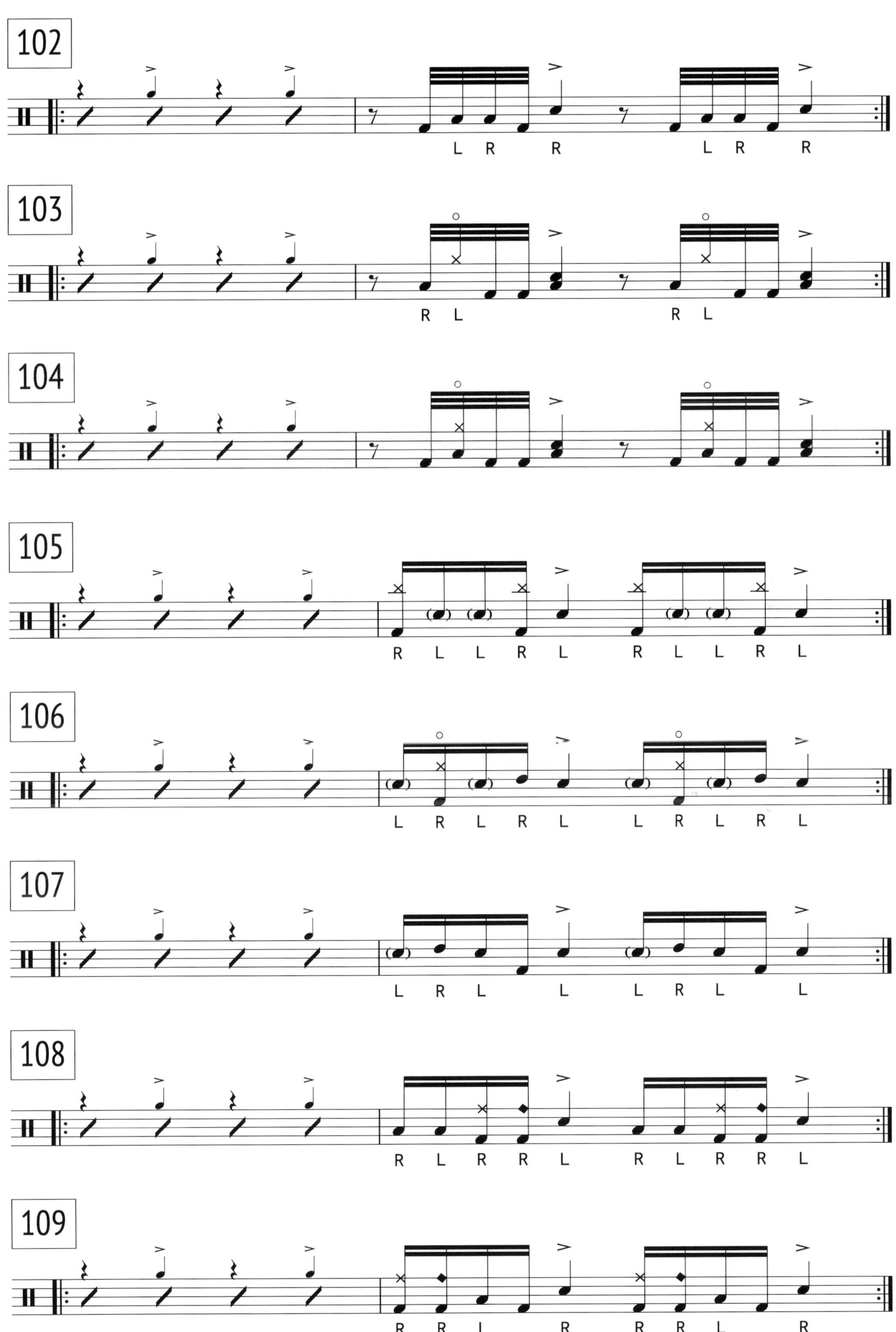
102
L R R L R R
103
R L R L
104
105
R L L R L R L L R L
106
L R L R L L R L R L
107
L R L L L R L L
108
R L R R L R L R R L
109
R R L R R R L R

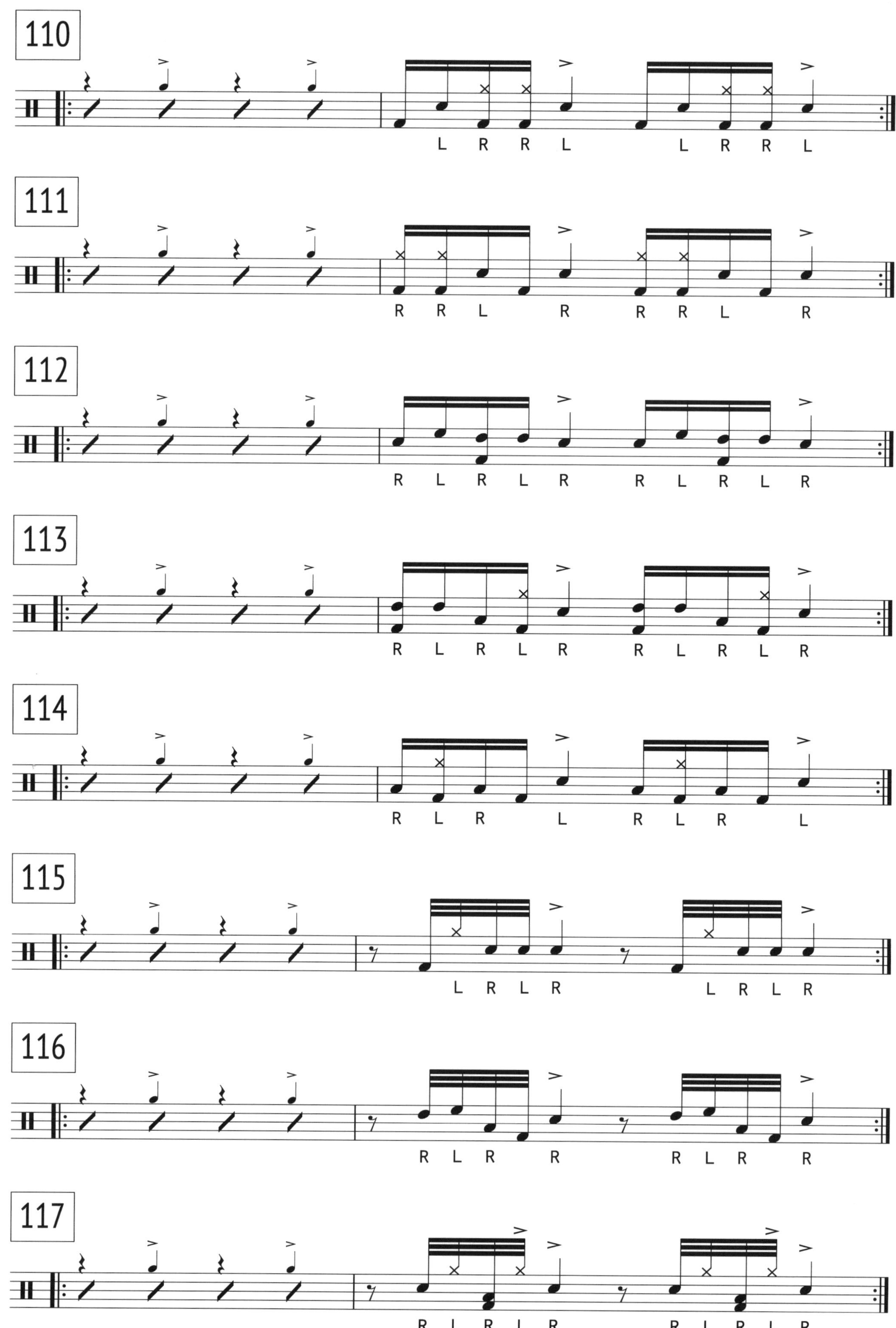
110
L R R L L R R L
111
R R L R R R L R
112
R L R L R R L R L R
113
R L R L R R L R L R
114
R L R L R L R L
115
L R L R L R L R
116
R L R R R L R R
117
R L R L R R L R L R

AMA VERLAG

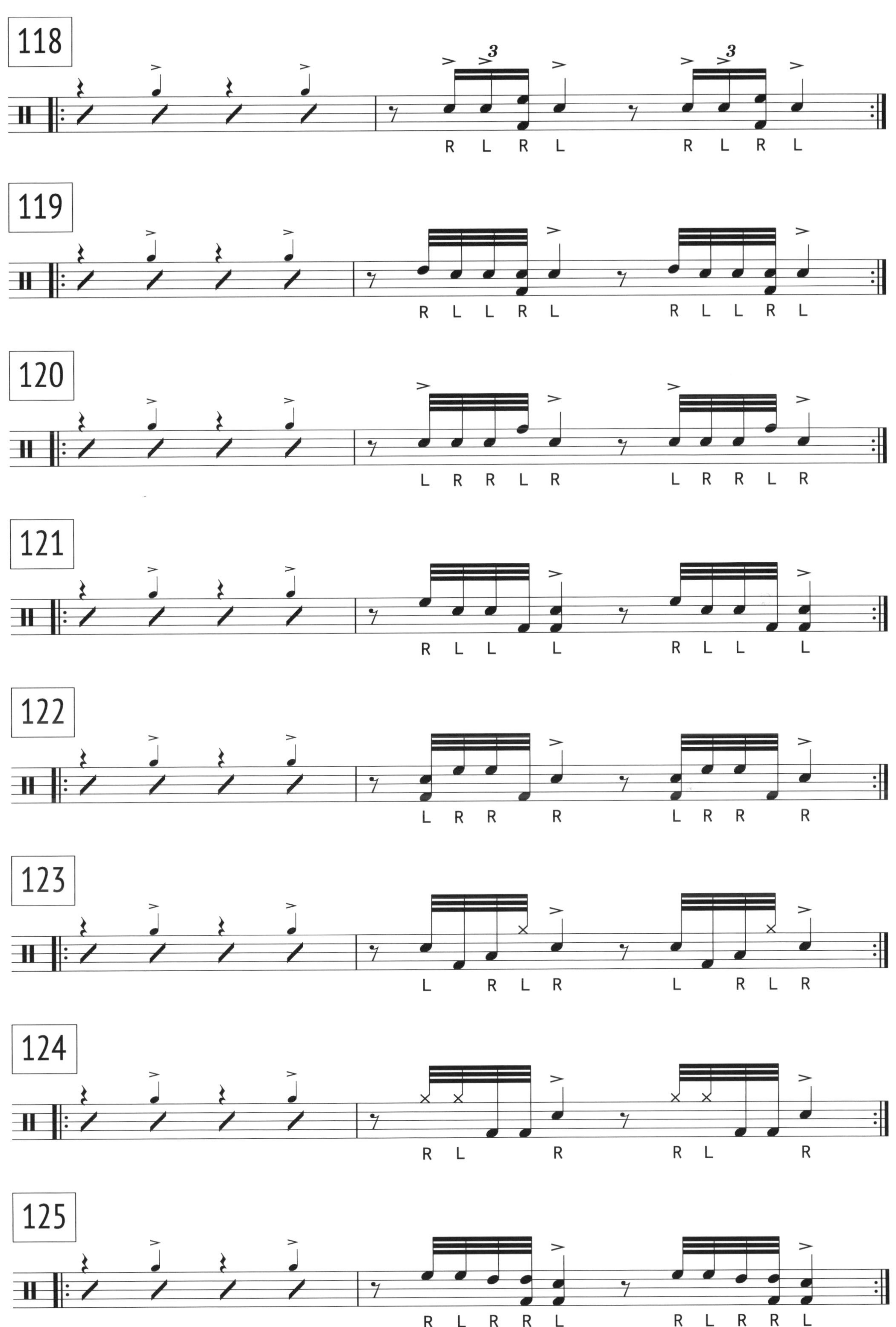
118
3
3
R L R L
R L R L
119
R L L R L
R L L R L
120
L R R L R
L R R L R
121
R L L L
R L L L
122
L R R R
L R R R
123
L R L R
L R L R
124
R L R
R L R
125
R L R R L
R L R R L

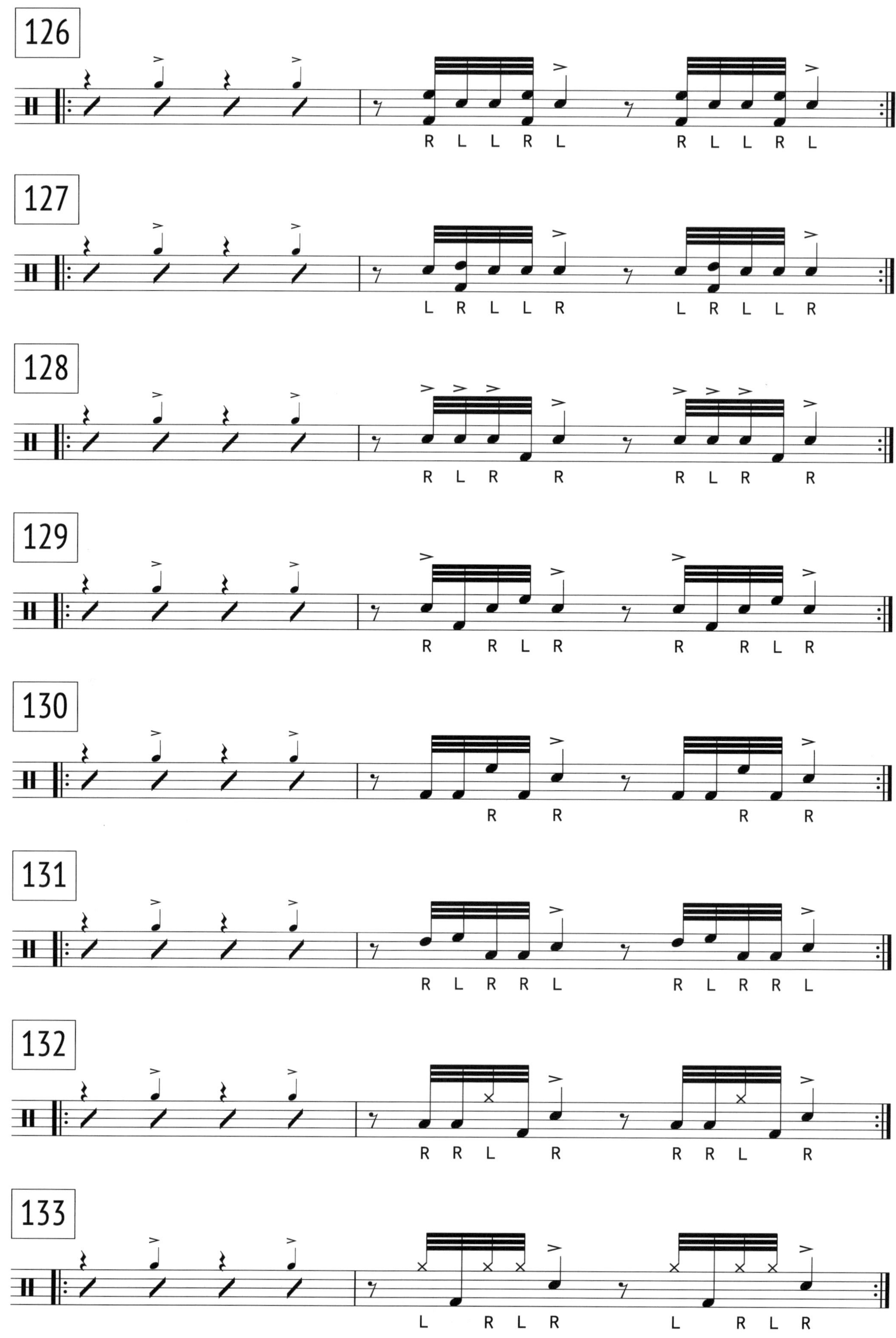
126
R L L R L R L L R L
127
L R L L R L R L L R
128
R L R R R L R R
129
R R L R R R L R
130
R R R R
131
R L R R L R L R R L
132
R R L R R R L R
133
L R L R L R L R

AMA VERLAG

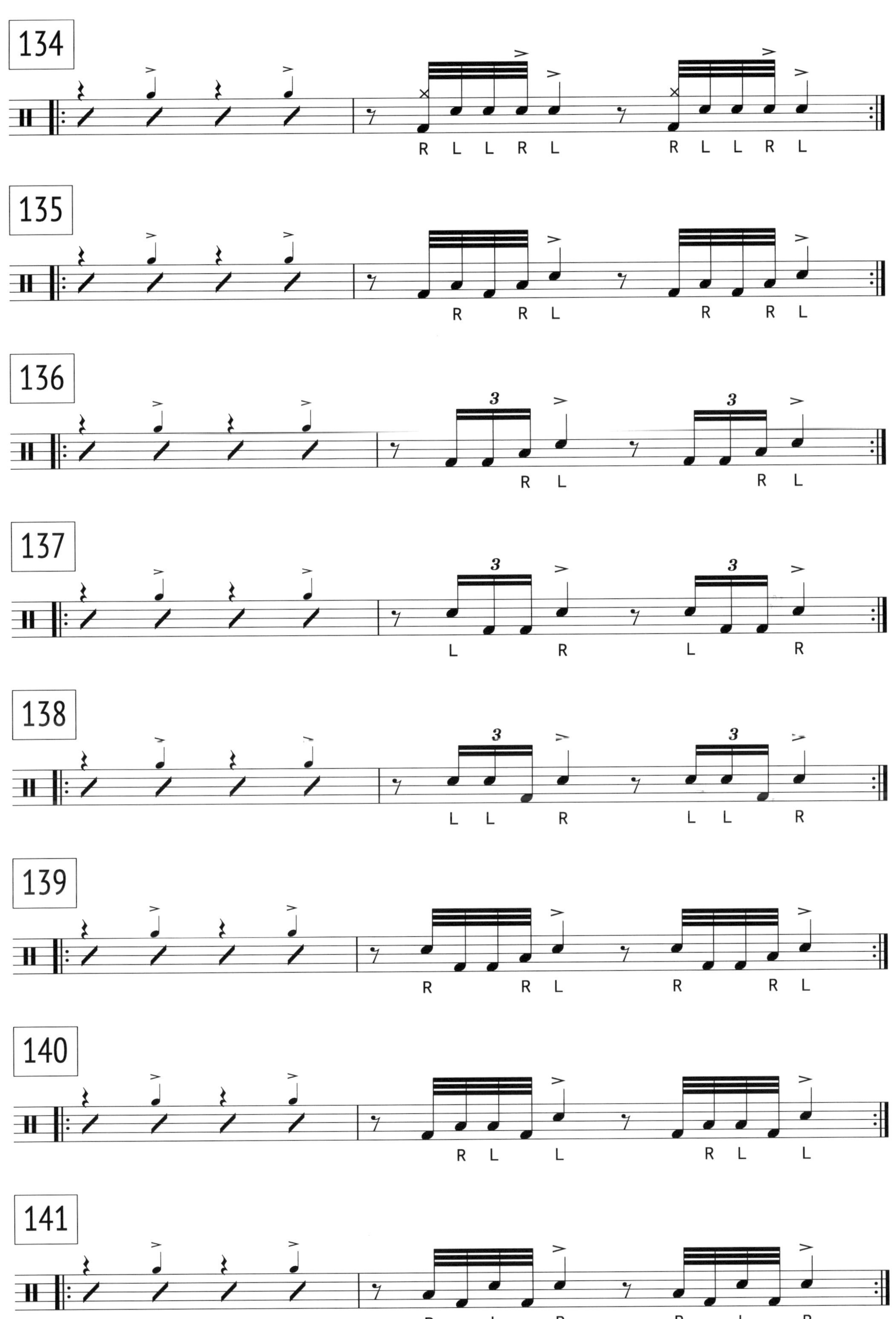
134
R L L R L
R L L R L
135
R R L
R R L
136
3
R L
3
R L
137
3
L R
3
L R
138
3
L L R
3
L L R
139
R R L
R R L
140
R L L
R L L
141
R L R
R L R

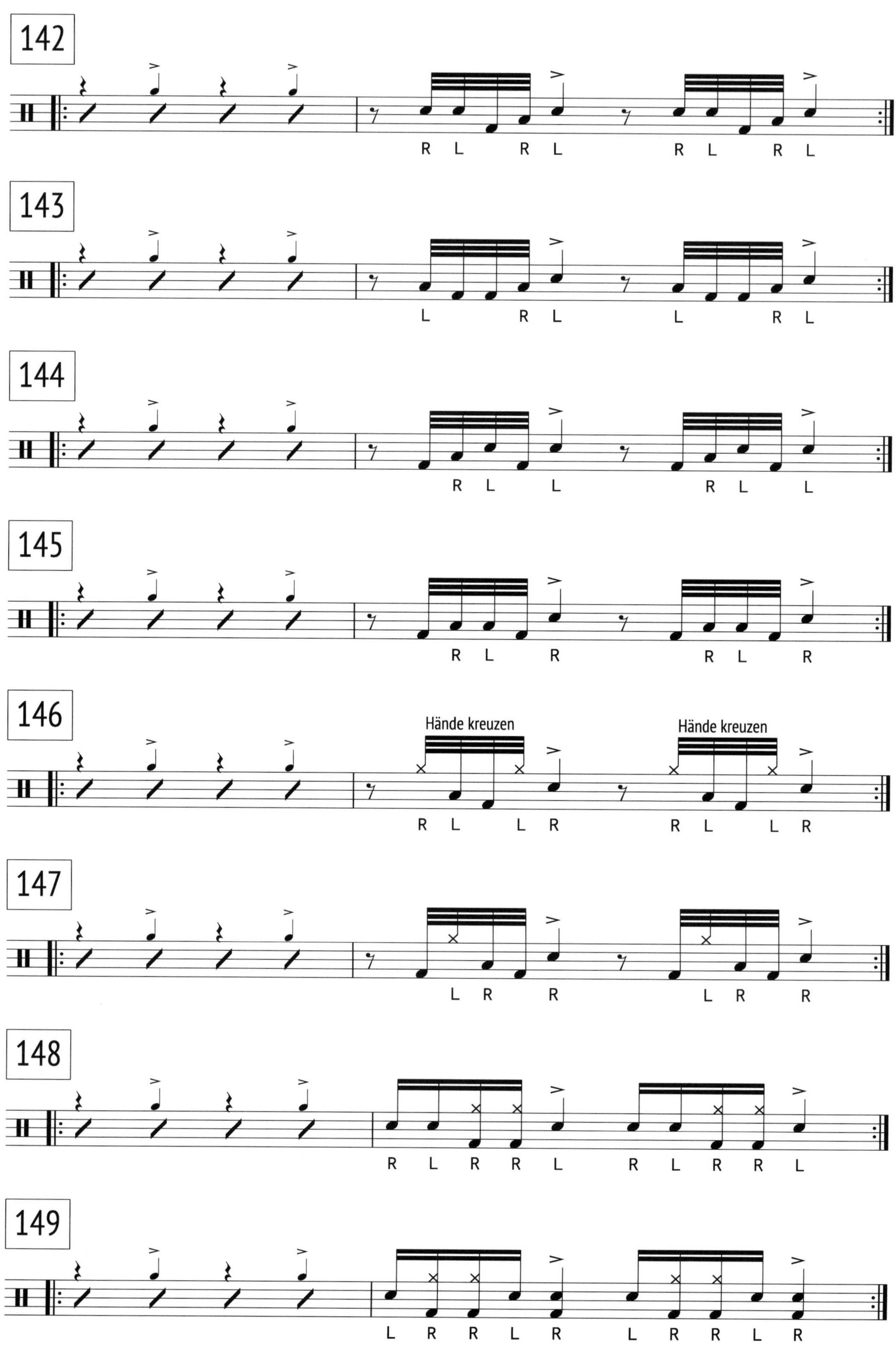
142
R L R L R L R L
143
L R L L R L
144
R L L R L L
145
R L R R L R
146
Hände kreuzen
Hände kreuzen
R L L R R L L R
147
L R R L R R
148
R L R R L R L R R L
149
L R R L R L R R L R

AMA VERLAG

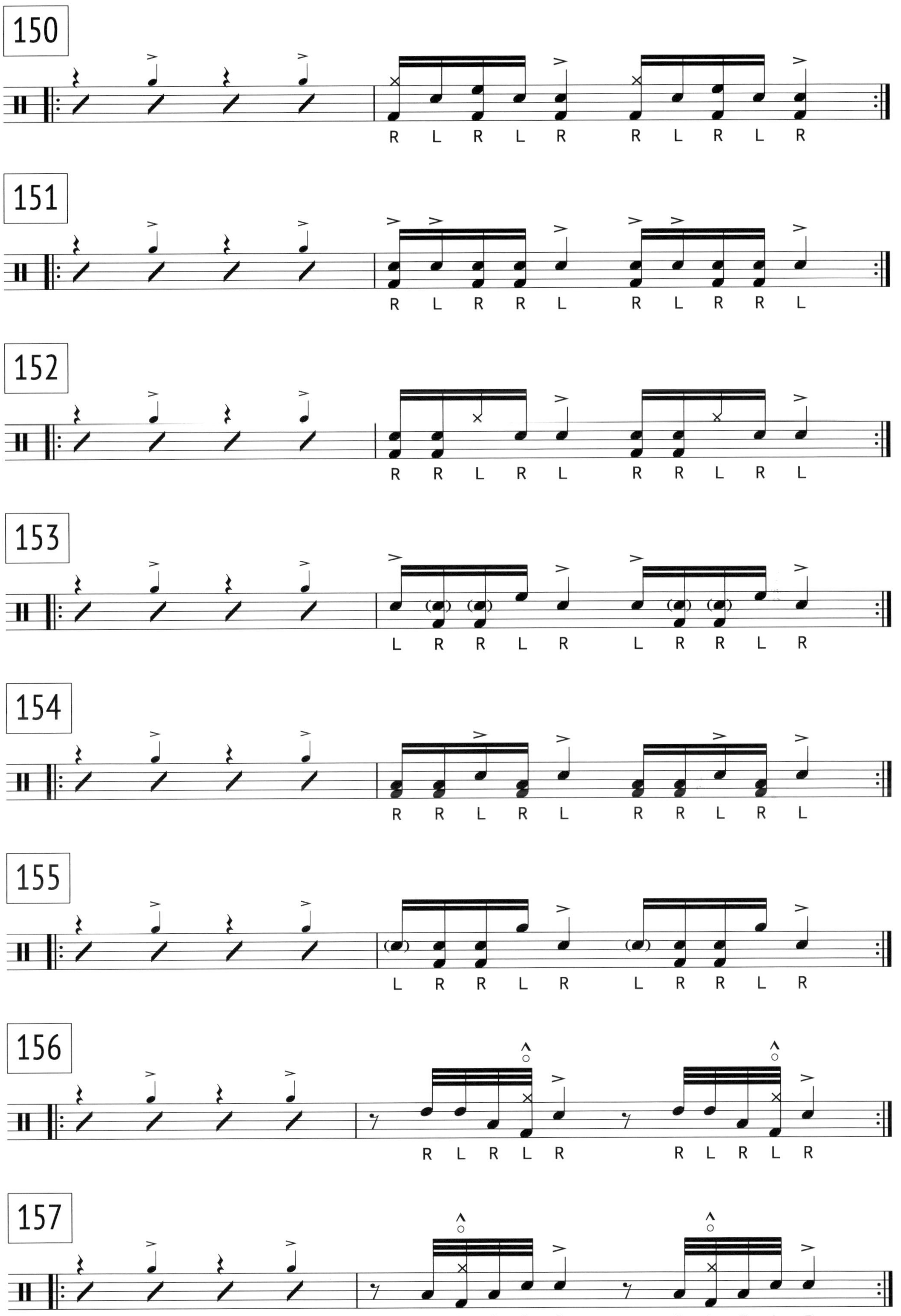
150
R L R L R R L R L R
151
R L R R L R L R R L
152
R R L R L R R L R L
153
L R R L R L R R L R
154
R R L R L R R L R L
155
L R R L R L R R L R
156
R L R L R R L R L R
157
R L R L R R L R L R

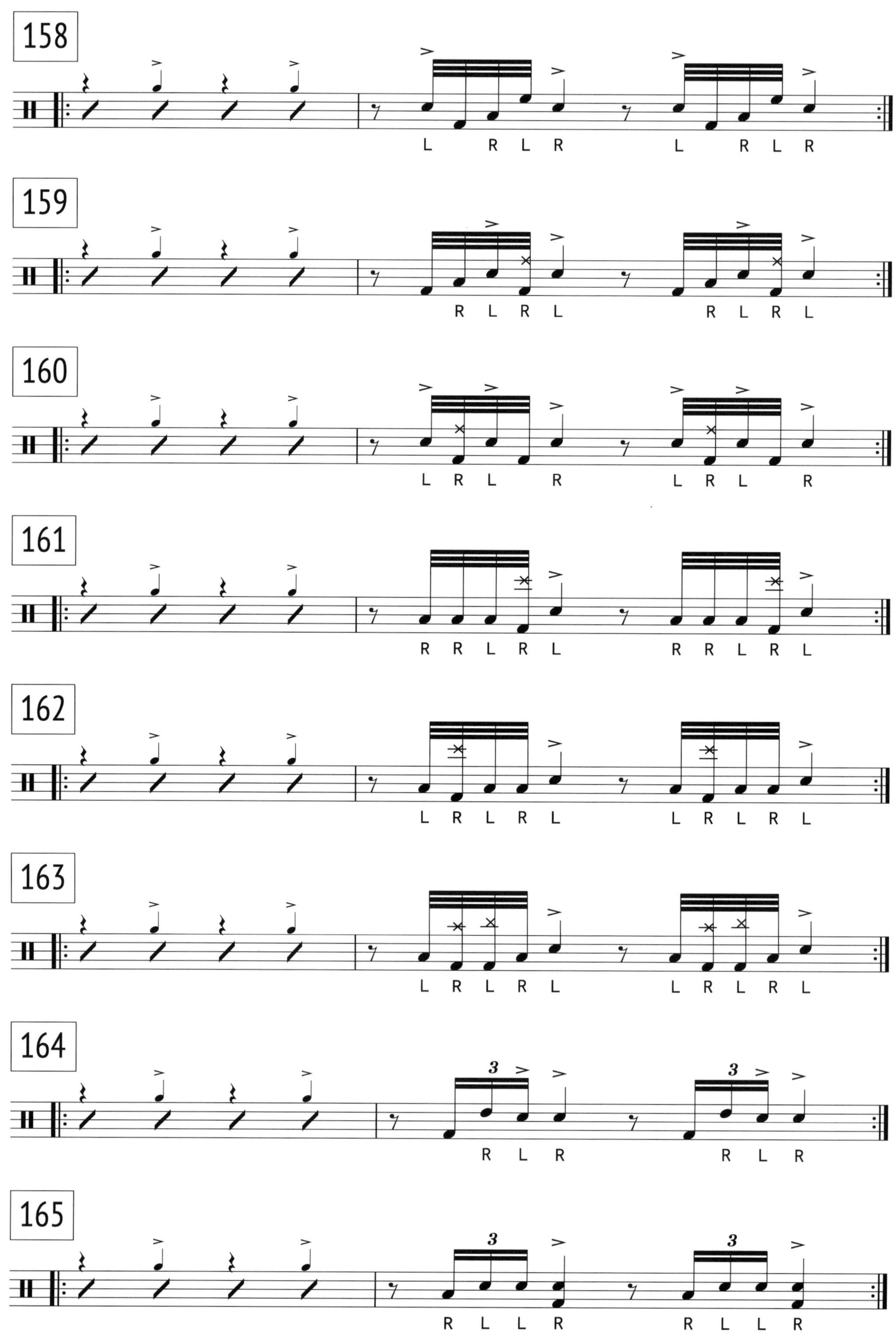
158
L R L R L R L R
159
R L R L R L R L
160
L R L R L R L R
161
R R L R L R R L R L
162
L R L R L L R L R L
163
L R L R L L R L R L
164
R L R R L R
165
R L L R R L L R

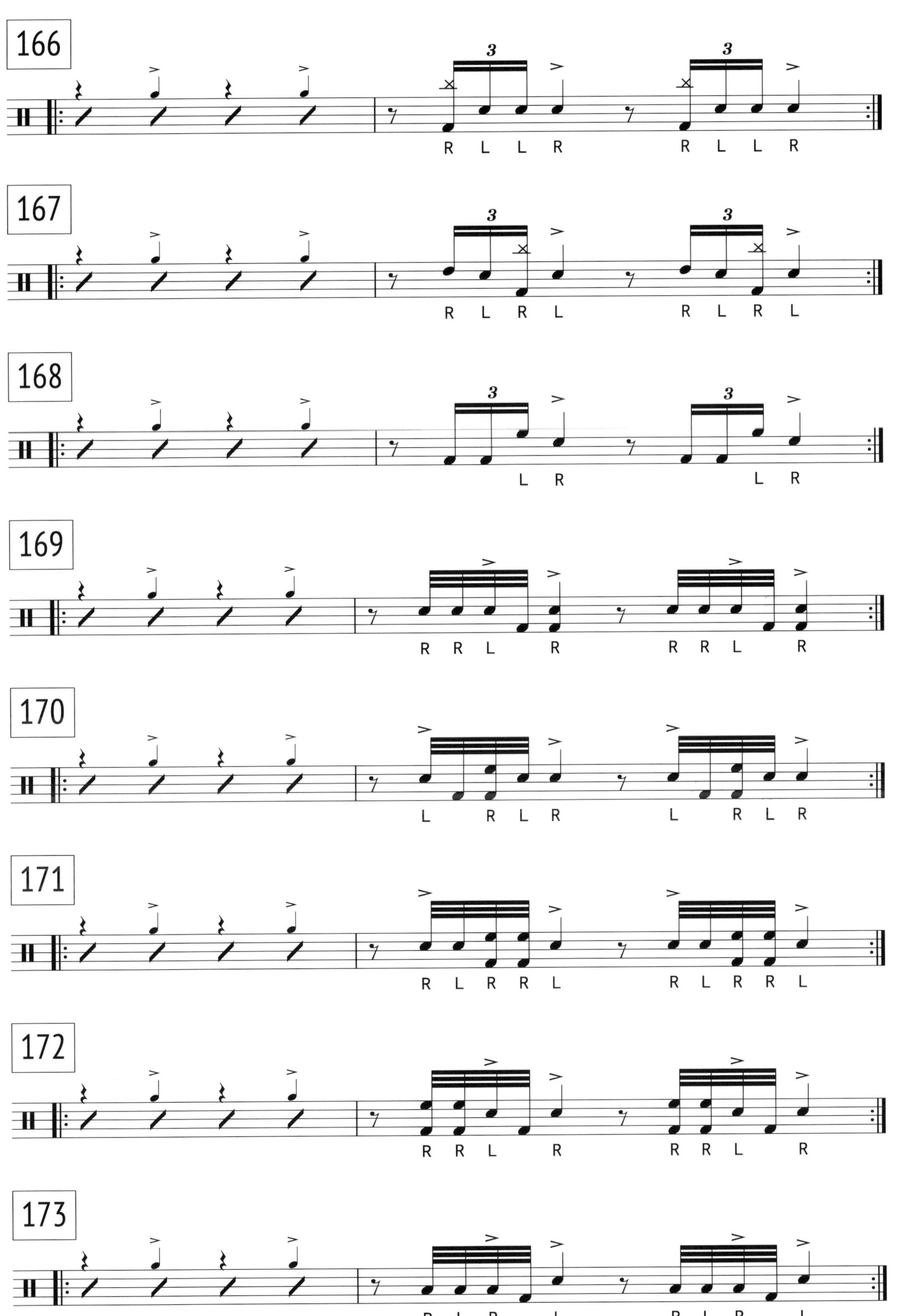
166
R L L R R L L R
167
R L R L R L R L
168
L R L R
169
R R L R R R L R
170
L R L R L R L R
171
R L R R L R L R R L
172
R R L R R R L R
173
R L R L R L R L

AMA VERLAG

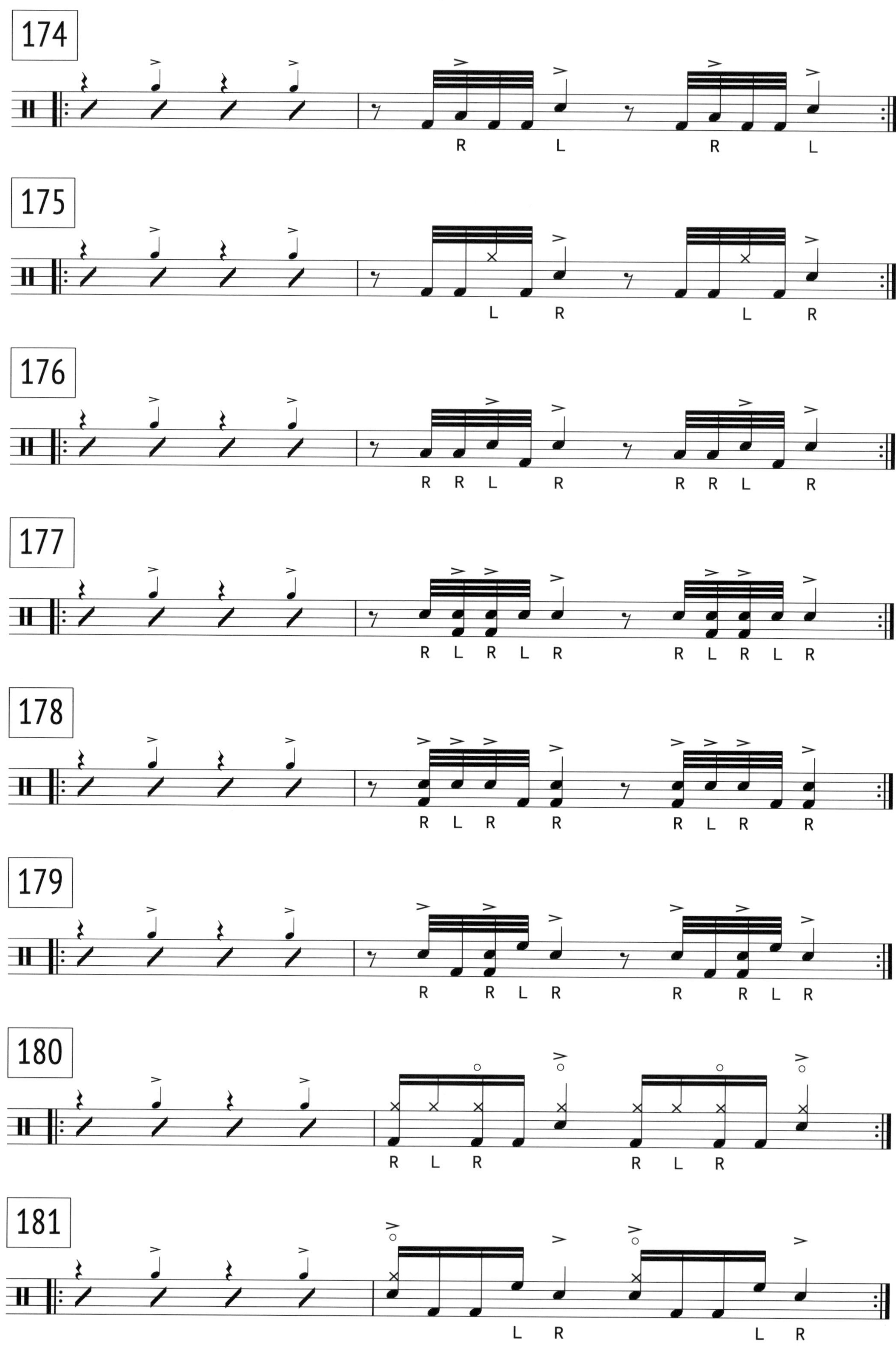
174
R L R L
175
L R L R
176
R R L R R R L R
177
R L R L R R L R L R
178
R L R R R L R R
179
R R L R R R L R
180
R L R R L R
181
L R L R

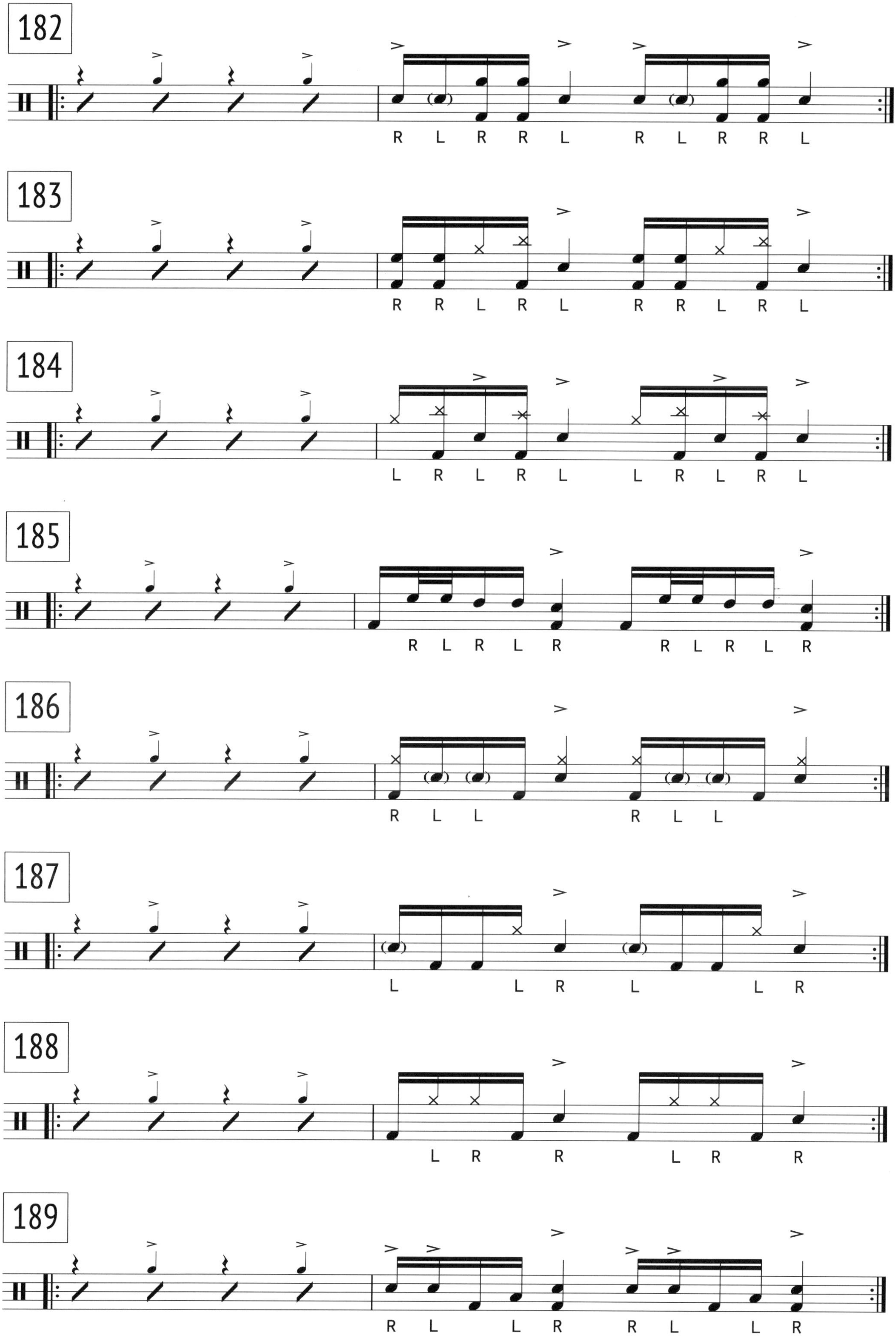

182

R L R R L R L R R L

183

R R L R L R R L R L

184

L R L R L L R L R L

185

R L R L R R L R L R

186

R L L R L L

187

L L R L L R

188

L R R L R R

189

R L L R R L L R

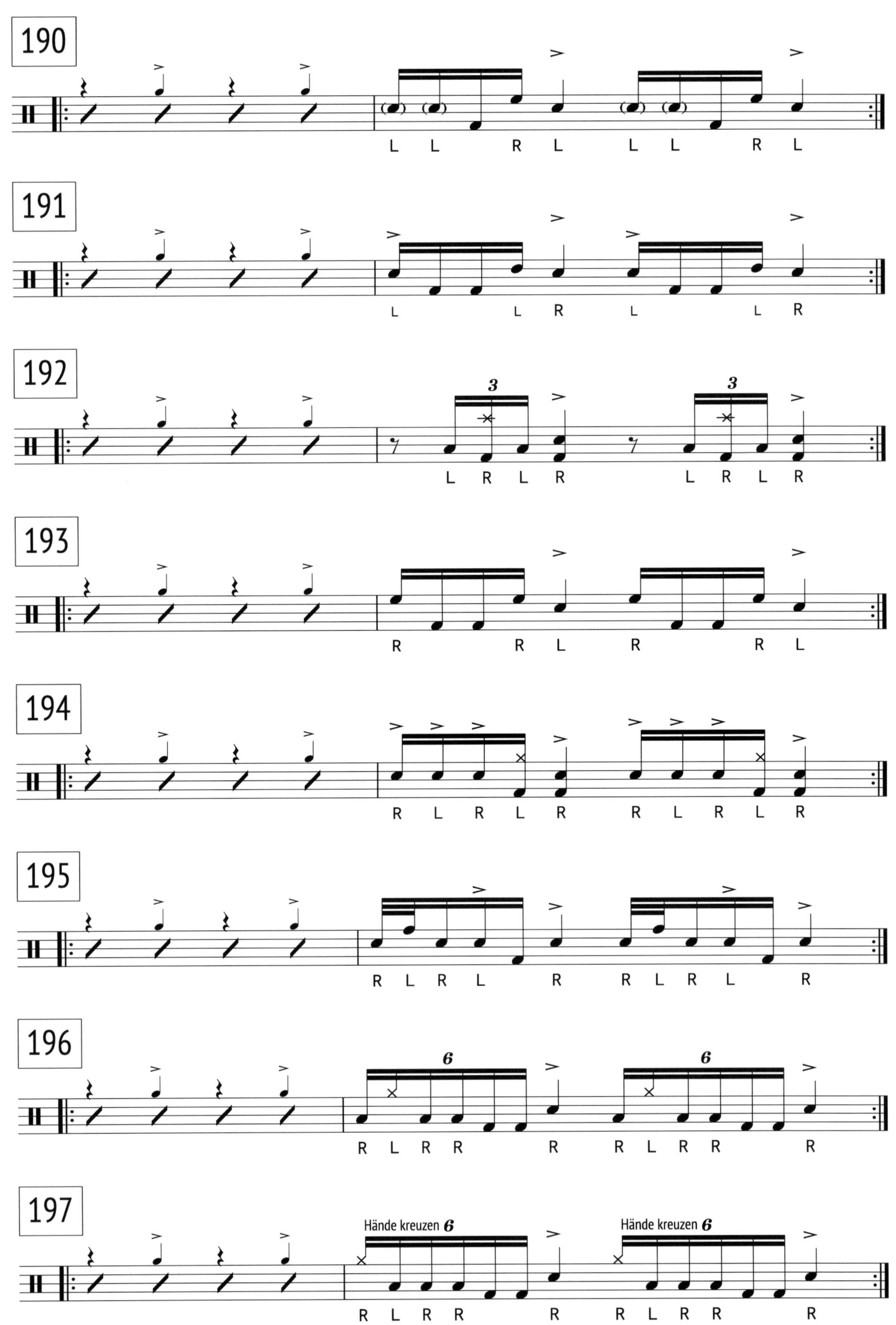
190
L L R L L L R L
191
L L R L L R
192
3
L R L R L R L R
193
R R L R R L
194
R L R L R R L R L R
195
R L R L R R L R L R
196
6
R L R R R R L R R R
197
Hände kreuzen 6
R L R R R R L R R R

Kapitel 4 – Target

Nachdem du Kapitel 2 und Kapitel 3 durchgearbeitet hast, solltest du ein Vokabular an Chop-Elementen und ein gutes Verständnis vom Groove und dem Flow im Chop haben. Jetzt fehlt nur noch eins, um den Gospel Chop zu vervollständigen: „You gotta land it on the One!", um es mit Eric Moores Worten zu sagen.

Aber nicht nur die nächste Eins stellt einen möglichen Zielpunkt für den Chop dar, es könnte auch jede andere beliebige Zählzeit sein. Häufig bietet es sich an, mit einem kleinen Chop einen Kick der Band vorzubereiten oder zu einem Stop hinzuspielen. Die Möglichkeiten sind nahezu grenzenlos. Und glücklicherweise finden nicht alle diese Events immer nur auf der Eins statt.

Ein solches Target Event (Zielpunkt) kannst du z. B. mit einer Bassdrum und einem Crash-Becken lang und voluminös, aussagekräftig und wichtig machen. Einen scharfen Kick der Band auf der Vier-und hingegen könntest du z. B. mit einem Rimshot und einem kurzen Effekt auf dem Stack oder der HiHat akzentuieren. Sicher hast du auch schon oft gehört, dass ein Schlagzeuger mit einem kräftigen Rimshot auf der Eins die Band in die leise gespielte Strophe führt. Dieses typische Signal könnte im R'n'B- oder HipHop-Kontext ebenfalls hervorragend von einem Gospel Chop angekündigt werden.

Im folgenden Kapitel kannst du den intuitiven Umgang mit den Zielpunkten deines Chops üben. Hierzu spielst du abwechselnd einen Takt Groove und einen Takt Chop mit Target. Welche Chop-Elemente du hierfür wählst, wie du sie orchestrierst und in welchem Tempo du die Übung spielst, überlasse ich ganz dir. Lass deiner Kreativität freien Lauf und leg deinen Fokus auf den Zielpunkt. Stelle dir z. B. vor, dass auf dem Target die Band ein wichtiges Event spielt. Spiel jede Übung in den unterschiedlichen Varianten a) bis d):

a) Zweiunddreißigsteltelnoten-Chop, binärer Groove mit langem Target,
b) Zweiunddreißigsteltelnoten-Chop, binärer Groove mit kurzem Target,
c) Sechzehnzteltriolen-Chop, ternärer Groove mit langem Target,
d) Sechzehnzteltriolen-Chop, ternärer Groove mit kurzem Target.

Für die ternären Varianten c) und d) interpretiere die 16tel-Offbeat-Zielnote im Sechzehntel-Shuffle-Raster, also auf der dritten Triole der jeweiligen Achtelnote.

Erhöhe ab Übung Nr. 17 das Tempo für zwei weitere Varianten:

e) Sechzehntelnoten-Chop, binärer Groove mit langem Target,
f) Sechzehntelnoten-Chop, binärer Groove mit kurzem Target.

Ich habe dir für die Übung Nr. 18 zum besseren Verständnis alle sechs Varianten notiert:

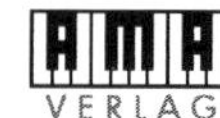

Beispiel 18a

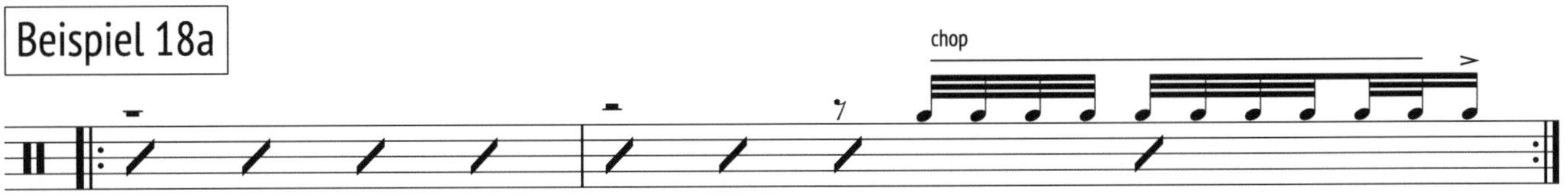

chop

Beispiel 18b

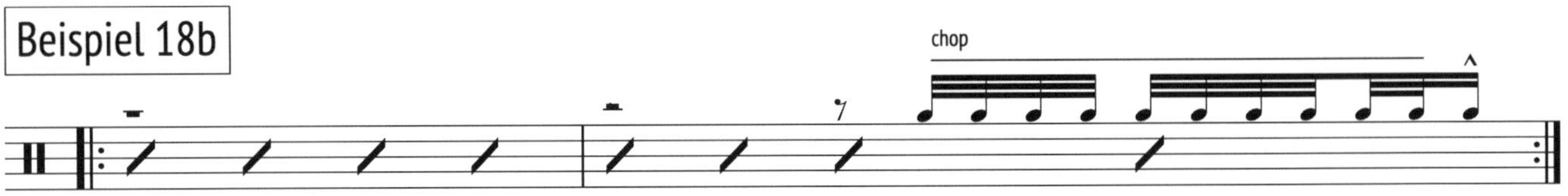

chop

Beispiel 18c

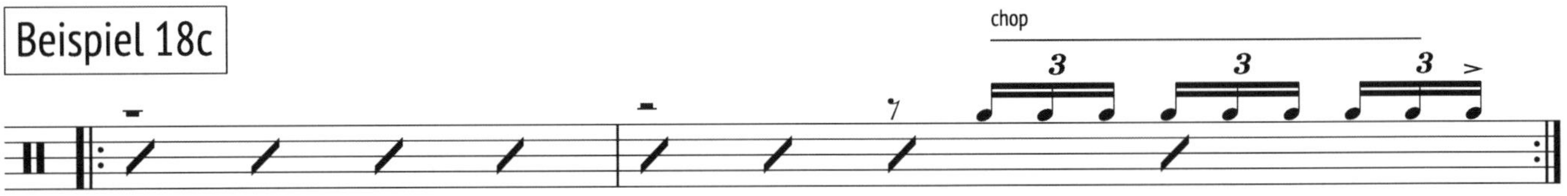

chop

3 3 3

Beispiel 18d

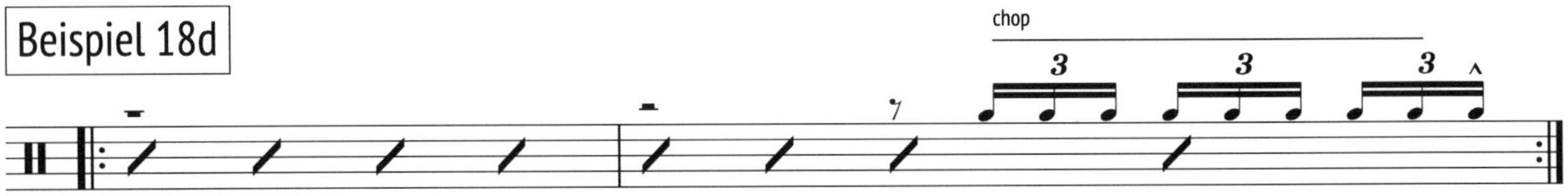

chop

3 3 3

Beispiel 18e

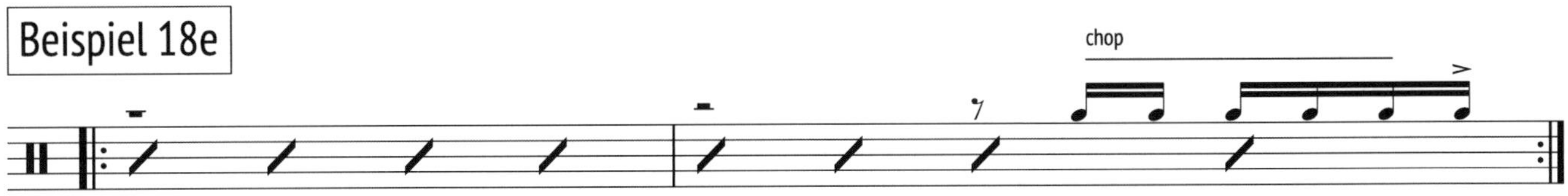

chop

Beispiel 18f

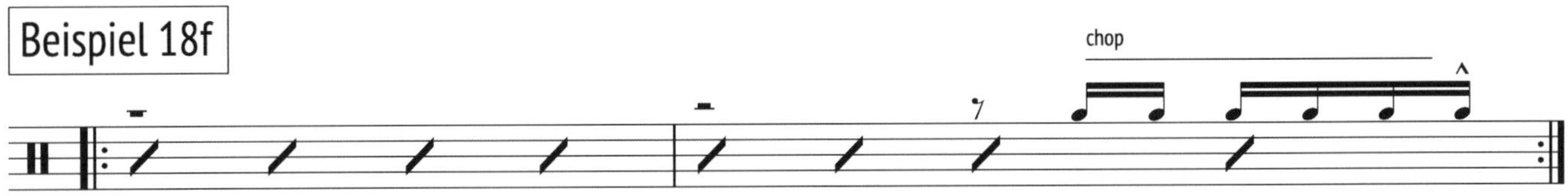

chop

Tipp: Vergiss nicht, regelmäßig Backbeats und Ankerpunkte in deine Chops zu integrieren, besonders, wenn deine Chops länger als einen halben Takt lang dauern. Versteh dieses Kapitel als Langzeitübung und Chop-Training, das du in deinen Übeplan integrieren kannst, um dich mit dem Choppen frisch zu halten. Wenn du dich mit dem Anspielen einer einzelnen Zielnote sicherfühlst, kannst du sogar einen Schritt weitergehen und die Zielnote durch ein kleines rhythmisches Motiv ersetzten, wie zum Beispiel:

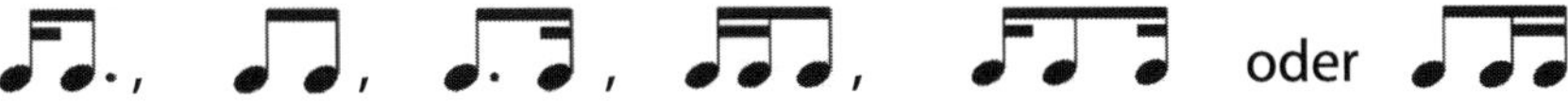

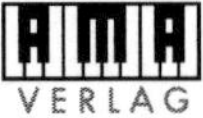

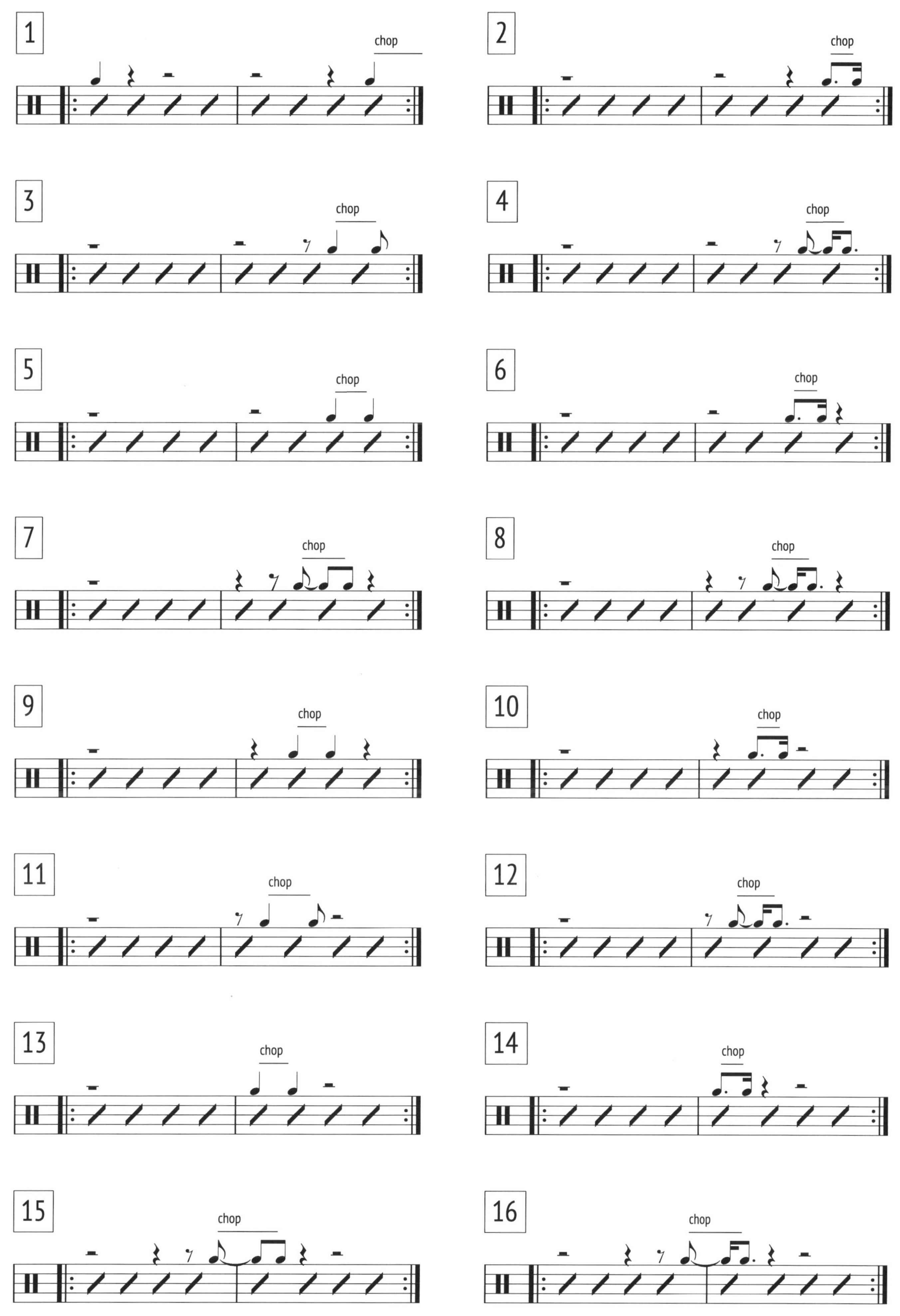
1
chop
2
chop
3
chop
4
chop
5
chop
6
chop
7
chop
8
chop
9
chop
10
chop
11
chop
12
chop
13
chop
14
chop
15
chop
16
chop

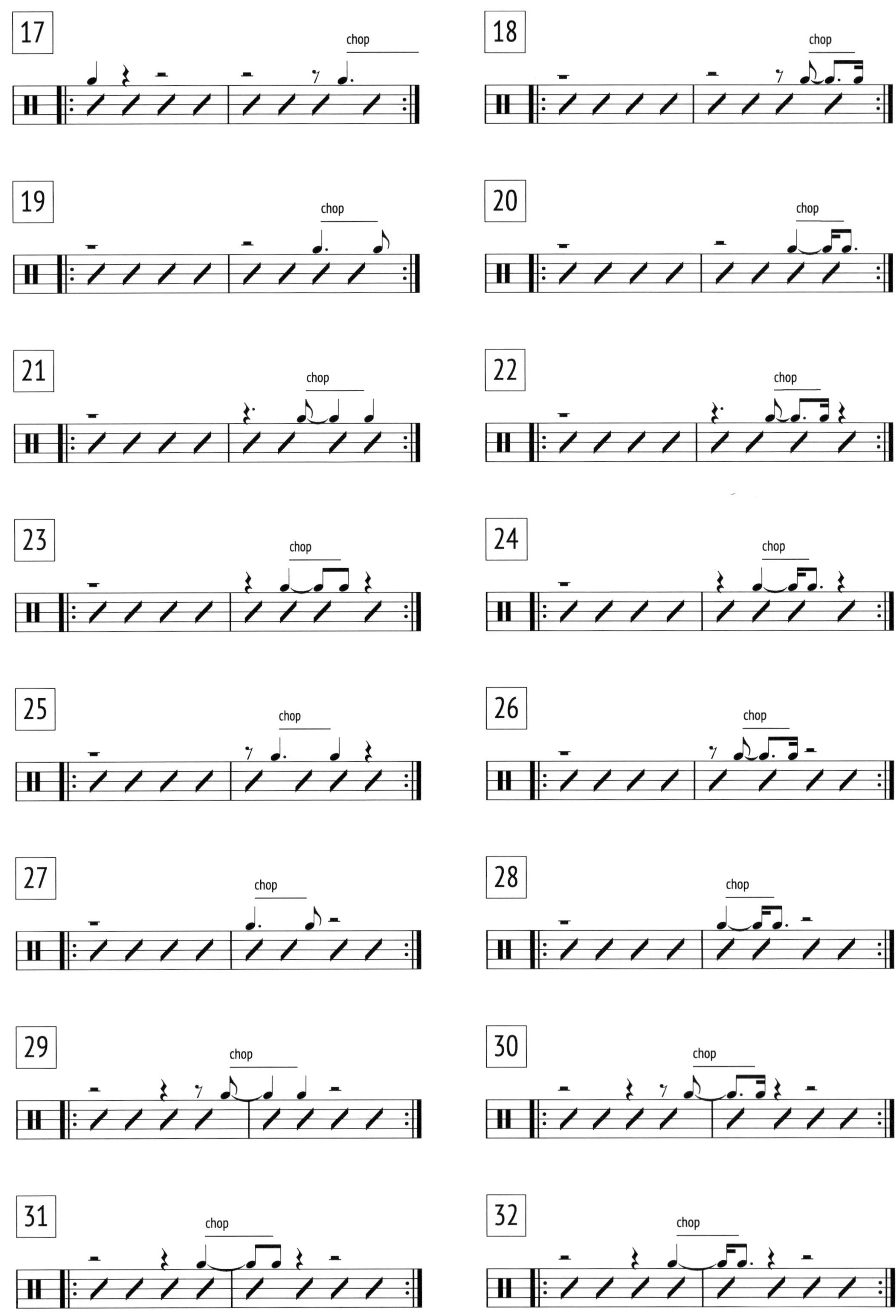
17
chop
18
chop
19
chop
20
chop
21
chop
22
chop
23
chop
24
chop
25
chop
26
chop
27
chop
28
chop
29
chop
30
chop
31
chop
32
chop

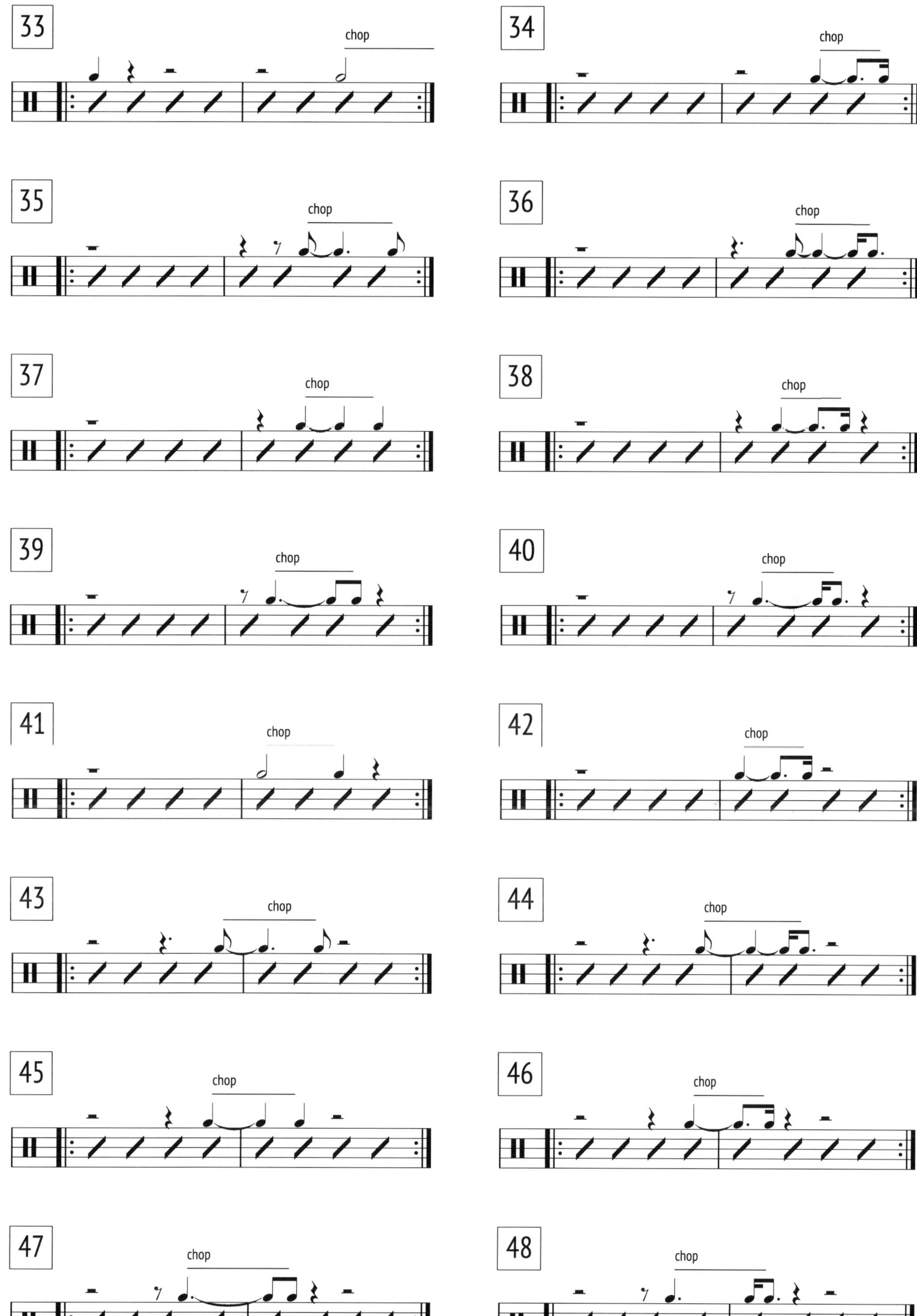
33
chop
34
chop
35
chop
36
chop
37
chop
38
chop
39
chop
40
chop
41
chop
42
chop
43
chop
44
chop
45
chop
46
chop
47
chop
48
chop

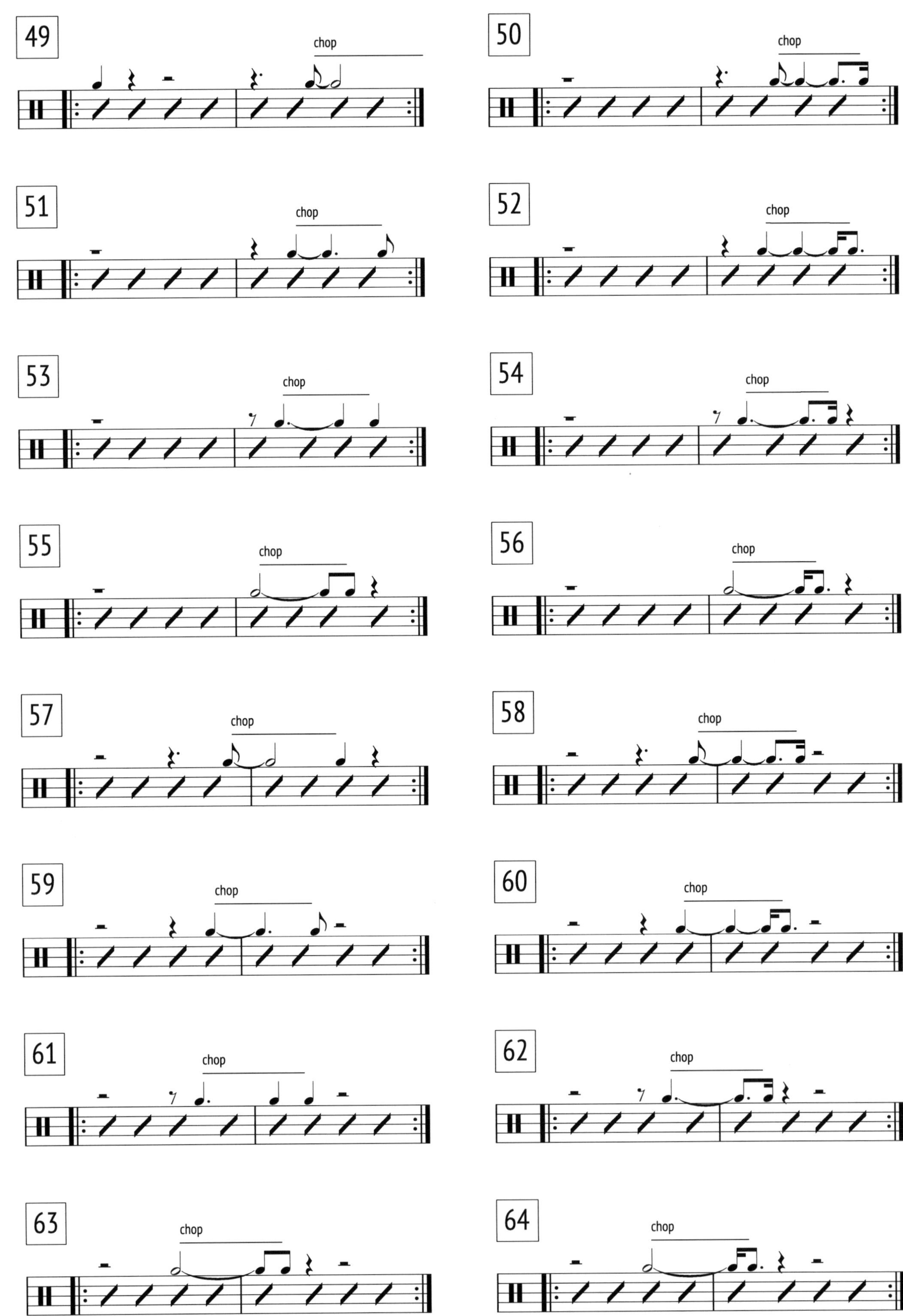
49
chop
50
chop
51
chop
52
chop
53
chop
54
chop
55
chop
56
chop
57
chop
58
chop
59
chop
60
chop
61
chop
62
chop
63
chop
64
chop

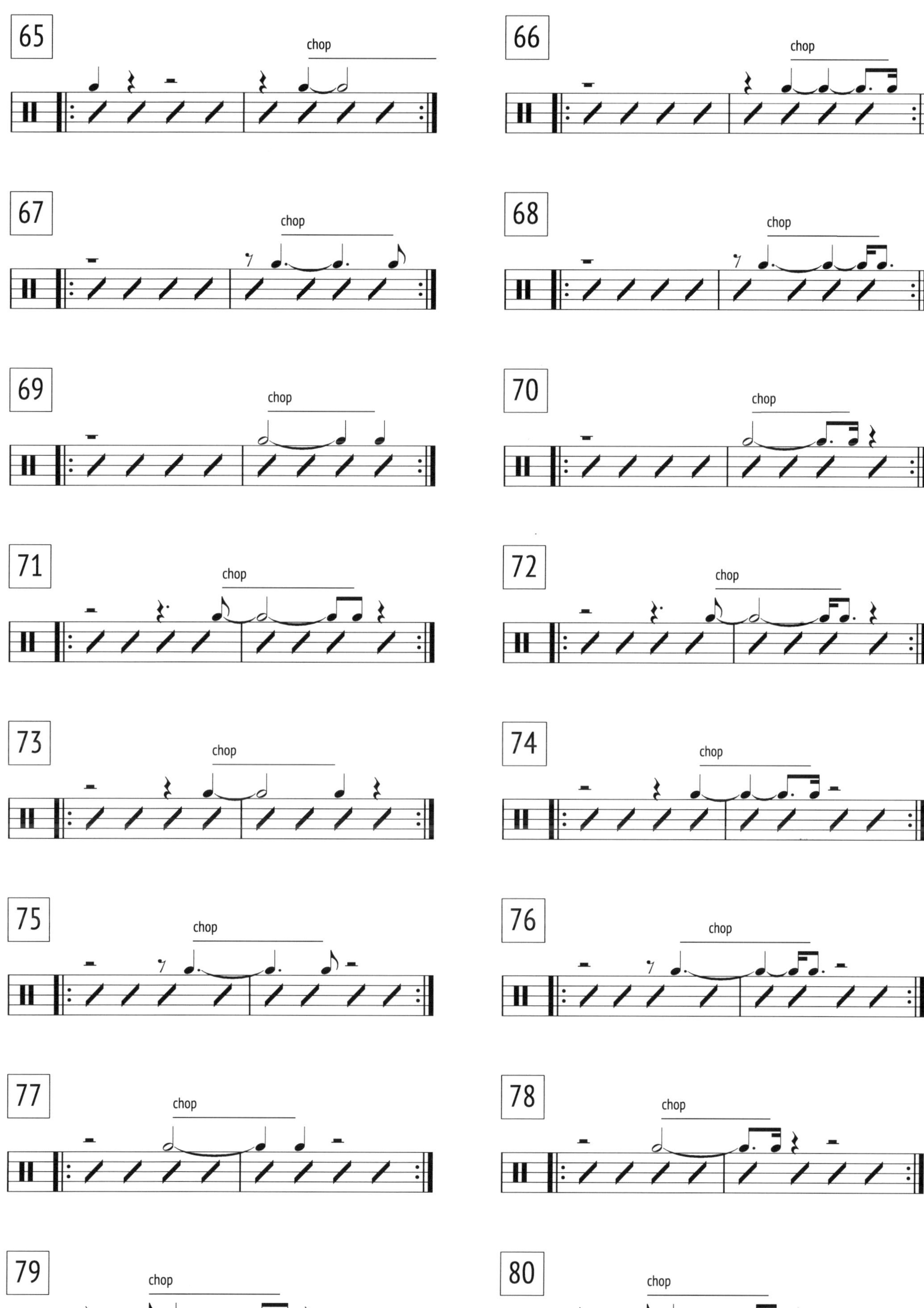
65
chop
66
chop
67
chop
68
chop
69
chop
70
chop
71
chop
72
chop
73
chop
74
chop
75
chop
76
chop
77
chop
78
chop
79
chop
80
chop

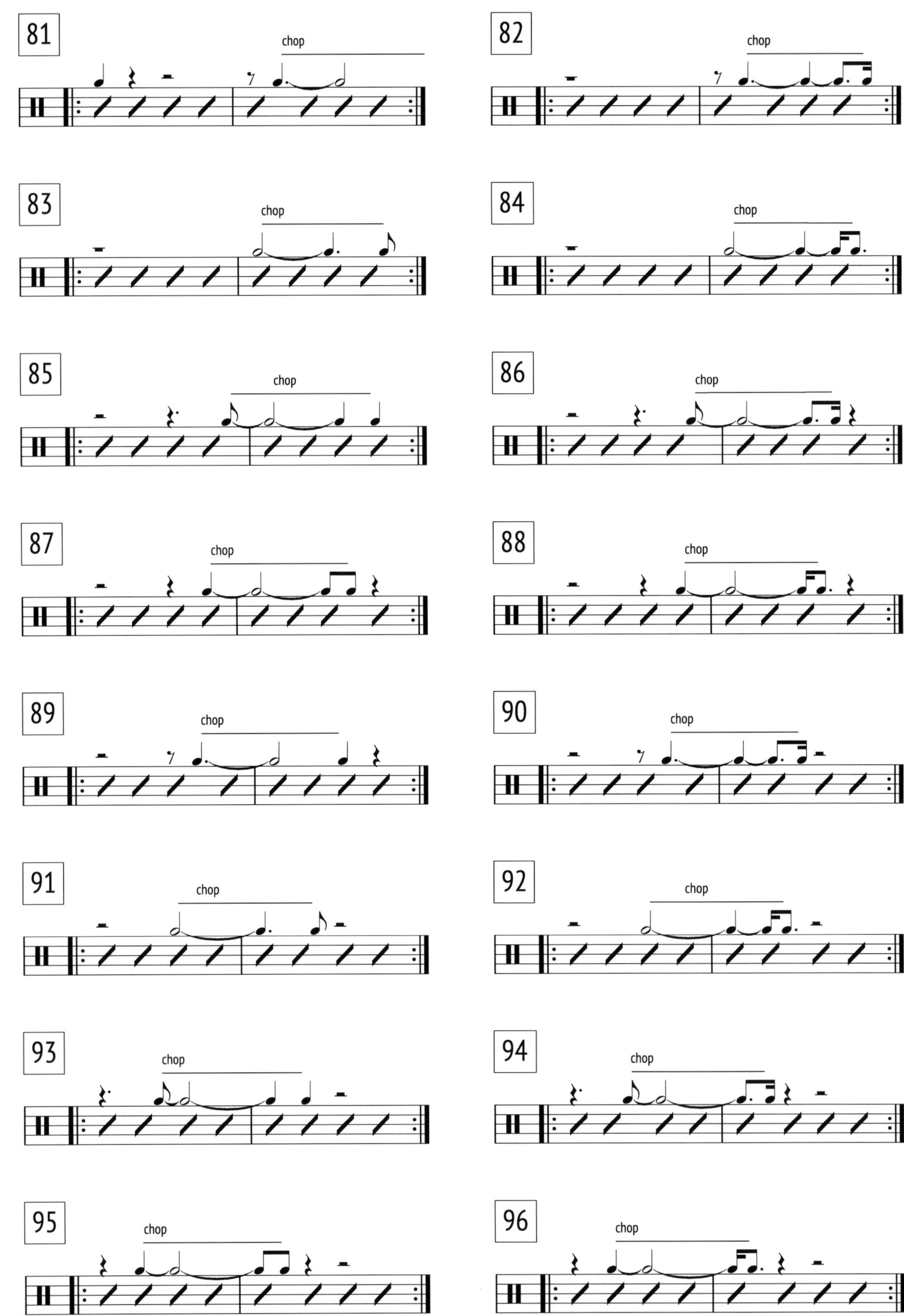
81
chop
82
chop
83
chop
84
chop
85
chop
86
chop
87
chop
88
chop
89
chop
90
chop
91
chop
92
chop
93
chop
94
chop
95
chop
96
chop

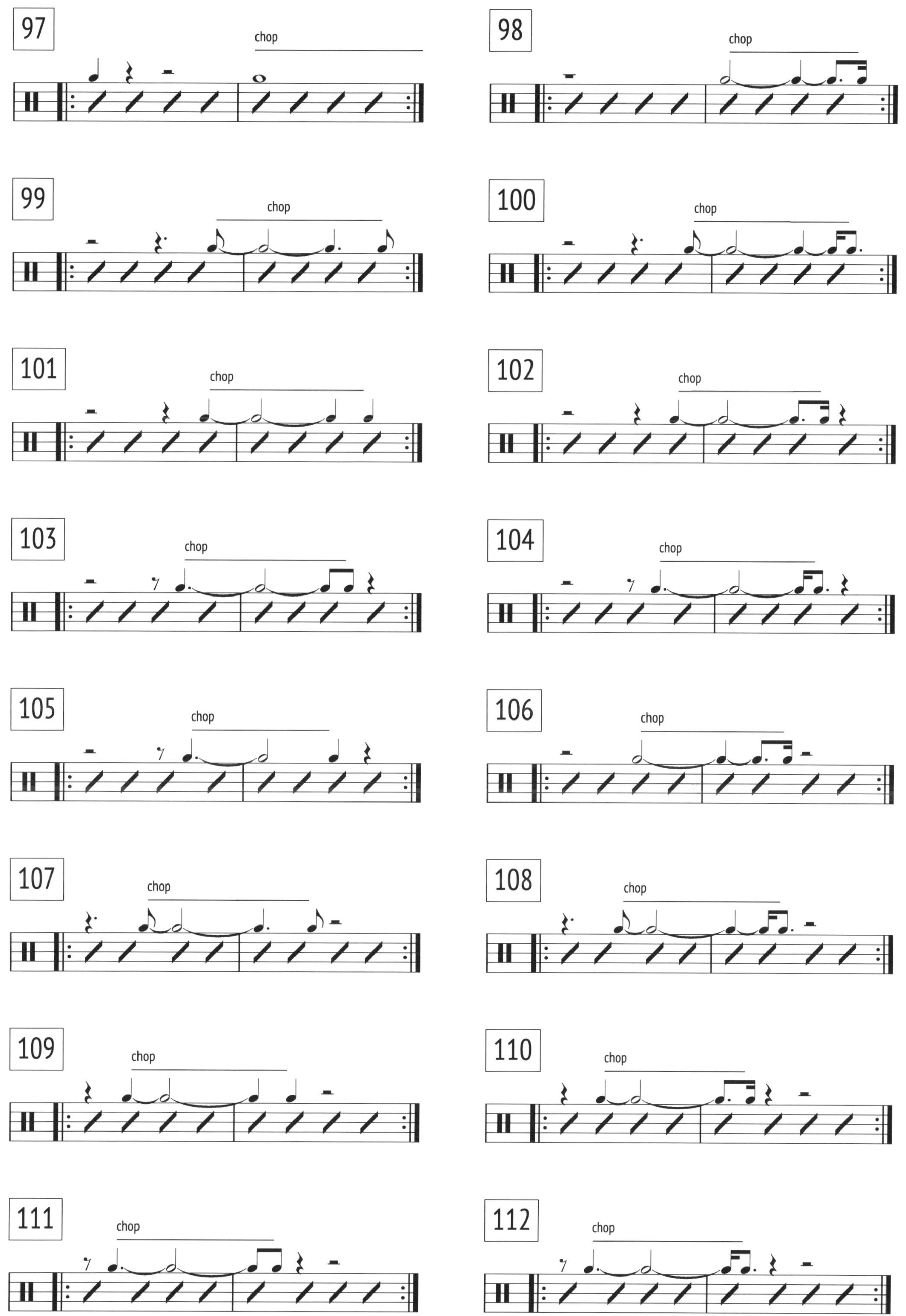
97
chop
98
chop
99
chop
100
chop
101
chop
102
chop
103
chop
104
chop
105
chop
106
chop
107
chop
108
chop
109
chop
110
chop
111
chop
112
chop

Kapitel 5 – Anwendung im Arrangement

Wenn du es bis hierhin geschafft hast, sage ich an dieser Stelle: Respekt! Du hast dich wirklich intensiv mit dem Thema Gospel Chops auseinandergesetzt. Falls du dich jetzt fit mit deinem eigenen Gospel-Chop-Vokabular fühlst und auch flexibel mit dem Anspielen der Targets bist, dann wird es Zeit, die Gospel Chops in dein eigenes Spiel zu integrieren. Das fünfte Kapitel besteht aus vier Transkriptionen von kompletten Arrangements.

Schau dir unbedingt die Videos an und achte auf die Positionen der Chops oder chopartigen Fills im Song. Es ist nicht nur wichtig, was der Drummer spielt – alles im Arrangement steht im Zusammenhang. Achte auf Kicks, Ensemblepassagen und Breaks der Band und die Rolle, die der Drummer mit seinen gospelartigen Fills dabei spielt.

Zunächst nehmen wir Kevin Camps Drumming für *Lord You're Good* mit Israel & New Breed unter die Lupe. Hier taucht das volle Programm Contemporary Gospel Drumming in seiner ursprünglichen Form auf.

Aber der Gospeleinfluss hat auch seinen Weg in die Live-Shows der großen Pop-Acts gefunden. Wie das funktioniert, kannst du anhand von Live Performances von Pharrell Williams' *Happy*, Kelly Clarksons *Walkaway* und Wiz Khalifas *Taylor Gang* nachvollziehen. Diese Beispiele sollen innerhalb der Popmusik möglichst verschiedene Subgenres abdecken, denn der Gospel-Einfluss ist fast überall zu finden.

Ein Gospel Chop an der richtigen Stelle kann ein echtes Highlight sein, aber an der falschen Stelle kann er den Song ruinieren.

Du kannst dich an diesen Arrangements orientieren, um einen Eindruck von einer geschmackvollen Dosis an Gospel Drumming im Song zu bekommen, aber natürlich ist das höchst subjektiv. Sicher hast du eine eigene Vorstellung von einer musikalischen Gestaltung deines Drumparts und dieser solltest du in erster Linie gerecht werden. Mit den Chops aus diesem Buch hast du ein mächtiges Werkzeug in deinem musikalischen Arsenal, nutze es nach bestem Geschmack und mit Bedacht.

Versteife dich nicht zu sehr darauf, unbedingt einen Chop spielen zu müssen, den du dir im Proberaum oder Backstage vor der Show zurechtgelegt hast. Nutze dein Vokabular aus und lass die Musik fließen. Höre immer der Musik zu, dann wirst du dich selbst überraschen und noch coolere Chops spielen, als du dir möglicherweise vorher hast vorstellen können.

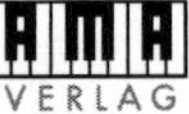

Lord You Are Good

Israel & New Breed – Drumpart von Kevin Camp
https://www.youtube.com/watch?v=YEAwavinN0k (1:23 - 6:06 min)

♩= 130 / URBAN CONTEMPORARY GOSPEL

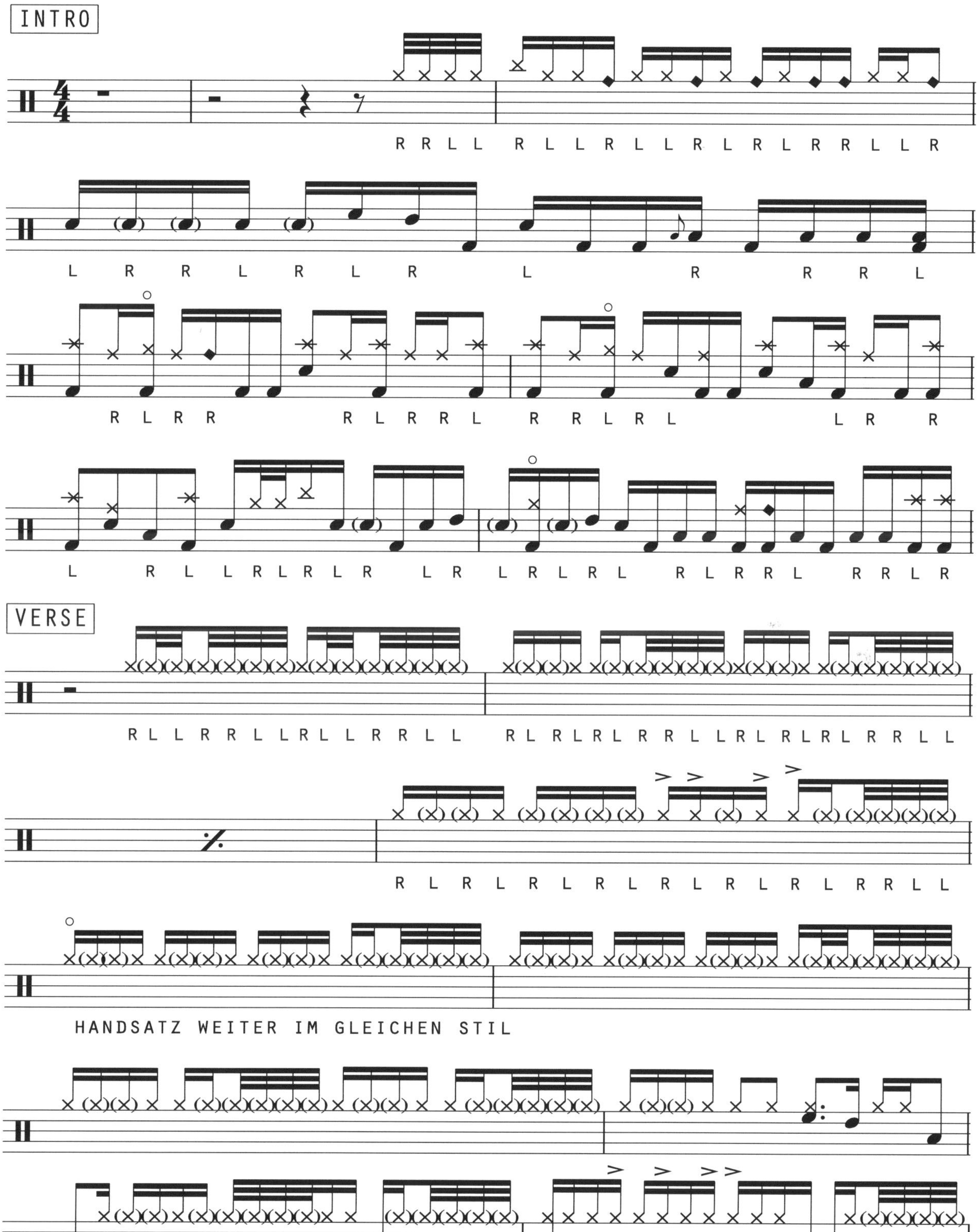

INTRO

R R L L R L L R L L R L R L R R L L R

L R R L R L R L R R R L

R L R R R L R R L R R L R L L R R

L R L L R L R L R L R L R L R L R L R L R R L R R L R R L R

VERSE

R L L R R L L R L L R R L L R L R L R L R R L L R L R L R L R R L L

R L R L R L R L R L R L R L R R L L

HANDSATZ WEITER IM GLEICHEN STIL

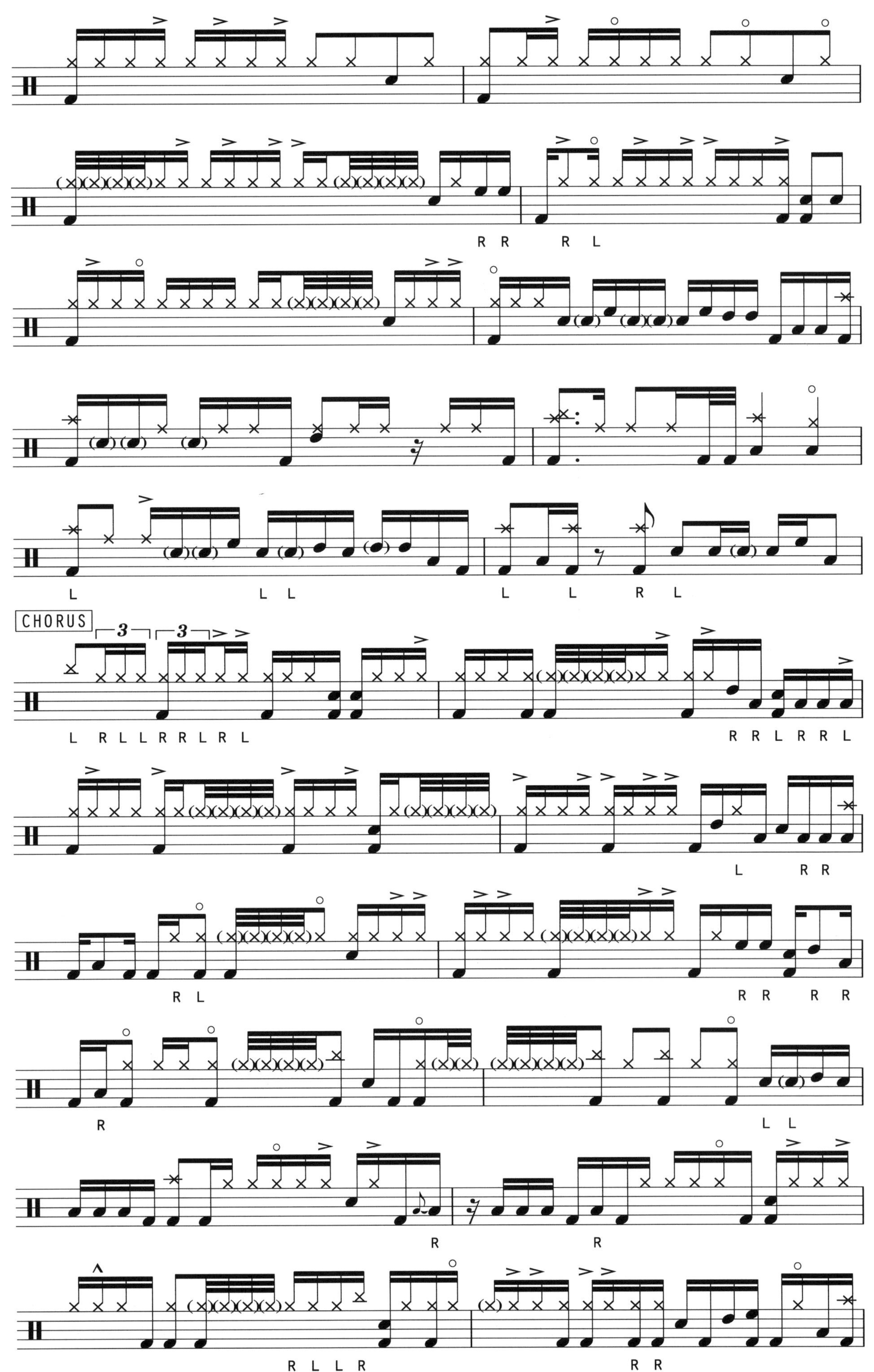
R R R L
L L L L L L R L
CHORUS
L R L L R R L R L
R R L R R L
L R R
R L
R R R R
R
L L
R R
R L L R
R R

AMA VERLAG

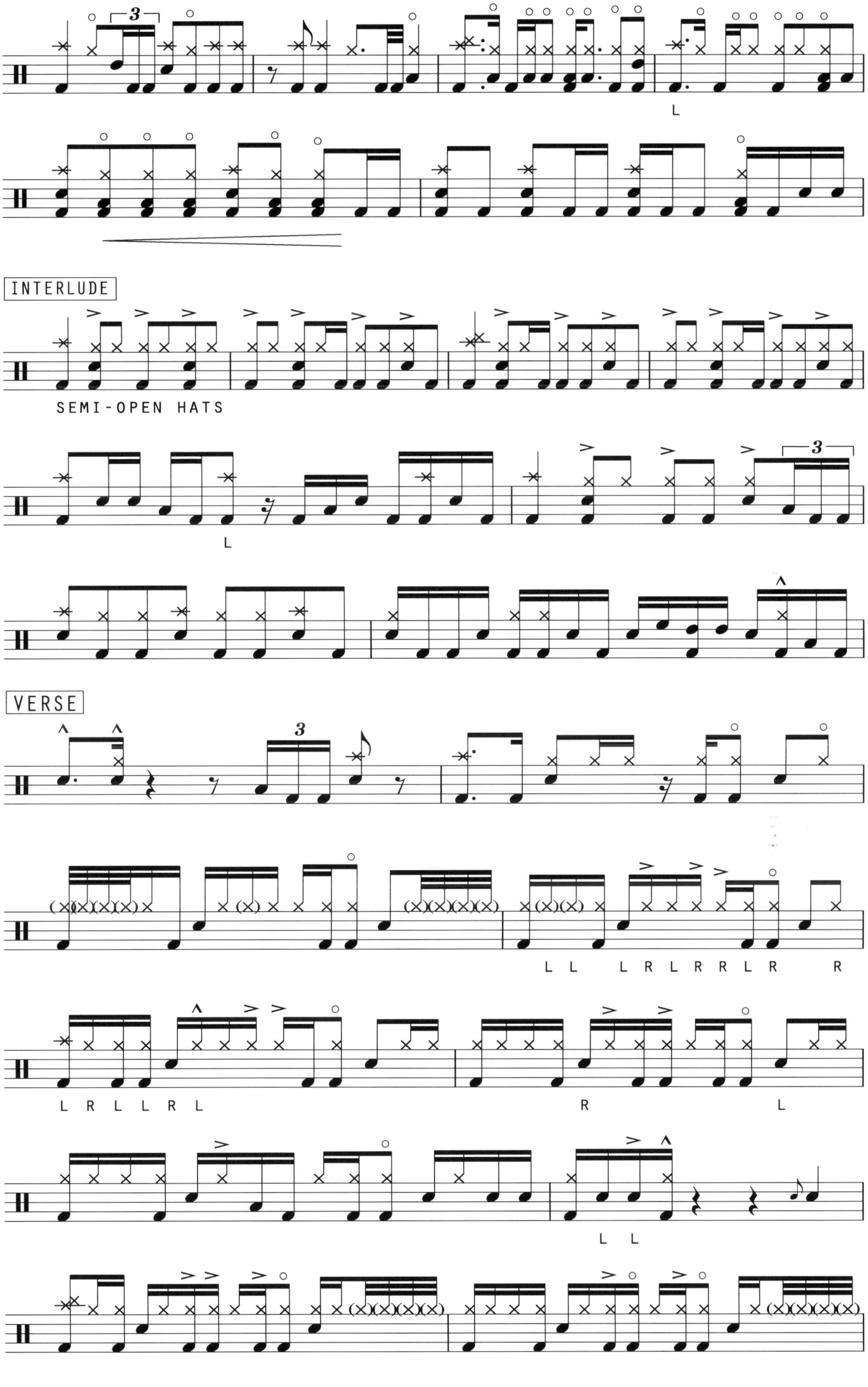

L

INTERLUDE

SEMI-OPEN HATS

L

VERSE

L L L R L R R L R R

L R L L R L R L

L L

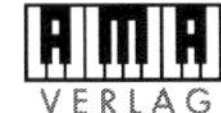

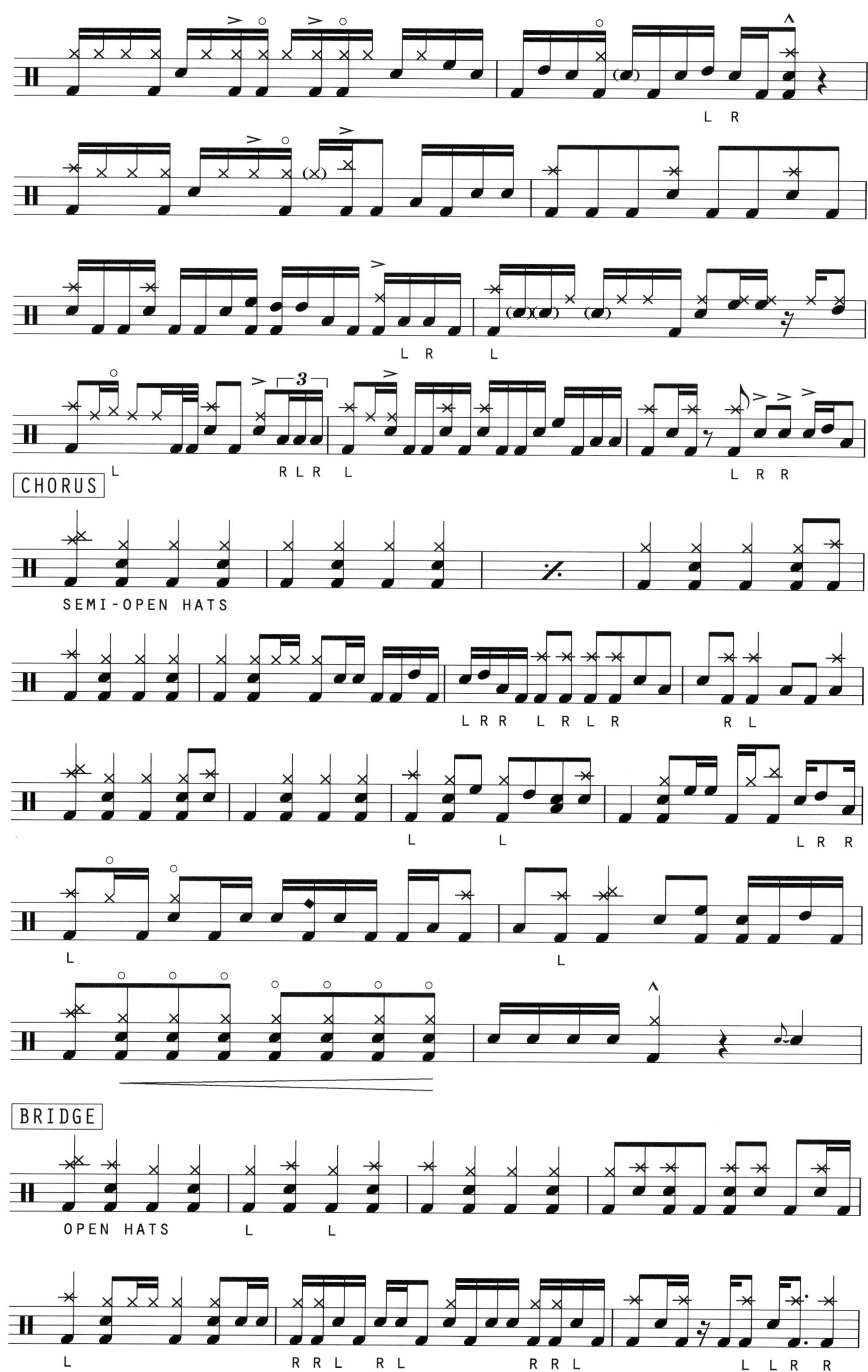
L R
L R L
L
R L R L
CHORUS
L R R
SEMI-OPEN HATS
L R R L R L R R L
L L L R R
L L
BRIDGE
OPEN HATS L L
L R R L R L R R L L L R R

AMA VERLAG

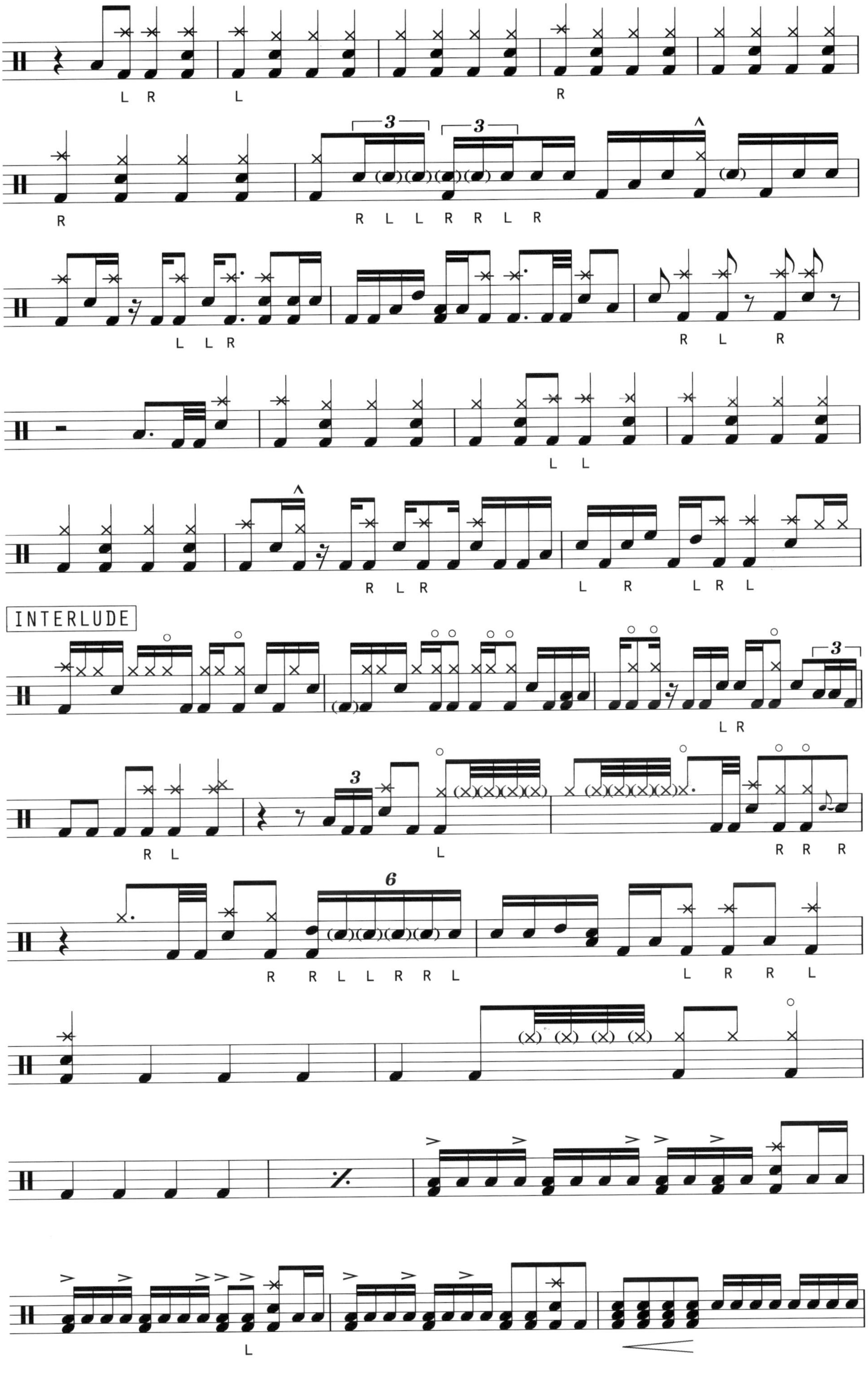

L R L R

R R L L R R L R

L L R R L R

L L

R L R L R L R L

INTERLUDE

L R

R L L R R R

R R L L R R L L R R L

L

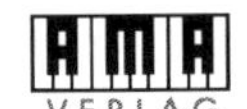

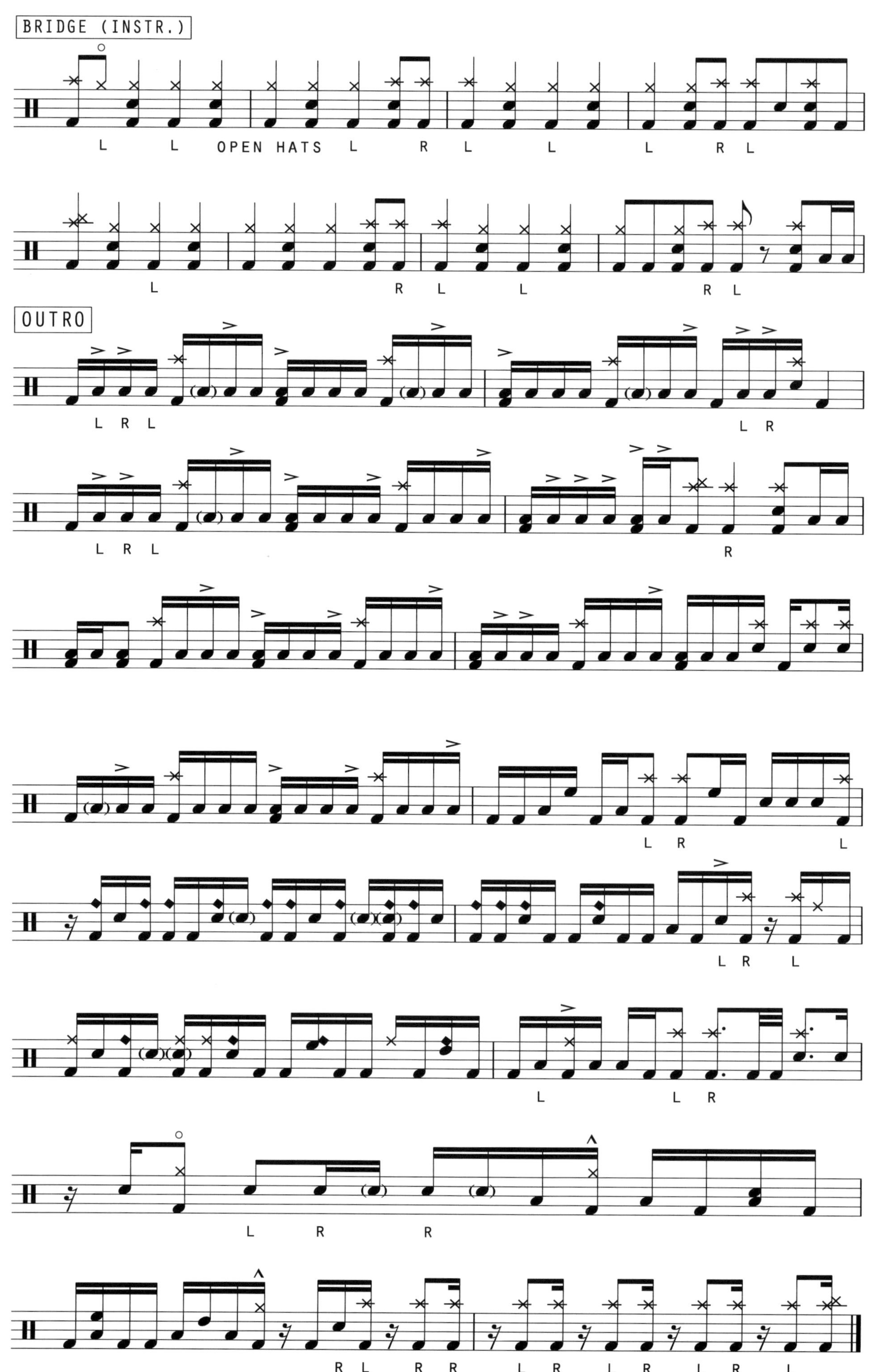
BRIDGE (INSTR.)
L L OPEN HATS L R L L L R L
L R L L R L
OUTRO
L R L L R
L R L R
L R L
L R L
L L R
L R R
R L R R L R L R L R L

AMA VERLAG

Happy

Pharell Williams – Drumpart von Darrell Robinson

http://www.metatube.com/en/videos/231871/Saturday-Night-Live-Pharrell-Williams-Happy-05042014/

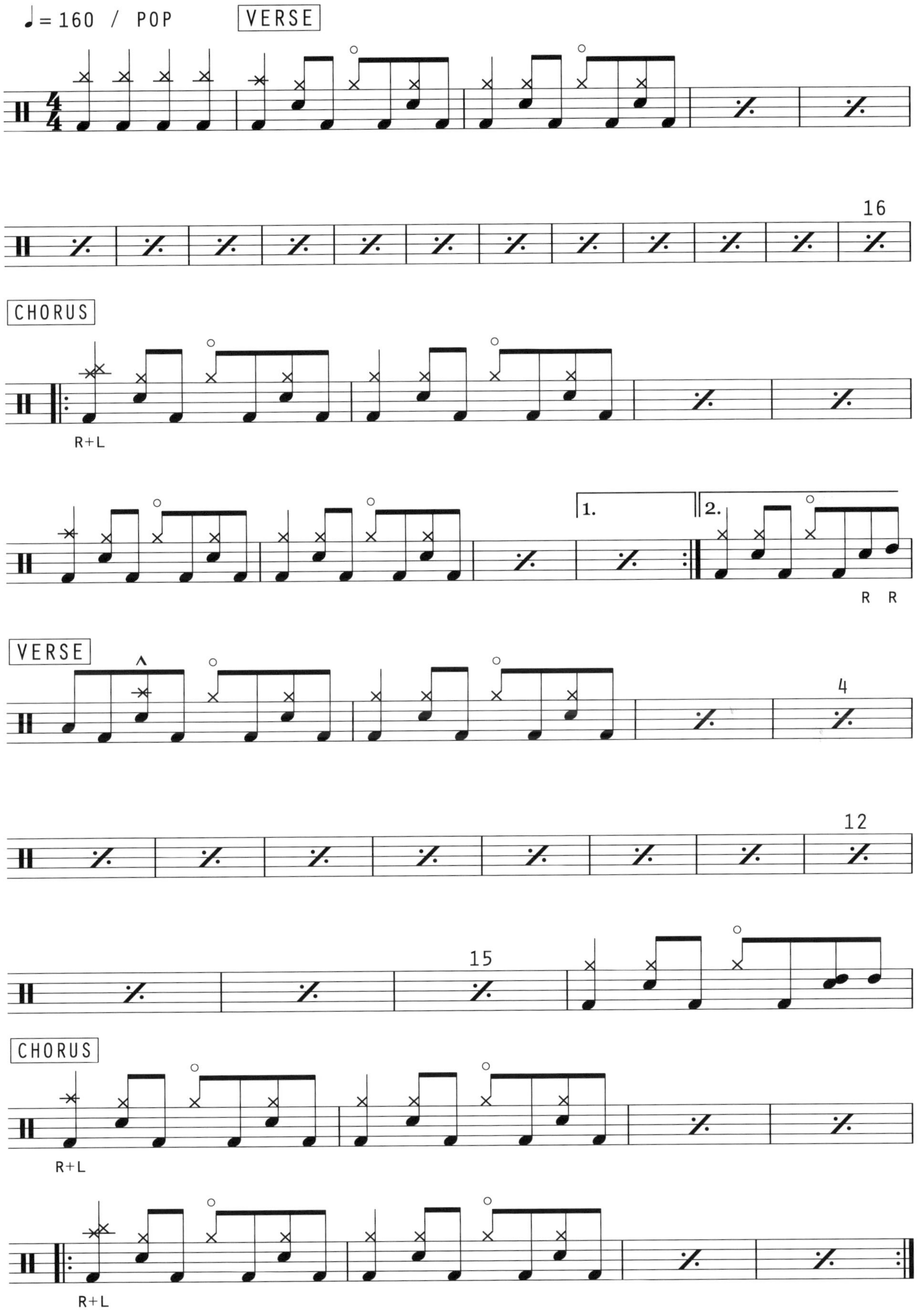

♩= 160 / POP

VERSE

16

CHORUS

R+L

1. 2.

R R

VERSE

4

12

15

CHORUS

R+L

R+L

AMA VERLAG

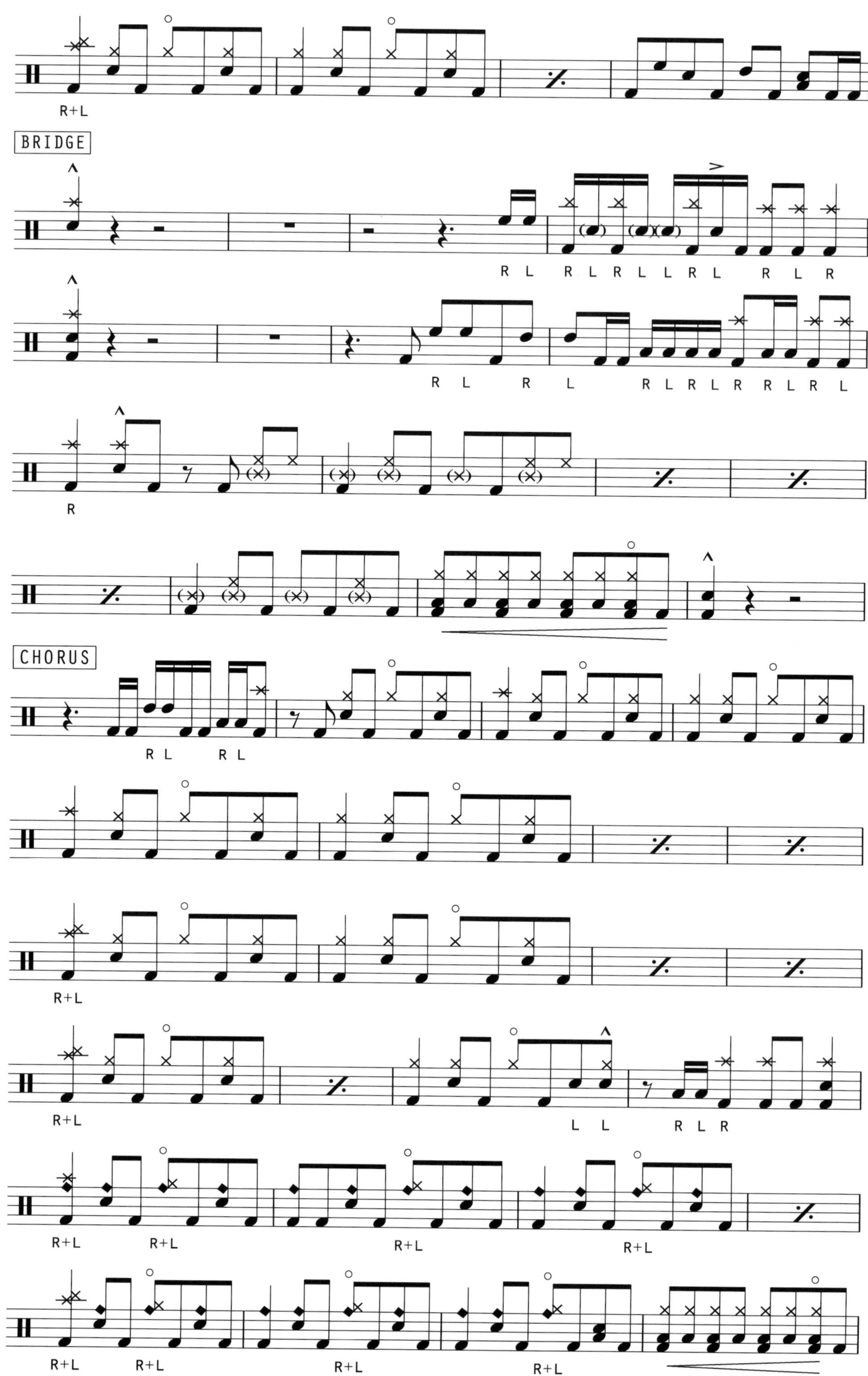

R+L
BRIDGE
R L R L R L L R L R L R
R L R L R L R L R R L R L
R
CHORUS
R L R L
R+L
R+L
L L R L R
R+L R+L R+L R+L
R+L R+L R+L R+L

AMA VERLAG

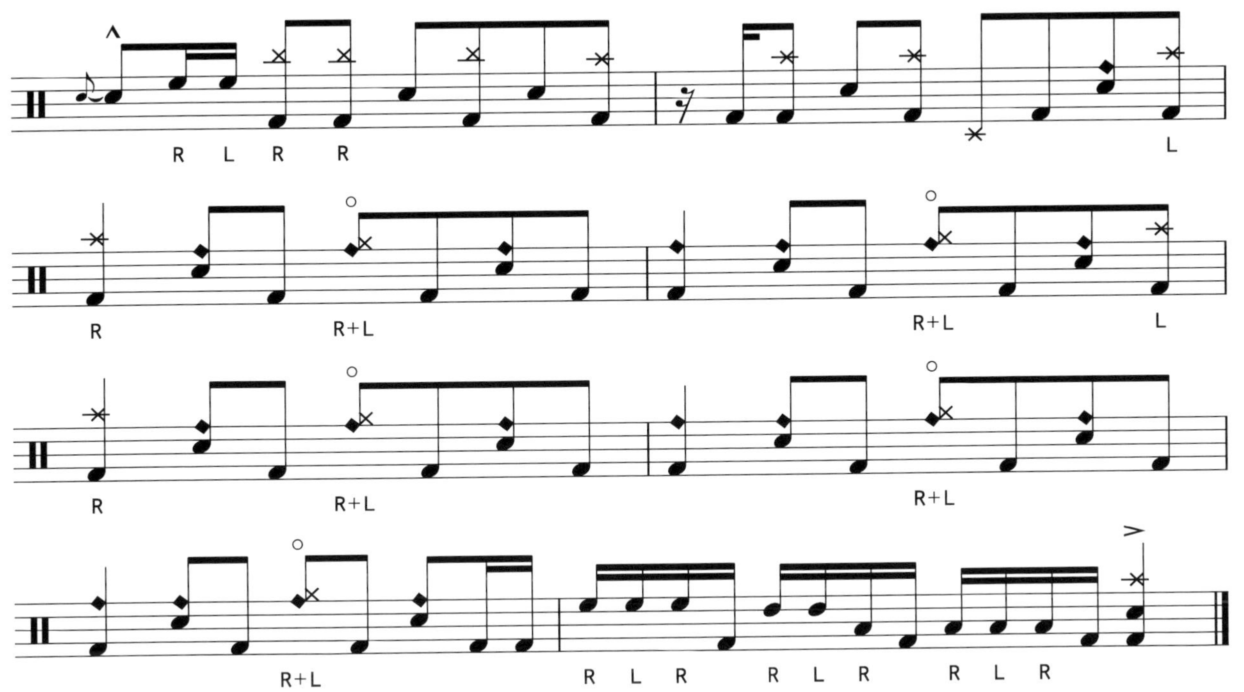
R L R R
L
R
R+L
R+L
L
R
R+L
R+L
R+L
R L R
R L R
R L R

Walkaway

Kelly Clarkson – Drumpart von Lester Estelle
https://www.youtube.com/watch?v=UM5T_UQkmIA

♩= 116 / ROCK

INTRO

OPEN HI HAT

L L R L L R

VERSE

2

R L R R L R R L R L R

R L L

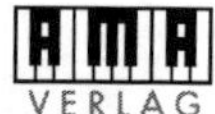

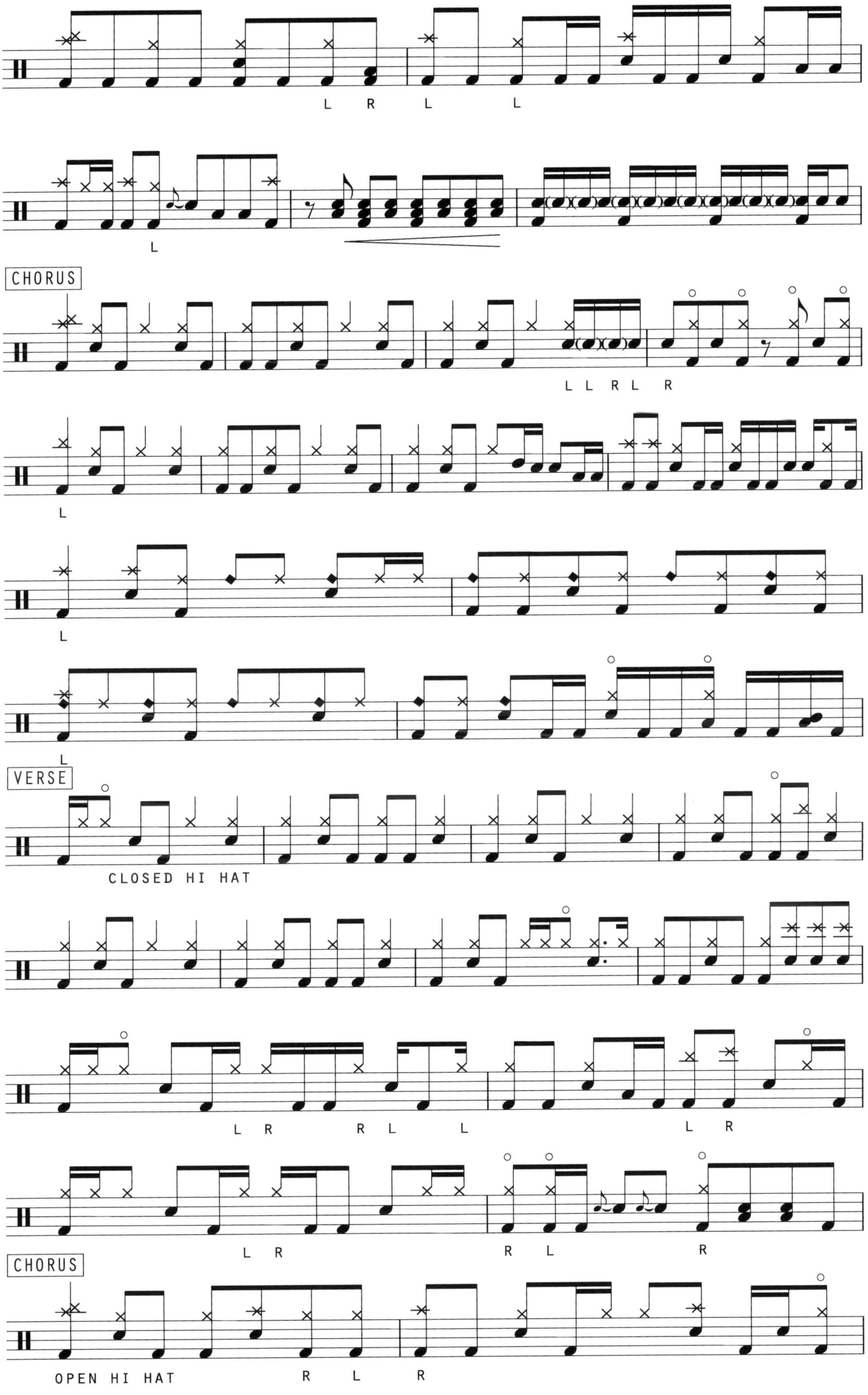

L R L L

L

CHORUS

L L R L R

L

L

L

VERSE

CLOSED HI HAT

L R R L L L R

L R R L R

CHORUS

OPEN HI HAT R L R

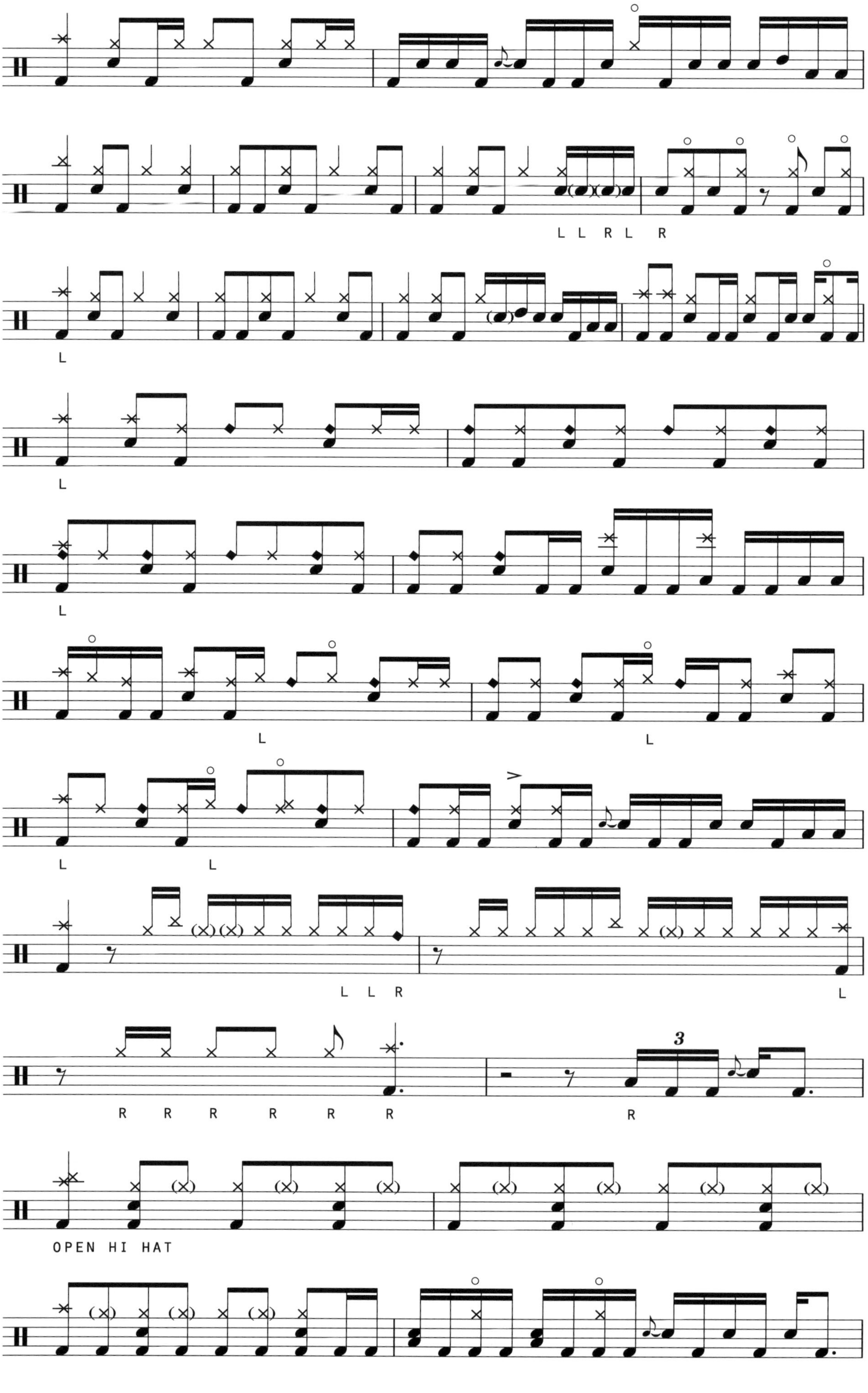

L L R L R

L

L

L

L L

L L

L L R L

3

R R R R R R R

OPEN HI HAT

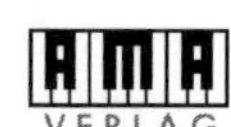

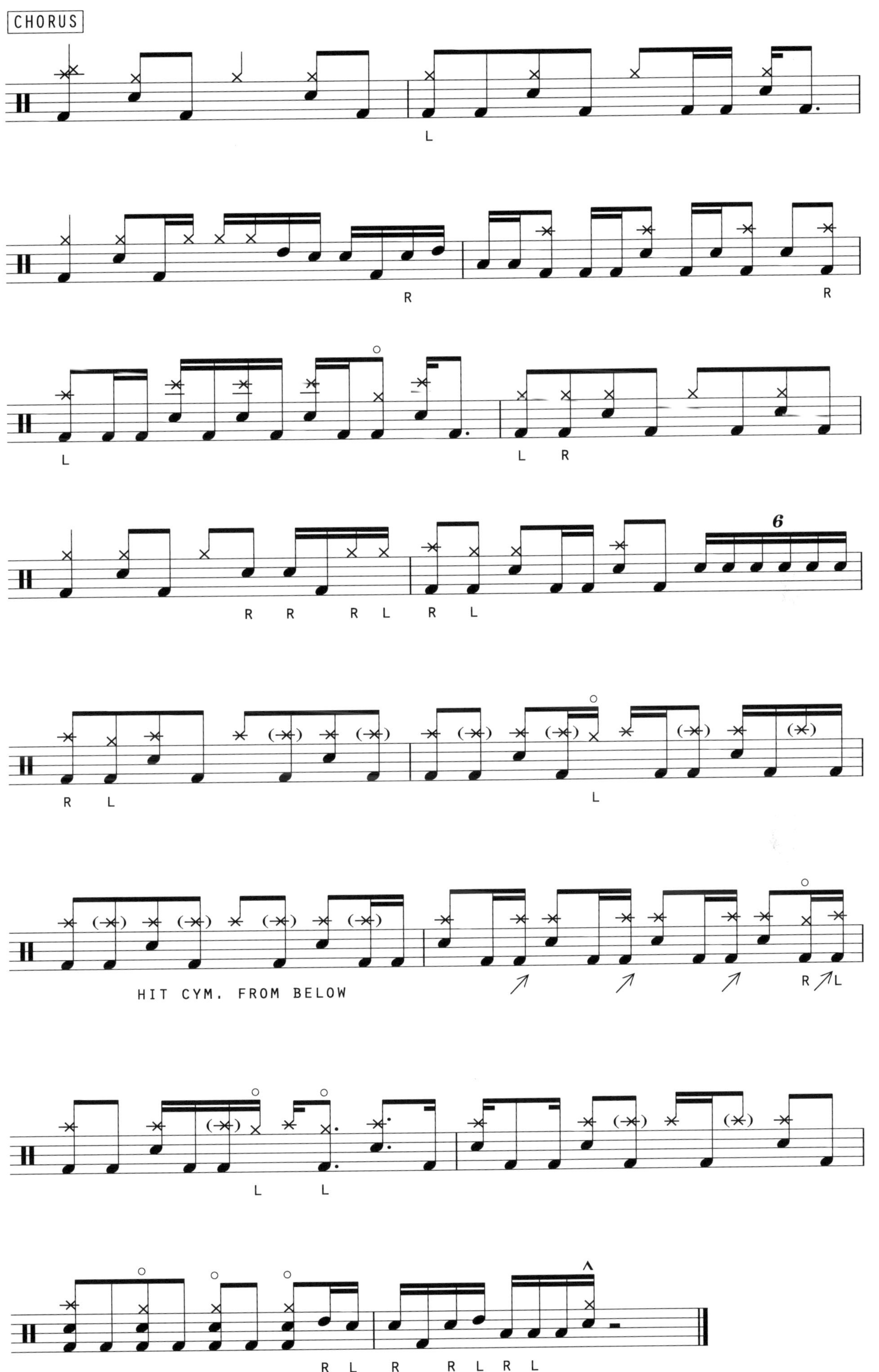
CHORUS
L
R
R
L
L R
6
R R R L R L
R L
L
HIT CYM. FROM BELOW
R L
L L
R L R R L R L

Taylor Gang

Wiz Khalifa – Drumpart von Boots Greene
https://www.youtube.com/watch?v=dAv7J1HGuSY

♩= 75 / HIP HOP/TRAP

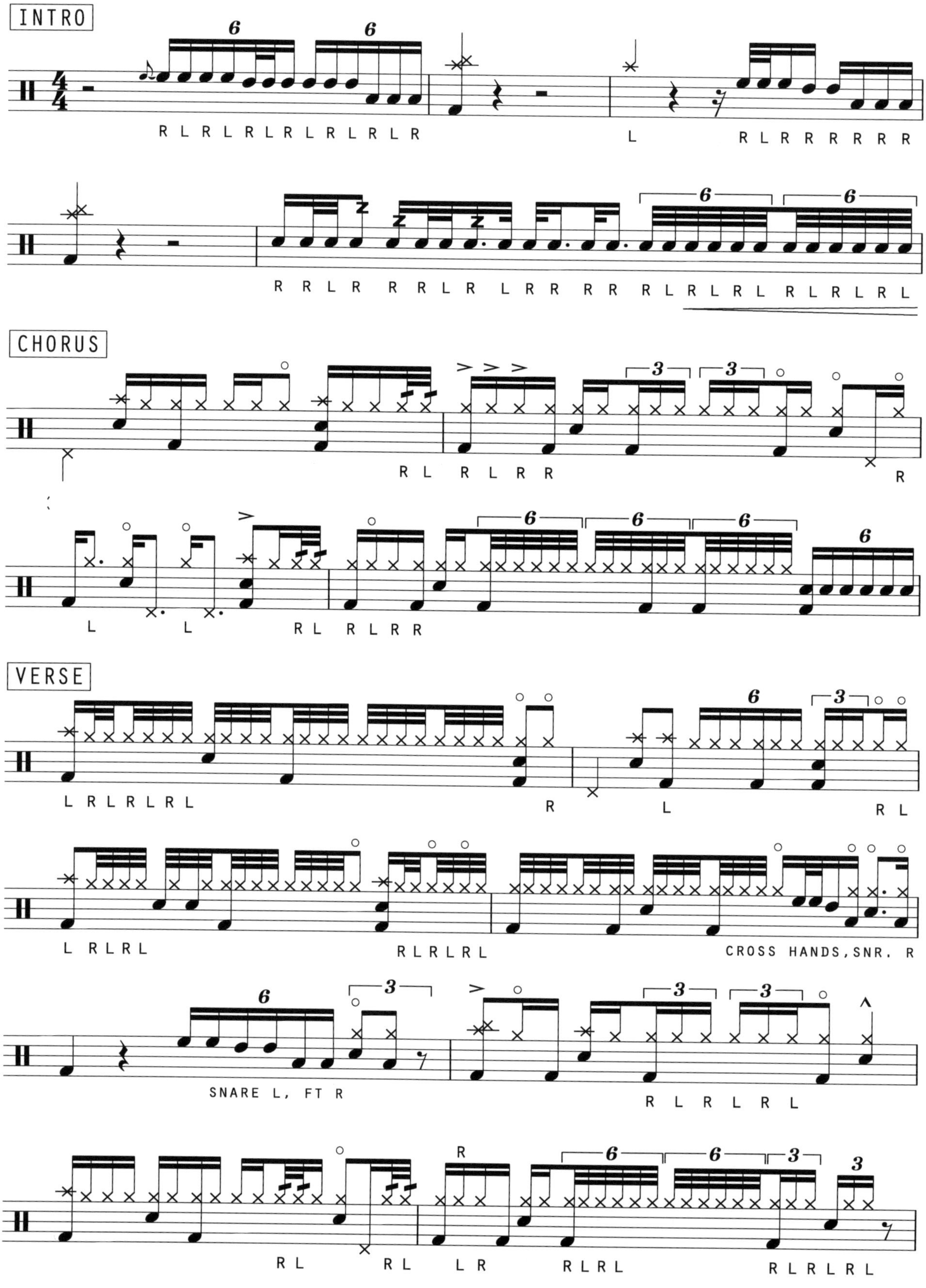

INTRO

R L R L R L R L R L R L R L R R L R R R R R R

R R L R R R L R L R R R R R L R L R L R L R L R L

CHORUS

R L R L R R R

L L R L R L R R

VERSE

L R L R L R L R L R L

L R L R L R L R L R L CROSS HANDS, SNR. R

SNARE L, FT R R L R L R L

R L R L R L R R L R L R L R L R L

AMA VERLAG

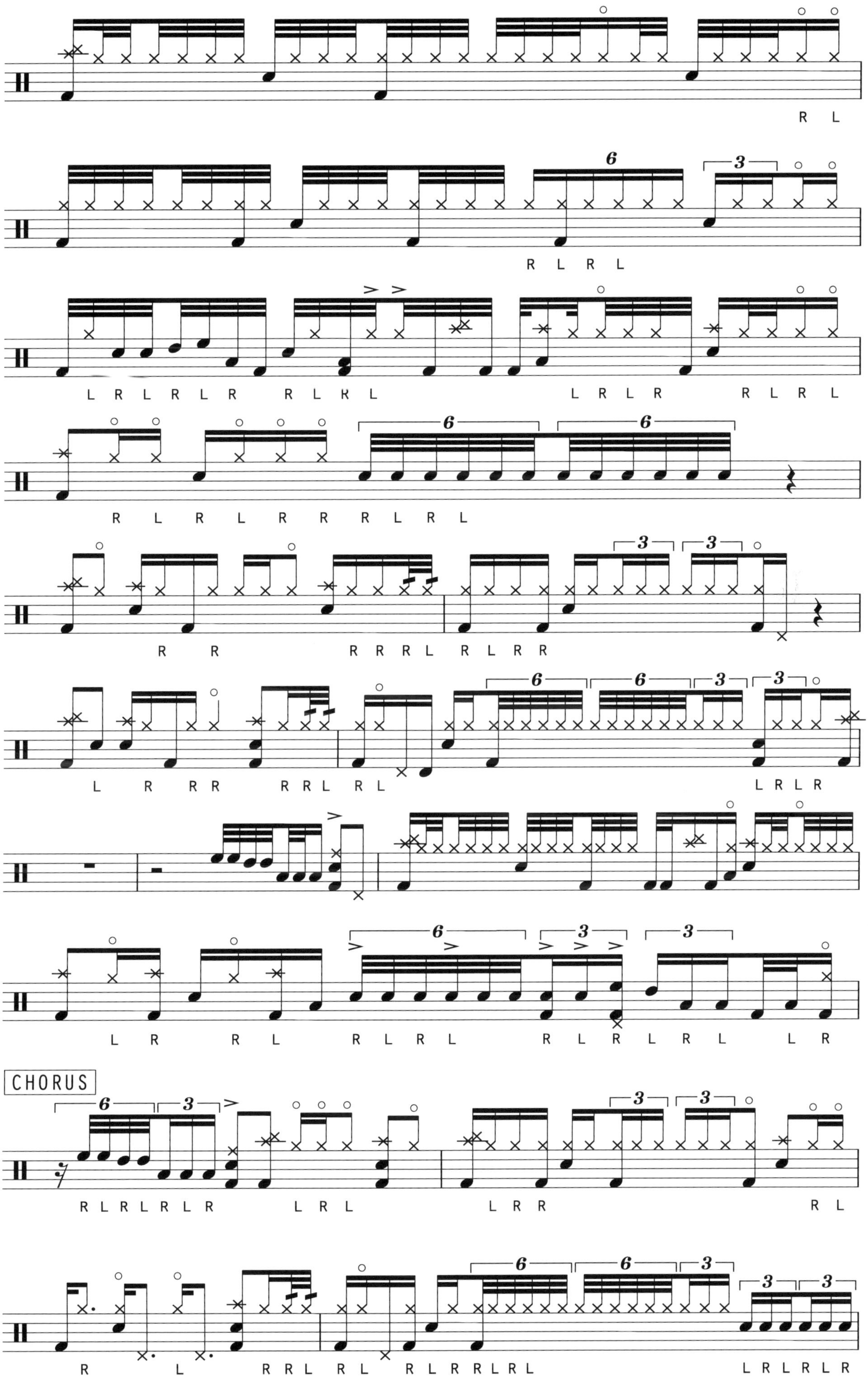

R L

R L R L

L R L R L R R L R L L R L R R L R L

R L R L R R R L R L

R R R R R L R L R R

L R R R R R L R L L R L R

L R R L R L R L R L R L R L R L L R

CHORUS

R L R L R L R L R L L R R R L

R L R R L R L R L R R L R L L R L R L R

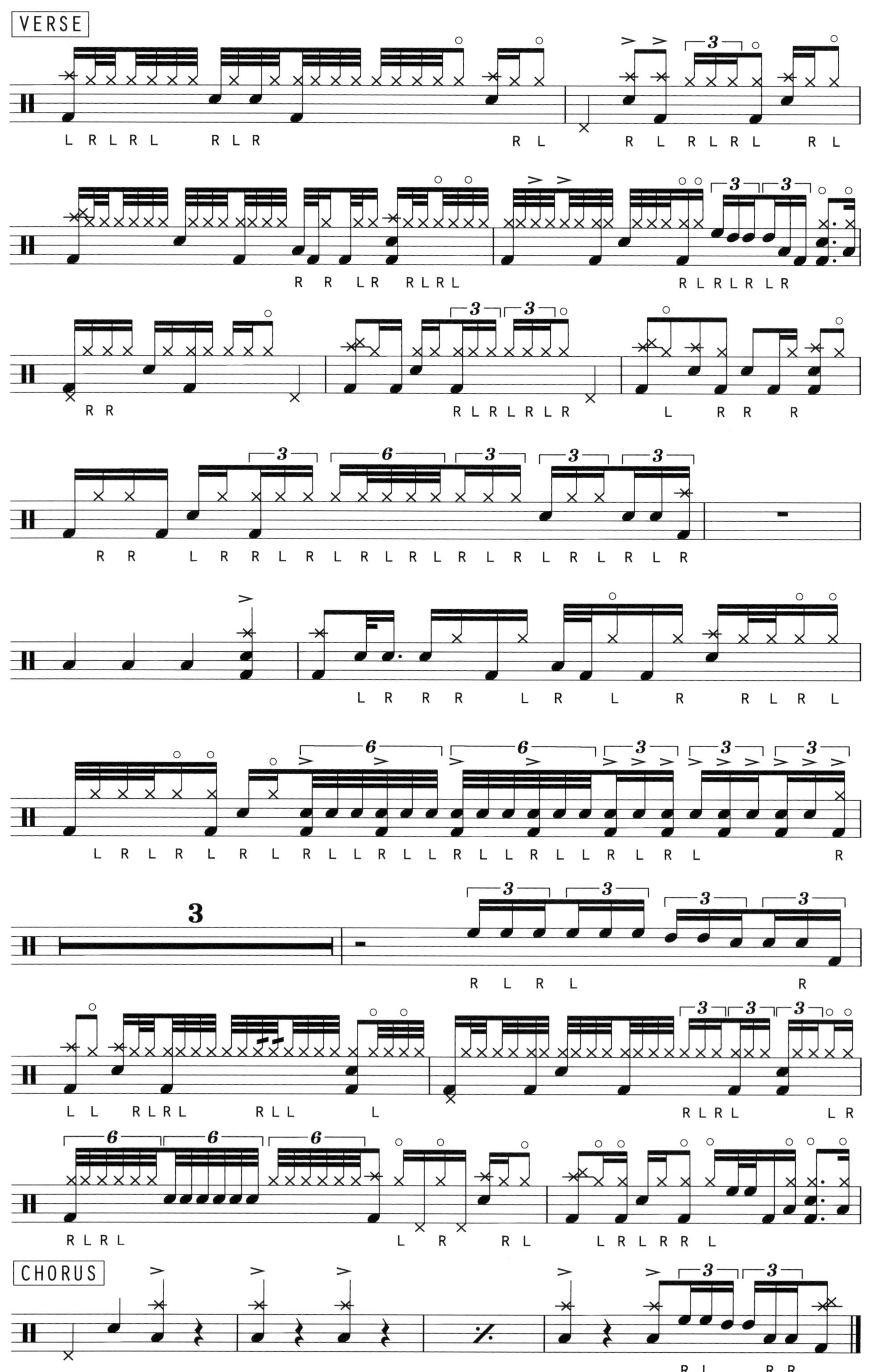
VERSE
CHORUS